国家社会科学基金教育学青年课题(CKA150136)

U0839311

产业再造机理下返乡农民工创业教育研究

刘金发　著

山东大学出版社
SHANDONG UNIVERSITY PRESS
·济南·

图书在版编目(CIP)数据

产业再造机理下返乡农民工创业教育研究 / 刘金发著. —济南 ：山东大学出版社，2021. 5
ISBN 978-7-5607-6927-1

Ⅰ. ①产… Ⅱ. ①刘… Ⅲ. ①民工－创业－研究－中国 Ⅳ. ①F249.214 ②D669.2

中国版本图书馆 CIP 数据核字(2021)第 150738 号

责任编辑　李艳玲
封面设计　杜　婕

出版发行　山东大学出版社
社　　址　山东省济南市山大南路 20 号
邮政编码　250100
发行热线　(0531)88363008
经　　销　新华书店
印　　刷　济南华林彩印有限公司
规　　格　720 毫米×1000 毫米　1/16
　　　　　15.25 印张　238 千字
版　　次　2021 年 5 月第 1 版
印　　次　2021 年 5 月第 1 次印刷
定　　价　60.00 元

版权所有　侵权必究

目　录

第一章 绪 论

第一节 研究背景及意义

一、研究背景

在改革开放后的很长一段时间内，进城务工是农民生计模式的主流选项。农民工曾经前赴后继前往城市，靠着“过好日子”的浪漫想象，让国家以最低的成本汲取其劳动力，以强大的忍耐力、极强的适应力成就了中国的全球竞争力和现代化建设“人口红利”，也成为城市人眼中落后的“他者”。

然而，2008 年以来，农民工生计模式呈现出“返乡创业”的潮流转向，农民工的社会流动空间和职业上升路径发生了新的重大变化。顺应这一趋势，国家相继实施“大众创业，万众创新”战略，国务院办公厅出台了《关于支持农民工等人员返乡创业的意见》(国办发〔2015〕47 号)，国家发展改革委等十部门结合新型城镇化开展了支持农民工等人员返乡创业试点工作。在复杂的宏观经济社会背景下，大量农民工开始有规划地利用外出打工积累的资金、技术、人脉和信息等，怀着对归乡的渴望，在乡村、小城镇创办企业，发展工商服务业、投资商品性农业等，形成了“以创业带就业”的新格局。根据国家发展改革委、农业农村部等多个部门的统计，2015 年年底，农民工返乡创业人数累计超过 450 万，约占农民工总数的

2%;2017 年全国返乡创业人员超过 740 万,其中返乡农民工占 72.5%;2018 年全国各类返乡创业人员达到 780 万,2019 年达到 850 万,预计到 2025 年将超过 1500 万。[①] 农民工逐渐从"进城务工潮"转向"返乡创业潮"。

为了扶持返乡农民工创业,党中央、国务院高度重视返乡农民工创业教育与培训工作。早在 2015 年,国务院就明确强调:"要有针对性地确定培训项目,实施精准培训,提升返乡农民工创业能力。"2016 年,人力资源和社会保障部等五部门下发《关于实施农民工等人员返乡创业培训五年行动计划(2016~2020 年)》通知,指出"创业培训以提升农民工等人员创业能力,促进其成功创业为根本目标"。2020 年年初,农业农村部办公厅、人力资源和社会保障部办公厅印发《扩大返乡留乡农民工就地就近就业规模实施方案》,提出打造专业化、规模化、制度化的创业培训。目前,作为提升返乡农民工创业能力短板的精准教育培训"锐"支持,已经和化解返乡创业"痛点"的扶持政策"硬"支持、疏通返乡创业"堵点"的优化服务"软"支持一起,塑造出国家"三位一体"的整体性工作格局。

加强创业教育与培训工作是不断提升返乡农民工创业参与率、成活率和成功率,实现创业类型跃迁跨级和创业能力迭代升级的关键"杠杆性支点",是落实当前新冠肺炎疫情下国家全力以赴"稳就业保就业"工作的一项重要举措。但是,与有关"硬"支持和"软"支持的研究文献相比,创业教育与培训作为"锐"支持的理念、功能、组织、实施和效果等问题在已有文献中都相对缺乏,如何通过创业教育与培训让返乡农民工对创业从无意愿到有意愿、从有意愿到行动、从低端复制到高质量创新、从短期生存到可持续发展等一系列重大问题都亟待回答。在强调梦想的当代中国,通过创业教育为返乡农民工圆"草根企业家梦"提供一些必要的情感、精神和人文关怀,为他们从"活下来"到走向规模化、可持续化提供有益助力,避免草根企业家精神的"昙花一现",就成为本书重点关注的问题。

---

① 农业农村部关于印发《全国乡村产业发展规划(2020~2025 年)》的通知[EB/OL].(2020-07-09).http://www.moa.gov.cn/govpublic/XZQYJ/202007/t20200716_6348795.htm.

二、研究意义

（一）理论意义

本书有助于深化和拓展返乡农民工创业教育理论研究。目前，我国创业精神培育、相关创业教育课程的关注对象均以大专院校学生为主，并且通过创业竞赛的形式鼓励学生创业。然而，校园内的创意、创业竞赛参与者尽管对创业理论了如指掌，但却更重视奖项的获取所带来的评奖评优效应，大多未能真正将创新产品或服务带入商业模式验证的阶段。我国未来的创业教育应往下扎根，深入探究返乡农民工创业教育的特点和规律，深化对农村产业再造、返乡农民工创业教育等重要概念和相互关系的认识，从理论上揭示返乡农民工创业的产业方向，进而发展出一套中国特色的、本土化的返乡农民工创业教育理论。

（二）实践意义

本书对返乡农民工创业、创业教育与培训以及相关部门决策具有重要参考价值。首先，从农村产业再造的视角研究返乡农民工创业教育，目的是以农村再造的具体产业作为返乡农民工创业教育的内容体系，为返乡农民工创业提供产业切入口。返乡农民工创业既是中国经济转型升级压力的反映，更受农村产业再造动力的驱动。农村产业再造将使传统产业不断细化、转化和优化，再造出生态农业、观光农业、文化创意、乡村旅游、社区养老等新兴、特色产业。这些产业作为返乡农民工创业教育的内容主线，有助于打造创业新形态。其次，以产业作为整合政府各职能部门与社会创业教育资源的纽带，形成创业教育协同供给机制，为返乡农民工创业“第一里路”提供所需的理念、知识、技能与服务。当前针对返乡农民工的创业教育资源呈现碎片化状态，散布于各政府机构及社会部门之间，不仅农民工不易窥见创业资源全貌、便捷取得所需创业教育资源，各部门也难以整合推动创业教育服务。为此，本书探究以产业来整合各部门创业教育资源的可行性，形成整体联动的服务机制，有助于推动相关工作的精准落实。

第二节　文献述评

一、农民工问题研究述评

改革开放以来，农民工仿佛是社会科学研究的“枢纽”，把中国社会发展的各种关键点——职业教育、劳动保障、人口流动、产业升级、城市改造、留守儿童、户籍制度等都串联起来，形成了丰富的议题延展领域和深厚的学术资料积累。为了厘清农民工问题的研究领域和趋向，本书以“农民工”为题名或关键词，对1998～2019年的CSSCI数据库进行检索，并使用VOSviewer软件进行分析，以期对农民工进行画像。

从关键词共现和聚类图谱来看(颜色代表聚类)，以“农民工”为关键词的研究最多。围绕这一关键词，又出现了“第一代农民工”“新生代农民工”“青年农民工”“返乡农民工”“农民工子女”“农民工留守子女”“新市民”等一系列次级关键词(见附录1中图1)。

从关键词时间变化和密度图谱来看，早期的研究聚焦于农民工就业能力、农民工权益保护、农民工非正规就业、农民工劳资关系等方面，2012年左右开始转向城市化、人力资本、身份认同、城市融合、社会融入等方面，2016年前后逐渐深入市民化意愿、基本公共服务、返乡农民工、返乡创业、产业转移、幸福感等领域(见附录1中图2、图3)。

从文献共被引图谱来看，王春光2001年发表于《社会学研究》的论文《新生代农村流动人口的社会认同与城乡融合的关系》被引数量达到256次。白南生、李强、郑功成等人发表在《管理世界》《中国社会科学》《中国党政干部论坛》上的文章也有较高的引用率(见附录1中图4)。

从作者共被引分析来看，王春光、蔡昉、郑功成、费孝通、杨菊华等作者被引率较高(见附录1中图5)。

从期刊共被引分析来看，社会学、人口学、经济学、管理学、综合社科等类型的期刊发文被引量较大，教育学、心理学类的《教育研究》《心理科学进展》等期刊被引频次也较高。国外期刊中，《美国经济评论》(*American Economic Review*)、《美国社会学杂志》(*American Journal of Sociology*)等期刊被引频次也较高(见附录1中图6)。

通过对上述研究内容的画像分析，我们能够发现：第一，自改革开放以来，农民工问题的研究经久不衰。在研究领域上体现出扩散性、发散性，在研究时间上体现出继起性、连贯性。第二，社会学、经济管理学等领域的学者非常关注农民工群体，形成了相对固定的研究议题和关键词。在教育学领域，学者们的关键词聚焦于农民工子女教育、留守儿童教育、高考教育公平、义务教育政策等方面，对农民工自身的成人教育问题关注度不够。第三，近年来有大量研究关注农民工返乡创业，但大量的研究跟创业动机、创业意愿、创业成长、创业环境、创业绩效、创业资本等问题相关，只有少量的研究涉及返乡农民工创业教育。

二、创业问题研究述评

（一）关于创业的学术研究

1.创业研究的理论基础

已有的创业研究主要有四项理论基础：经济学、心理学、社会学和管理学。经济学注重创业机会的发现[①]，着重探讨创业活动对经济与产业发展的影响，认为创业是经济发展的主要驱动力[②]；创业需要与产业相结合，体现产业发展的方向。[③] 在心理学相关研究中，学者着眼于探讨"什么样的人能成为创业家""为什么有的人创业，有些人不会"，即所谓创业者人格特质的议题。[④] 社会学观点则从整体角度出发，把创业视为经济-社会子系统中的一环，注重社会互动、社会资本或社会伦理等问题的研

① Kihlstrom R E , Laffont J J. A General Equilibrium Entrepreneurial Theory of Firm Formation Based on Risk Aversion[J]. Journal of Political Economy, 1979, 87(4):719-748.

② Schumpeter J A. The Theory of Economic Development: An Inquiry into Profits, Capital, Credits, Interest, and the Business Cycle[M]. Piscataway:Transaction Publishers, 1934.

③ 金碚，谢晓霞.美国高技术产业的创业与创新机制及启示[J].管理世界，2001(4):63-70.

④ Baron R A. Cognitive Mechanisms in Entrepreneurship: Why and When Entrepreneurs Think Differently than Other People[J]. Journal of Business Venturing, 1998, 13(4):275-294.

究。[①] 而在管理学领域，研究热点主要包括商业模式、创业绩效、创业环境等[②]，并且从1985年开始，相关成果在《美国管理学期刊》(*Academy of Management Journal*，AMJ)、《管理科学季刊》(*Administrative Science Quarterly*，ASQ)、《商业风险期刊》(*Journal of Business Venturing*)等主流管理期刊上的出现频次显著增加。[③]

2.创业研究的发展脉络

“创业者—创业行为—创业认知”构成了创业研究的基本脉络。古典经济学家最早发现了创业者在经济活动中的角色，并对创业者的功能进行了详细论述。1755年，理查德·坎蒂隆就率先提出了“创业家”的概念，他认为创业家是通过承担风险而套利。熊彼特则最早提出了创业家是“通过创新而创造价值”的观点，他认为创业家的创业动机包括：获得社会声望，证明自己而非考虑财务结果，拥有创新的愉悦。创业认知研究始于对创业特质理论的反思。20世纪80年代末期，一些学者开始反思创业者特质论。威廉·加特纳教授于1988年在《美国中小企业杂志》(*American Journal of Small Business*)上发表了题为《谁是创业者是一个错误的问题》的文章，认为关注“在同等条件下，为什么有的人成为创业者而另一些人却没有”这一问题的根本缺陷在于其基本判断的片面性导致了错误的研究逻辑。2007年，罗伯特·巴龙在《战略创业杂志》(*Strategic Entrepreneurship Journal*)发表了题为《创业活动中的行为与认知因素：作为创业活动核心要素的创业者》的一篇文章，将创业行为和认知因素整合起来建立研究框架，将创业研究从关注行为和过程转向了关注认知和决策机理。[④]

---

① Ripsas S. Towards an Interdisciplinary Theory of Entrepreneurship[J]. Small Business Economics, 1998, 10(2):103-115.

② 朱晋伟，胡万梅.国际创业研究的热点和趋势——基于SSCI的文献计量和知识图谱分析[J].技术经济，2015(5):36-40.

③ Ireland R D, Reutzel C R and Webb J W. Entrepreneurship Research in AMJ: What Has Been Published, and What Might the Future Hold? [J]. Academy of Management Journal, 2005, 48 (4):556-564.

④ 张玉利.创业研究经典文献述评[M].北京：机械工业出版社，2018:2-17.

3.创业研究的主题和方法

创业研究作为一个新兴领域吸引了诸多学科领域的学者加入，他们逐渐将各自学科中的理论引入创业研究领域，形成了不同的研究学派，如研究新创组织是如何成立的创业过程学派、创业机会如何识别与开发的机会学派、创业资源如何配置的资源学派、创业网络化过程如何实现的网络学派和创业合法性如何获取的制度学派。

这些不同的学派围绕"创业"这一核心关键词，在研究主题上聚焦创业认知、决策和过程的影响因素等方面，包括：先前经验、创业经验、知识和能力、风险倾向、创业意图、创业警觉性、创业激情、创业情感和情绪、创业乐观度、创业直觉等。另一些研究则考察了创业绩效的影响因素，包括：初始条件、资源基础、反事实思维、推理思考、信息搜集、创业学习、资源拼凑、商业模式、创业团队、创业幸福感等。在创业研究方法上，案例研究、实验方法、定量研究、扎根理论、叙事研究等被诸多学者所采用。①

(二)关于返乡农民工创业的研究

由于农民工群体的特殊性和重要性，国内外学者对其返乡创业给予极大关注。一些研究发现，返乡农民工存在"身份迷失"，他们既不愿重拾"农民"角色，也厌恶继续"打工"所带来的精神、生活等多重压力。② 一些返乡农民工更憧憬用打工所积累的资本、技术和社会经验等在农村创业。诸多学者试图运用定性分析、案例研究、实地调研、定量分析等方法揭示影响返乡农民工创业的各种因素。

1.定性研究

黄建新从结构化理论视角，认为农民工返乡创业是国家政策和农民工自身在特有的时空条件下相互作用的结果。③ 张秀娥、郭宇红认为，农民工返乡创业是自身素质、资金状况、产业集群化程度等因素影响下的理

① 张玉利.创业研究经典文献述评[M].北京：机械工业出版社，2018：99-275.

② 李向振，李佳浩."污名化"与"农民工"主体性的双重建构[J].山西农业大学学报(社会科学版)，2018(6)：29-35.

③ 黄建新.农民工返乡创业行动研究——结构化理论的视角[J].华中农业大学学报(社会科学版)，2008(5)：15-23.

性选择。[①] 借助调查问卷，黄振华认为，农民工返乡创业受风险与收益权衡、创业资金和政府支持政策的影响。[②] 侯俊华认为，年龄、性别、受教育程度、城市的打工经历、政策与投资环境等对农民工返乡有重要影响。[③] 李敏认为，资金短缺、贷款困难、项目缺乏、培训教育不足、公共服务不到位等是主要因素。[④] 厉以宁从中国发展道路的角度出发，认为农村医疗保险、养老保险、县域普惠金融服务、农业供给侧结构性改革、地方特色产业、土地流转方式、创业园区建设、龙头企业带动等诸多因素影响农民工创业。[⑤] 此外，一些学者认为土地与户籍制度[⑥]、家庭原因（照顾父母、抚养生育小孩等）[⑦]、城市就业歧视[⑧]等也影响农民工返乡创业。

2.定量研究

李玫分析了民族地区女性返乡农民工的个人特征，利用调查数据实证分析了创业决策影响因素，认为创业决策受到微观层面素质偏低、中观层面社会网络狭窄、宏观层面创业环境堪忧三个层面因素的制约。[⑨] 熊智伟结合江西省的微观调研数据，运用结构方程模型、二元 Logistic 回归分析等方法，对返乡农民工创业决策影响因素进行了实证分析，发现创业机会评价、创业环境、风险感知和创业者禀赋都会对农民工返乡创业决策产生显著影响。[⑩] 崔海兴等利用《中国创业观察报告》的部分研究数据，

---

① 张秀娥，郭宇红.农民工返乡创业的现实困境及其化解之策[J].社会科学战线，2012(11)：244-246.

② 黄振华.我国农民工返乡创业调查报告[J].调研世界，2011(8)：36-39.

③ 侯俊华.农民工返乡创业意愿的实证研究——基于江西调查数据[J].调研世界，2012(11)：31-33.

④ 李敏.大众创业背景下农民工返乡创业问题探究[J].中州学刊，2015(10)：79-82.

⑤ 厉以宁.中国道路与农民工创业[M].北京：商务印书馆，2017.

⑥ 李冬晓.人的城镇化——新型城镇化的新生代农民工本位观察[J].地域研究与开发，2014(4)：153-156.

⑦ 张新芝，欧阳仉孙，王玉帅.农民工返乡创业的影响因素及作用机理——基于系统基模的分析[J].南昌大学学报(人文社会科学版)，2014(4)：66-72.

⑧ 白万平.农民工流入地劳动市场均衡工资与价格歧视实证研究[J].贵州财经学院学报，2009(3)：75-79.

⑨ 李玫.民族地区女性农民工返乡创业问题研究[M].北京：中国社会科学出版社，2014.

⑩ 熊智伟.农民工返乡创业决策影响因素研究[M].北京：经济管理出版社，2014.

对农民工回乡创业行为进行了实证分析，认为金融支持、外部宏观环境、回乡创业动因、回乡创业者的个体特征等方面具有显著影响。[①] 李俊从农民工城市创业的角度进行研究，认为人力资本影响农民工城市创业绩效，社会资本在两者关系中具有调节效应，此外区域创业环境、全国创业环境亦影响农民工城市创业。[②] 汪三贵运用 Probit 模型对农民工创业行为进行了实证分析，指出农民工的人力资本和社会资本直接影响农民工的创业意愿和创业行为。[③] 朱红根等指出，亲戚担任村干部或公务员和兄弟姐妹数量多能显著提升农民工返乡创业绩效，年龄与农民工返乡创业绩效呈"倒 U"形。[④] 胡俊波运用 Logit 模型检验了农民工外出务工经历、家乡的区域环境对其返乡创业意愿的影响。[⑤] 张立新等使用结构方程模型，认为态度、社会动机、成就动机、人力资本、经济资本和政策环境对农民工返乡创业意愿具有正向影响。[⑥] 吕诚伦运用二元 Logistic 模型，验证了社会资本、风险态度、性别、年龄、婚姻、兄弟姐妹数、务工年限、家庭年收入等因素对农民工返乡创业的影响。[⑦] 归纳起来看，农民工返乡创业意愿的影响因素颇多，包括个人因素，如性别、年龄、受教育程度、身体状况、打工年限、管理能力、专业技能、创业动机、对待风险和机遇的态度、社会关系网络等；也包括环境因素的影响，如金融支持状况、创业优惠政策、创业技能培训、创业资源可获得性、基础设施状况、经济社会和文化发展水平、产业发展程度等；还包括家庭因素的影响，如婚姻状况、兄弟姐

---

① 崔海兴.我国农民工回乡创业行为的理论与实证研究[M].北京：中国农业出版社，2014.

② 李俊.从生存到发展——转型时期农民工城市创业研究[M].北京：中国经济出版社，2017.

③ 汪三贵.人力资本和社会资本对返乡农民工创业的影响[J].农业技术经济，2010(12)：4-10.

④ 朱红根，康兰媛.农民工创业动机及对创业绩效影响的实证分析——基于江西省 15 个县市的 438 个返乡创业农民工样本[J].南京农业大学学报(社会科学版)，2013(5)：59-66.

⑤ 胡俊波.职业经历、区域环境与农民工返乡创业意愿——基于四川省的混合横截面数据[J].农村经济，2015(7)：111-115.

⑥ 张立新，林令臻，孙凯丽.农民工返乡创业意愿影响因素研究[J].华南农业大学学报(社会科学版)，2016(5)：65-77.

⑦ 吕诚伦.农民工返乡创业意愿的影响因素分析——基于湖南省 482 位返乡农民工调查数据[J].求索，2016(9)：139-143.

妹数量、家庭财富积累状况、家人需要照料情况等。[①]

3.返乡农民工创业扶持政策研究

陶欣等从农民工自身特点出发，认为政府扶持政策应着力于农民工创业能力培训、创业程序简化、资金扶持等。[②] 陈文超等从政策制定的角度，认为政府政策应以中年及中等受教育水平的农民工为对象。[③] 黄迈等人从政策匹配度出发，指出应针对现行政策的不足和执行过程中出现的新问题，动态优化和完善金融、产业、培训、管理和公共服务等政策。[④] 胡豹从政府政策有效性出发，认为应强化激励性、引导性和保护性扶持政策。[⑤] 王玉帅等人从扶持体系出发，认为应构建教育培训体系、政策法规体系、技能服务体系、金融体系和文化体系。[⑥] 刘小春等人借助调查数据，发现农民工创业最急需的扶持政策为创业技能培训及创业项目支持等。[⑦] 胡俊波从政策"知晓度、利用度、难易度、满意度、重要度"五个方面对政策效果进行检验，认为应完善政策宣传和落实机制。[⑧] 唐杰认为，当前返乡农民工创业扶持政策存在创业培训需求缺失与供给不顺、资金支持制度纳入与现实排斥、贷款支持担保瓶颈与行业局限、创业园区资源难题与寻租风险等问题，在统筹城乡发展的背景下，应构建返乡农民工创业扶持政策体系并实现政策对接。[⑨]

---

① 汪昕宇，陈雄鹰，邹建刚等.我国农民工返乡创业影响因素研究的回顾与展望[J].北京联合大学学报(人文社会科学版)，2018(3)：86-98.

② 陶欣，庄晋财.农民工群体特征对其返乡创业过程影响的实证研究——基于安徽省安庆市的调查数据[J].农业技术经济，2012(6)：87-94.

③ 陈文超，陈雯，江立华.农民工返乡创业的影响因素分析[J].中国人口科学，2014(2)：96-105.

④ 黄迈，徐雪高，王宏，石颖，胡杰成.农民工等人员返乡创业的政策匹配[J].改革，2016(10)：73-83.

⑤ 胡豹.返乡农民工创业政策研究[J].企业经济，2011(11)：156-158.

⑥ 王玉帅，吴超.农民工返乡创业政策理论框架构建及支持体系[J].企业经济，2013(9)：150-155.

⑦ 刘小春，李婵，朱红根.农民工返乡创业扶持政策评价及其完善——基于江西省1145个返乡农民工调查数据[J].农村经济，2011(6)：101-104.

⑧ 胡俊波.农民工返乡创业扶持政策绩效评估体系：构建与应用[J].社会科学研究，2014(5)：79-85.

⑨ 唐杰.统筹城乡发展背景下的农民工返乡创业研究[M].北京：经济管理出版社，2014.

（三）研究述评

上述研究主要探讨了影响返乡农民工创业意愿的因素以及如何进一步完善现有的国家政策扶持体系。这些研究为后续研究打下了良好基础，但也存在一些不足：一是从研究方法来看，缺少田野调查法。已有研究主要以定性研究、计量模型或结构方程模型为主，缺少以田野调查来佐证观点。二是从研究问题来看，现有成果主要研究了返乡农民工创业意愿，缺少对返乡农民工创业实际情况的系统考察，也较少从农民工的角度考察他们对国家政策的需求层次和强度，对于如何优化政府政策缺乏证据支撑。因此，有必要进一步弥补相关研究上的不足。

三、创业教育研究述评

由于创业的影响因素众多，于是一些学者将创业过程视为复杂混沌的“黑箱”，认为创业是一群具有独特性格的人在环境逼迫下的偶发行为，其成功纯粹是机缘巧合，根本无法通过创业教育来清晰诠释。[①] 然而事实上，创业精神可以通过教育活动来获得培育和强化，而学校则是培育创业精神的场所，创业教育有助于提高毕业学生创业意愿与创业能力。[②] 创业教育与特定创业政策可以鼓励创业者创业，根据“全球创业观察”（Globe Entrepreneurship Monitor）对 40 多个国家的调查发现，影响创业的主要因素是政府政策、创业教育和财务支持。[③]

（一）大学生创业教育研究

在创业教育日渐普及的情形下，大学生创业教育研究逐渐增多。这些研究常锁定以下三类不同的范畴：首先，创业教育的现状与发展是常见

---

① McKelvey M. How and Why Dynamic Selection Regimes Affect the Firm's Innovative Search Activities[J]. Innovation：Organization & Management，2004，6(1)：3-24.

② Matlay H ，Henry C ，Treanor L . Entrepreneurship Education and Veterinary Medicine：Enhancing Employable Skills[J]. Education & Training，2010，52(8/9)：607-623.

③ Slavica Singer，et al. Global Entrepreneurship Monitor：2014 Global Report[R]. https：//www.gemconsortium.org/file/open？ field＝49079.

的主题。例如纳尔逊对发展中国家创业教育现状的研究①、卡茨对美国创业教育发展轨迹的研究②、李伟铭等人对中国高校创业教育发展阶段的概括③等。其次,研究者们关注创业教育到底是否可以成功地诱发学生对于创业的意愿,培育其创业所需的技巧。例如科尔沃雷德等针对挪威大学的研究显示,主修创业的学生的确有较为显著的创业意愿。④ 但也有研究显示,创业意愿未必会通过接受创业教育而强化。例如奥斯特贝克等的研究显示,有不少学生是在接受创业课程后,打消了原有的创业想法。⑤ 最后,创业教育的模式、课程内容和教学方法是备受关注的研究领域。例如克里斯蒂娜等提出个案教学模式⑥,克洛夫斯顿等提出校企合作教学模式⑦等。而兰斯特伦等认为创业教育是新兴学科,具备跨领域与多典范的特质,该教授哪些理论和内容,在研究者或是教学者之间并没有一定的共识。⑧ 因此,创业教育的课程设计逐渐朝向"干中学"以及亲身体验的方向发展,通过情境设计让学生在课堂活动组合设计中构思创业过程的可能选项。⑨

---

① Nelson R E. Entrepreneurship Education in Developing-countries[J]. Asian Survey, 1977, 17(9): 880-885.

② Katz J A. The Chronology and Intellectual Trajectory of American Entrepreneurship Education: 1876-1999[J]. Journal of Business Venturing, 2003, 18(2): 283-300.

③ 李伟铭,黎春燕,杜晓华.我国高校创业教育十年:演进、问题与体系建设[J].教育研究,2013(6):42-51.

④ Kolvereid L & Moen O. Entrepreneurship among Business Graduates: Does a Major in Entrepreneurship Make a Difference? [J]. Journal of European Industrial Training, 1997, 21(4): 154-160.

⑤ Oosterbeek H, Van Praag M & Ijsselstein A. The Impact of Entrepreneurship Education on Entrepreneurship Skills and Motivation[J]. European Economic Review, 2010, 54(3): 442-454.

⑥ Christina H & Paul D H. Paradoxes in Entrepreneurship Education: Chalk and Talk or Chalk and Cheese? A Case Approach[J]. Education & Training, 2005, 47(8/9): 616-627.

⑦ Klofsten M. Training entrepreneurship at universities: A Swedish case[J]. Journal of European Industrial Training, 2000, 24(6): 337-344.

⑧ Landström H, Harirchi G, Åström F. Entrepreneurship: Exploring the Knowledge Base [J]. Research Policy, 2012, 41(7): 1154-1181.

⑨ Elmes M B, Jiusto S, Whiteman G, Hersh R, Guthey G T. Teaching Social Entrepreneurship and Innovation from the Perspective of Place and Place Making[J]. Academy of Management Learning & Education, 2012, 11(4): 533-554.

(二)创业教育研究热点和发展趋势

以中文社会科学引文索引(CSSCI)为检索数据库,输入检索条件:篇名或关键词为"创业教育",时间跨度为 1999～2019 年(检索时间为 2019 年12 月 31 日),共检索到 1077 篇文献。人工剔除新闻报道、会议通知等不相关文献,去除重复记录文献,最终获得文献 1058 篇。采用 VOSviewer、CiteSpace 软件对创业教育研究的演进历程进行可视化操作,直观展示知识领域信息全景,识别研究热点与前沿方向。

1.描述性统计

利用 Excel 对去重后的检索数据进行统计,得到发文量年度分布折线图(见图 1-1)。由图 1-1 可知,2006 年以前创业教育年度发文量不足 20 篇,表明创业教育研究并没有受到太多关注。2007～2014 年,创业教育年度发文量增长速度较快。2015～2018 年,创业教育发文量保持较高水平,表明创业教育研究在这一时期受到持续重视。2019 年创业教育发文量只有 45 篇,表明创业教育的研究热度有所下降。

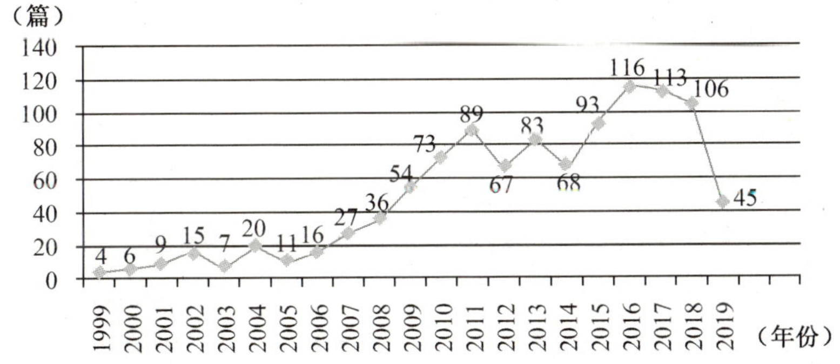

图 1-1 创业教育年度发文量年分布

由图 1-2 可知,《中国高等教育》杂志发表的创业教育文献最多(89 篇),说明该杂志对创业教育类的文献比较青睐。此外,《教育发展研究》(65 篇)、《江苏高教》(60 篇)、《中国高教研究》(55 篇)、《高等工程教育研究》(54 篇)等教育类杂志均刊载了较多的创业教育文章,说明创业教育是教育领域内比较热门的研究议题。

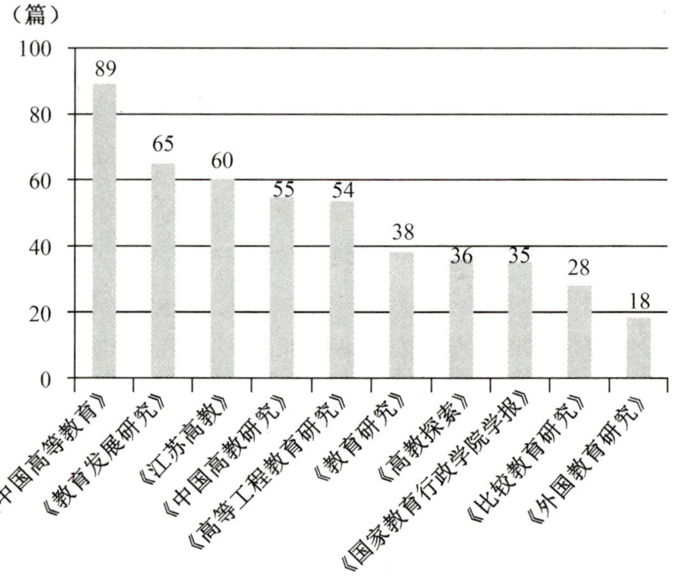

图 1-2 期刊载文量分布

2.期刊共被引分析

被引次数超过 130 次的期刊有《教育研究》《中国高教研究》《教育发展研究》《中国高等教育》《高等教育研究》和《高等工程教育研究》，这些期刊都与高等教育有关，说明创业教育很受高等学校的重视。其他被引次数较高的期刊还有《商业风险期刊》(*Journal of Business Venturing*)(102 次)、《比较教育研究》(89 次)、《创业理论与实践》(*Entrepreneurship Theory and Practice*)(78 次)。高被引期刊中，国外期刊较多，说明国外学术观点常被用来立论、借鉴或比较(见附录 1 中图 7)。

3.研究的热点主题

第一，关键词共现分析。通过关键词共现分析，可快速了解该领域的研究热点与发展趋势。运行 VOSviewer 软件，生成附录 1 中图 8 关键词共现知识图谱。图中节点的大小代表关键词出现的频次。根据节点频次，得到创业教育领域内排名靠前的关键词有“创业教育”(698)、“创新创业教育”(157)、“大学生”(119)、“高校”(85)、“高等教育”(60)、“高校创业教育”(41)、“人才培养”(38)、“创业”(36)等。

第二,关键词聚类分析。运行 CiteSpace 生成附录 1 中图 9 关键词聚类知识图谱,共导出 11 个主要聚类。将聚类名称和聚类中所包含的主要关键词进行整理得到表 1-1。

表 1-1 关键词聚类

聚类编号	轮廓值	聚类标签	主要关键词
0	0.948	创业研究	创业研究、大学生就业、研究前沿
1	0.902	创新创业教育	创新创业教育、大学、创客教育、特征
2	0.828	大学生	大学生、创业环境、创业意愿、就业教育
3	0.863	就业	就业、创业、高校、创新
4	0.800	创新创业	创新创业、策略、美国高校、高职院校
5	0.845	高等教育	高等教育、高校创业教育、素质教育、创新教育课程
6	0.840	创业意识	创业意识、就业指导、创业能力、创新精神
7	0.824	人才培养	人才培养、创新能力、就业能力、区域经济
8	0.899	教育改革	教育改革、创业活动、教育体系
9	0.965	大学生创业教育	大学生创业教育、教育创新、创业素质
10	0.970	人才培养模式	人才培养模式、创业政策、创业教育体系

第三,研究热点演进。时区视图展现了关键词的动态演进过程。由附录 1 中图 10 可以看出,1999～2003 年,关键词节点的数量较少但频次较高,说明创业教育的研究较少但相对集中。2006～2011 年,节点数量迅速增加,“创新创业教育”“专业教育”“校企合作”“模式”等关键词出现,说明此阶段研究主要聚焦于探索创业教育的发展模式。“创业意向”“创业精神”等关键词的出现,说明创业教育的量化研究开始增多。此外,“高职院校”关键词的出现,说明创业教育不仅局限于本科院校,在高职院校中也较为流行。2014 年以后,“路径”“生态系统”“创客教育”等关键词出现,说明这一阶段创业教育的研究主要聚焦于创业教育的推进路径;“产

教融合”作为最近出现的关键词，有可能成为未来的研究方向。

（三）返乡农民工创业教育研究

1.农民工创业教育

以“农民工创业教育”为篇名进行检索，在CNKI数据库中检索出38篇文献（检索时间为2020年8月27日）。从统计图1-3可见，“教育与培训”“创业培训”“继续教育”是常用关键词。

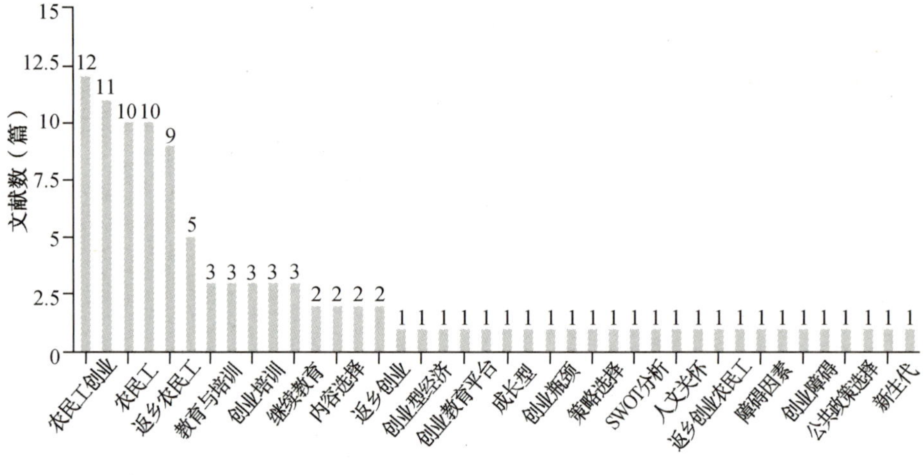

图1-3　关键词分布统计

第一，继续教育视角的研究。张龙把创业教育作为“继续教育”的一部分，认为应该推进新生代返乡创业农民工继续教育，坚持素养为本，设置乡土化继续教育课程内容体系，坚持实践导向，提升继续教育质量。① 宓现义从继续教育的角度认为，应构建分层合理的创业成长型教育目标体系，建立城乡双向型培育新模式。具体而言，针对新生代农民工应制定城市创业的继续教育培训目标；针对流动性强的农民工应以培育新型农民为教育目标，加强他们在农村的创业意识，以提升农村产业结构为支撑点，使他们成为连接城市与农村的纽带。②

第二，职业教育视角的研究。刘帅、王萍从国外农民职业教育的角

① 张龙.新生代返乡创业农民工的继续教育：困境与突破[J].职教论坛，2020(6)：127-132.

② 宓现义.城市农民工创业与融入成长型继续教育新体系研究[J].成人教育，2012(5)：23-24.

度，认为应该借鉴国外发达国家农民职业培训模式，应用其先进的职业教育理念和培训方法，推动我国农民工创新创业培训事业。[①] 王晓明亦从职业教育的角度，认为职业教育需要在宏观上打造以县域为基础的普惠性职业教育培训体系，在中观上按照返乡农民工群体不同的人力资本、社会资本、心理资本等存量及积累现状采用不同的培训方式，在微观上针对返乡农民工创业需求有差异提供有针对性的、多层次的精准培训。[②] 马欣悦等认为，应从职业教育路径出发，从加强返乡创业农民工的职业教育经费投入、提供有效的创业规划指导、提升心理资本等方面，破解返乡农民工的创业困境。[③] 张宇认为，创业教育是一个系统工程，是实现对新生代农民工人文关怀的重要途径。要推进创业理念教育，激发新生代农民工的创业意识；要强化技能教育，提高其专业技术能力、驾驭市场能力、经营管理能力等。为了确保创业教育的实现，应建立"增幅主导，多方筹集"的经费投入机制，建立健全社会支持网络。[④]

第三，成人教育视角的研究。王全乐、陈利利认为，加强返乡农民工创业培训是成人教育的使命，是成人教育子系统的重要分支，覆盖了从扫盲到大学后继续教育的各个教育层，具有良好的基础。成人教育的重点是转变农民工就业观念，树立其创业信心；开设创业心理学、企业经营管理、科学种植和科学养殖技术等创业学课程；针对青年农民、中老年农民、女性农民等各自特点开展分类培训；选取合理的培训方式和策略，注重培训效果跟踪，增强培训的时效性。[⑤] 倪霓从成人教育的角度出发，认为创业需要有一定的文化基础或专业技能，应该对返乡农民工进行培训和再

---

① 刘帅，王萍.国外农民职业教育对我国农民工创新创业培训的启示[J].滁州学院学报，2019，21(6)：28-32.

② 王晓明.基于返乡农民工创业资本困境的职业教育支持路径研究[J].教育与职业，2018(21)：20-26.

③ 马欣悦，石伟平.返乡创业农民工心理资本提升的职业教育路径与策略[J].中国职业技术教育，2018(26)：20-25.

④ 张宇.创业教育：实现新生代农民工人文关怀的重要途径[J].职教通讯，2012(1)：52-56.

⑤ 王全乐，陈利利.返乡农民工创业培训：成人教育的使命与方略[J].成人教育，2012(3)：15-17.

教育，提高农民工的素质和创业成功率。[①] 于建嵘则认为，要对农民工返乡创业进行风险教育，防止农民工为了得到政府优惠政策而盲目创业。[②] 潘晔华认为，应该根据创业的不同阶段为新生代农民工创业前、创业实践阶段和创业拓展阶段提供创业教育指导和支持。[③] 常志伟等人认为，从成人教育的角度来看，返乡农民工的创业培训内容往往陈旧，难以满足“即学即用”的现实需求；创业培训方法较为单一，容易带来枯燥感甚至引发培训抵触。因此，成人教育要主动有为，针对返乡农民工的特点和需求，立足长远开展实用性创业教育培训，尝试建立农民工创业培训中心，采用多样化创业培训方法和组织形式，破解其创业过程中的知识瓶颈。[④] 朱宏伟则以甘肃省为例，分析了返乡农民工创业教育面临的非制度性因素制约、偏离经营能力的培训内容、培训师资队伍紧缺等问题，认为应重视创业教育，加快构建创业教育标准，以标准引领创业教育培训体系设计和内容设计，补足返乡创业农民工的经营能力、资本运作能力，使他们尽可能多地转化为人力资本。[⑤]

第四，社区教育视角的研究。元燕平、刘唐宇认为，返乡农民工创业存在目标定得太高、盲目选择创业项目、对创业风险认识不够等认识误区，应该加强农村社区教育，帮助返乡农民工走出创业误区。[⑥] 糜婷、宋德清也认为，社区教育作为返乡农民工创业教育与培训的最有效载体，其教育与培训的内容选择应兼顾各方需求，突出产业集群教育、技术技能教育等。[⑦] 梁延秋认为，社区教育虽然开始重视对返乡农民工的创业培训，

---

① 倪霓.返乡农民工自主创业培训的成人教育策略[J].继续教育研究，2017(12)：63-64.

② 于建嵘.要对返乡农民工创业进行风险教育[J].农家顾问，2013(6)：30-31.

③ 潘晔华.新生代农民工创业教育与公共政策支持[J].继续教育研究，2016(12)：14-16.

④ 常志伟，张王豆.返乡农民工自主创业瓶颈及其对策——基于成人教育的视角[J].成人教育，2012(2)：9-11.

⑤ 朱宏伟.甘肃省返乡农民工创业教育的思考[J].教育现代化，2019(6)：47-48.

⑥ 元燕平，刘唐宇.开展农村社区教育，助返乡农民工走出创业认识误区[J].高等继续教育学报，2016(5)：67-69.

⑦ 糜婷，宋德清.创业型经济发展下农民工社区教育的内容选择探索[J].继续教育研究，2016(6)：27-29.

但是存在教育供给和需求矛盾、政策保障机制不健全等问题，应针对对口产业提供创业技能教育，将创业教育贯穿于创业型企业发展的各个阶段，满足农民工个体、经济及社会发展的共同需求。①

第五，创业教育支撑体系研究。陈玉祥、郑小强认为，应建立返乡农民工创业的教育支撑体系，包括教育资源支撑子系统、人力资源开发子系统、科研支撑子系统及合作创新子系统；建设返乡农民工创业的教育支撑平台，包括资源贡献子平台、远程教育支撑子平台和合作创新子平台；确定返乡农民工创业的教育实施流程，包括教育平台选取、创业教育实施和创业教育绩效评价三个环节。② 邓俊森认为，应构建基于网络学习的农民工创业教育平台，从系统平台的动态管理和系统技术的优化升级入手，增强课程资源的过程性、交互性、可视化和人性化，增进适应性学习。③稽兰兰则以嘉兴"红船网"为个案，认为基于网络的创业教育有助于农民工及时地获取创业信息。乔巍认为，加强返乡农民工创业教育、创业培训是促进我国经济发展的重要措施，是解决农民工就业和生存问题从而完成自身发展的现实要求，因此要推进创业教育体制、培训体系的全面升级，在培训内容上加强科学、经济、社会学、哲学、心理学等各类教育，提升综合创业素质；构建综合性教育培训体制，由地方政府及相关部门全面统筹组织，实现社会层面的全力支持；不断优化创业教育环境，建立"政府主导，多方筹资"的创业教育经费投入机制。④

第六，新生代农民工创业教育研究。黄兆信等人认为，从"就业"到"创业"已经成为新生代农民工职业选择的新趋势，加强新生代农民工城市创业的职业教育迫在眉睫。新生代农民工在城市创业具有创业过程的

---

① 梁延秋.论当前创业型经济背景下农民工社区教育的内容选择[J].中国成人教育，2018(13):157-160.

② 陈玉祥，郑小强.农民工返乡创业教育支撑体系初探[J].中国劳动，2017(5):44-47.

③ 邓俊森.基于网络学习的农民工创业教育平台的构建[J].南阳师范学院学报，2014(10):60-64.

④ 乔巍.新型城镇化背景下的新生代农民工返乡创业教育与培训探讨[J].智库时代，2018(39):280.

渐进性、路径选择的盲目性、价值取向的多样性等特征，他们虽然较第一代农民工在受教育程度上普遍提高，但具体到创业知识和技能则较为匮乏。因此，要构建面向新生代农民工创业的职业教育体系，明确体系的总体目标和方向，完善教育组织机构和师资队伍，优化教学内容和课程体系，创新职业教育评价体系，为他们在城市创业提供积极指导。①

第七，创业教育功能和质量提升研究。庄志浩对教育提升返乡农民工创业能力的促进效应进行了实证研究，证实河南省返乡农民工创业能力随着农民工教育规模的不断扩大而不断提升。② 孙灵希关注到新生代农民工创业教育质量问题，为此将质量功能展开（Quality Function Deployment）技术引入创业教育培训设计中，从教学主体、教学内容、教学方式、教学评估四方面考察创业教学质量，从创业程序、创业行动倾向、创业形式、创业准备、创业效能感、培训的实用性、培训环境、培训时间安排、培训价格、教学手段和方法、模拟手段应用、对课程内容的应用、学习兴趣、学习成果、学生意见反馈、作业安排、对教学内容的接受度等 22 个具体指标出发构筑“教学质量屋”，并且采用事前控制、过程控制和事后控制的教学控制策略，促进创业教育培训质量的提升。③

2.农民工创业培训

以“农民工创业培训”为篇名进行检索，在 CNKI 数据库中检索出 71 篇文献（检索时间为 2020 年 8 月 27 日）。其中，“创业培训”“新生代农民工”“培训满意度”是常见关键词（见图 1-4）。

① 黄兆信，曾纪瑞，曾尔雷.新生代农民工城市创业的职业教育初探[J].东南学术，2012(6)：317-322.

② 庄志浩.对教育提升返乡农民工创业能力的研究[J].成人教育，2016(4)：40-44.

③ 孙灵希.新生代农民工创业教育质量提升策略研究——以东北地区高职院校为例[J].中国劳动，2015(14)：25-30.

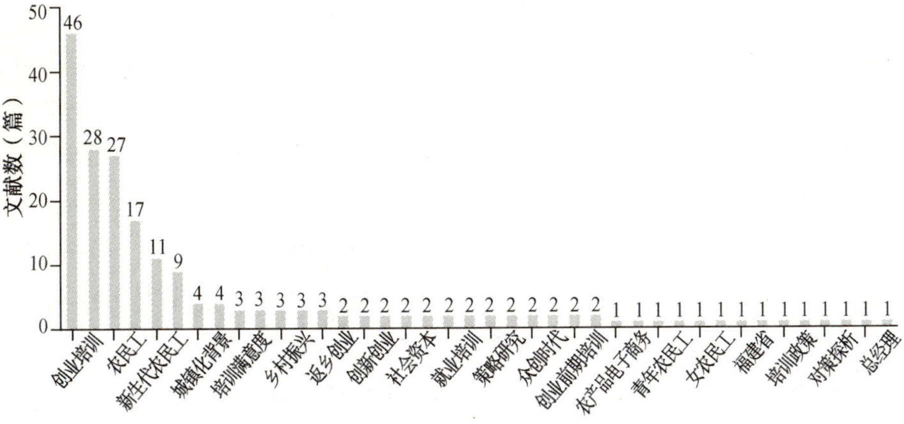

图 1-4 关键词分布统计

第一，对创业培训问题和对策的研究。孟笑梅认为，加强对农民工的创业培训已经是社会发展面临的一个重要问题，可以采取政府建立专项经费、企业资助、个人负担、社会捐赠的方式建立经费保障机制，建立由培训联合会、培训中介、培训学校、教育行政机构组成的农民工培训体系。[①] 张军、安月兴认为，当前的返乡农民工创业培训还很不完善，存在资金筹措机制不健全、培训管理工作不到位、培训时间短、培训资源欠缺、培训缺乏针对性、缺少后续跟踪服务等问题，要做好留守农村的农民工数量统计工作，建立创业培训专项经费，整合培训资源，建立培训体系，完善相关评估体系。[②] 陶海东认为，我国目前开展的返乡农民工创业培训在实际运行中仍停留在就业培训的传统固有模式中，例如短期的生产技能学习、种养殖技术学习等。在返乡农民工创办企业资金有限、技术含量低、行业市场几近饱和的情形下，有必要构建集创业分析、政策解读、项目分析、案例分析、过程指导、创业交流中心为一体的返乡农民工创业培训机制。[③] 吕莉敏认为，返乡农民工存在人力资本短板，主要表现为低文化程度制约其学习能力，再学习能力不强影响其创业能力提升，创业能力不高影响其创业行为决策和实施，缺乏创意阻碍其可持续发展。破解人力资本短板的

---

① 孟笑梅.加强农民工就业、创业培训是当务之急[J].理论界，2006(1)：30-31.

② 张军，安月兴.加强返乡农民工创业教育培训研究[J].当代经济管理，2009(8)：31-34.

③ 陶海东.返乡农民工创业培训机制创新研究[J].安徽农业科学，2010(10)：5396-5398.

策略是提供适切的职业培训，包括把握培训对象需求进行精准培训，依据需求差异实施分类分段分层培训，借助“互联网＋”创新培训模式，完善培训机制，提升培训质量。① 张翠翠等人认为，要鼓励农业高职院校参与创业培训。具体而言，农业高职院校具有高素质的专业教师队伍，有着较为完善的创业培训评估体系，在创业培训方法上可以采取讲授法、演示法、研讨法、视听法、角色扮演法、案例培训法等多种方式。② 张志鹏对河北省新生代农民工创业培训进行调研，发现接受培训的新生代农民工人数较少、授课手段较单一、培训内容和实际需要差距较大、创业培训投入不足等问题制约培训效果，应加大宣传力度以实现培训信息全覆盖，多种形式创新培训方式，改革培训内容，建立多元化的创业培训体系。③

第二，以农民工为中心的创业培训对策研究。刘奉越、孙培东认为，应该基于返乡农民工学习特点开展创业培训。返乡农民工具有学习动机强烈、学习目的明确、学习需求多样、学习实用倾向、学习挫折感强等特点。在创业培训过程中，应坚持共性培训与个性培训相结合的原则，以问题为中心强化实用技能，加强素养教育以增强成人学习自信和自我效能感，灵活运用多种培训方式增强培训效果。④ 杨光、谢国萍认为，应该基于返乡农民工创业能力评价构建相应培训机制。要评估返乡农民工专业能力、实践应用能力、社会能力，针对返乡农民工能力结构不平衡、“能力洼地”等问题，着眼于“长、高、远”建立终身培训机制，建立多部门参与的互补性创业培训合作机制。⑤ 张默认为应该基于返乡农民工需求开展培训，对辽宁省返乡农民工创业培训需求调查后发现，从事建筑类、服务类的返乡农民工更愿意参加创业培训，月平均工资在4000元以上的更愿意

---

① 吕莉敏.返乡创业农民工人力资本提升的职业培训路径选择[J].中国职业技术教育，2020(12)：45-52.

② 张翠翠，常介田，校云芳.农业高职院校参与返乡农民工创业培训的研究[J].河南农业，2010(10)：18-19.

③ 张志鹏.河北省新生代农民工创业培训研究[J].合作经济与科技，2017(21)：106-107.

④ 刘奉越，孙培东.基于返乡农民工学习特点的创业培训论略[J].教育学术月刊，2009(8)：85-88.

⑤ 杨光，谢国萍.基于返乡农民工创业能力评价分析的培训机制构建[J].成人教育，2018(5)：51-55.

参加创业培训，受访者更愿意接受面授课程、每 2 月培训 1 次、5 天以下的短期培训；在培训的内容上，专业技术类（养殖技术、计算机使用、销售技术、AB 级汽车驾驶等）培训比管理技术类（财务知识、团队建设、人员管理等）培训更具有吸引力。①

第三，以产业为重点内容的创业培训对策研究。杨永娇认为，当前的返乡农民工创业培训主要是基本常识及相关实用技术，利用传统手艺进行创业和培训没有得到人们的重视。可以将民间手艺与返乡农民工创业培训相结合，培训内容主要针对如何对手艺进行科学经营和管理，以及如何实现手艺的规模化和产业升级。② 罗彩桂认为，应依托农村产业特点，重点搞好“一村一品”工程技术指导，加快农民工就地转移培训，比如通过“创业成果展”发挥示范带动作用，成立“创业协会”以全方位为返乡农民工提供培训、小额贷款、创业指导、后续支持等服务。③ 卢建坤等对福建省特色农民工创业培训进行了实践总结，发现创业培训涉及的产业有农业特色产业，包括茶产业、笋竹业、名优果蔬、畜牧业、食用菌业、水产养殖业和突出“一村一品”的其他重点农业产业；有非农特色产业，包括计算机应用、农业机械维修、职业技能鉴定培训等；还有现代管理知识，包括农民企业家创业培训、企业管理人员培训、农村信息员培训、规模化与集约化生产经营培训。主要的培训模式有入村培训、集中到乡镇政府会议培训、培训机构内培训、实践技能现场培训、初创企业参观。培训实践中存在培训内容单一、经费不足、应付了事、时间短等问题，必须加强培训单位建设，变革培训制度和模式，强化专家团队培训。④

第四，对创业培训效果和满意度的研究。吴易雄对湖南省 2008 年由农业部（现农业农村部）确定的 24 个返乡农民工创业培训试点县的情况进行了分析，通过对比培训前后的人均纯收入、生产和经营规模、驾驭市

---

① 张默.辽宁农民工返乡创业培训需求调查[J].辽宁经济，2017(9)：24-25.

② 杨永娇.论中国民间手艺断代对返乡农民工创业及培训的启示[J].赤峰学院学报(汉文哲学社会科学版)，2009(7)：62-64.

③ 罗彩桂.强化创业培训搭建服务平台——全力推进返乡农民工就地创业致富[J].职业，2010(6)：34-36.

④ 卢建坤，吕新华，张苏强.福建省特色农民工创业培训存在的问题及对策[J].现代农业科技，2012(15)：330.

场能力和抗生产经营风险能力，认为创业培训具有显著成效，应突出创业培训的应用性和实用性，分层次培训以增强培训效果，构建健全的创业培训管理制度和系统的创业培训体系。① 方鸣等利用中西部地区353个返乡农民工调查数据，采用Logistic模型实证分析了创业培训政策满意度的影响因素，证明创业培训具体扶持政策供给状况，返乡农民工年龄、性别、婚姻状况和文化程度等个体特征，家庭人口数、家庭年收入等家庭特征，返乡农民工技能和培训经历等人力资本因素影响返乡农民工对创业培训配套基础设施、培训补贴、培训咨询、培训跟踪服务、培训合格后优惠政策方面的评价。② 宗思楚等人针对创业培训满意度的影响因素展开调查，运用因子分析法将影响因素划分为认知因子、情感因子和效应因子3个公共因子，形成了宣传满意度、场地满意度、课时满意度等12项指标，进而从提升认知水平、加深情感体验、改善效应认同方面提出建议。③

（四）研究述评

上述研究涉及创业研究、返乡农民工创业影响因素研究、返乡农民工创业教育或培训研究，研究的主题较为广泛，研究的深度不断深化，为后续研究奠定了基础。然而，已有研究仍存在一些问题：

第一，学术化的创业研究是目前国内外研究的主流。针对农民工这一群体的研究在国外不仅鲜见，在国内也尚未形成分支领域。

第二，返乡农民工创业研究大多探讨了创业意愿或行为的影响因素，对于返乡农民工创业过程、创业变迁缺乏深入的调查。一些定量研究使用问卷调查数据，运用计量模型或结构方程模型，进而分析农民工返乡创业意愿受哪些因素的影响（如家庭、社会资本、国家政策等），但往往未深入阐释背后的因果机制。从研究问题上看，缺少从返乡农民工创业跃迁的角度探究创业教育在其中应该如何发挥作用。

第三，目前对返乡农民工创业教育的研究还存在诸多问题。在研究

---

① 吴易雄.农民工返乡创业培训成效分析[J].当代经济，2010(16)：38-40.

② 方鸣，詹寒飞.返乡农民工对创业培训政策满意度的影响因素分析[J].财贸研究，2016(6)：54-59.

③ 宗思楚，杨光，印建兵.提升返乡农民工创业前期培训满意度策略[J].中外企业家，2018(24)：193-194.

定位上，一些研究对“创业教育”“创业培训”关键词混合使用，对于创业教育的定位模糊。在研究视野和方法上，一些研究视域相对狭窄，研究方法、研究深度停留在思辨层面，大量研究成果缺乏权威性，所发表的杂志基本为普通期刊，北大中文核心期刊很少，CSSCI 期刊几乎没有，反映了这一重大实践性问题在研究深度上的困境。在研究理论基础上，已有研究理论基础较为薄弱，多从职业教育、成人教育、创业培训、继续教育或社区教育的角度进行研究，缺乏多学科、多理论视角，缺少跨学科思维、理论兼容思维，鲜见社会学、心理学等角度的理论分析。在研究对象上，较多研究如何完善政府创业培训政策，但是鲜有从农民工的角度考察他们对创业培训政策的需求强度以及如何调适地方政府服务，从而避免创业培训政策悬浮，切实提升政策落地实效。

四、农村产业融合研究述评

2015 年中央首次提出要“推进农村一二三产业融合发展”，主要任务是延长农业产业链，提高农业附加值，增加农民收入。2015 年6 月21 日发布的《国务院办公厅关于支持农民工等人员返乡创业的意见》(国办发〔2015〕47 号)进一步指出，要“引导一二三产业融合发展带动返乡创业”，认为农村一二三产业融合发展将拓展返乡农民工的创业空间。2015 年 12 月 30 日，《国务院办公厅关于推进农村一二三产业融合发展的指导意见》(国办发〔2015〕93 号)更加清晰地阐明，要“发展多类型农村产业融合方式”，“引导返乡人员领办农民合作社、兴办家庭农场、开展乡村旅游等经营活动”。2015 年的一系列文件，不仅指出了一二三产业融合的发展趋势，而且对返乡农民工创业方向予以引导。然而，在创业教育实践中，上述产业融合的趋势并未受到充分重视，返乡农民工对此的认识并不深刻。

学术界对产业融合的讨论，最早源于数字技术的出现而导致的产业之间的交叉。① 最初引起人们注意的产业融合现象是“3C”的融合，即计算机产业、通信产业和消费类电子产品的融合。以数字融合为基础，格林

① 马健.产业融合理论研究评述[J].经济学动态，2002(5)：78-81.

斯腾和卡恩纳将产业融合定义为“为了适应产业增长而发生的产业边界的收缩或消失”①。马尔霍特拉从技术融合的角度将产业融合定义为“两个或两个以上过去各自独立的产业，当它们的企业成为直接竞争对手时就发生了融合”②。早期的定义虽然局限在了以互联网为标志的计算机、通信和广播电视业的融合上，但却深刻地揭示了数字技术如何影响产业边界。随着融合现象的日益普遍化，后来的研究将产业融合拓展到制造业、高新技术产业等领域，将产业融合视为一种新的产业革命，认为产业融合带来了许多新产品与新服务的出现、新市场和新参与者的进入，导致产业基础、产业关联、产业结构、产业形态和产业布局等发生根本变化。③产业融合不断拓展，意味着传统产业边界模糊化和经济服务化趋势日渐明显，产业间新型竞争协同关系建立，也意味着更大的复合经济效应的产生。④

作为“革命性”的产业创新形式，产业融合引起了学术界和政府部门的广泛关注。斯蒂格里茨将产业融合分为技术替代性融合、技术互补性融合、产品替代性融合和产品互补性融合四种基本类型。⑤ 更进一步的研究则发现，产业融合由于其横向的相互交融而变得更加复杂，呈现出研发设计、生产制造和营销服务三个核心元素的横向产业模式。⑥ 这就涉及产业融合现象的识别，并衍生出以分工、消费者、产品价值等为不同研究视角的产业融合类型划分⑦，也带来旅游业、传媒业、制造业、服务业、文化业、体育业等不同行业的变革思考。总之，关于产业融合的分类、途

---

① Greenstein S, Khanna T. What does Industry Convergence Mean? in Yofee D B ed. Competing in the Age of Digital Convergence[M]. Boston: Harvard Press, 1997:201-226.

② Malhotra A. Firm Strategy in Converging Industries: An Investigation of US Commercial Bank Responses to US Commercial-investment Banking Convergence [D]. Maryland University, 2001.

③ 周振华.产业融合:产业发展及经济增长的新动力[J].中国工业经济,2003(4):46-52.

④ 周振华.产业融合拓展化的过程及其基本含义[J].社会科学,2004(5):5-12.

⑤ 李美云.国外产业融合研究新进展[J].外国经济与管理,2005(12):12-20.

⑥ 林民盾,杜曙光.产业融合:横向产业研究[J].中国工业经济,2006(2):30-36.

⑦ 韩顺法,李向民.基于产业融合的产业类型演变及划分研究[J].中国工业经济,2009(12):66-75.

径、识别与测度、效应等理论问题已有诸多有价值的研究成果。①

以往产业融合研究的焦点在于二、三产业。但是近年来，农村一二三产业融合的研究日益凸显，成为新的研究热点。一些学者从国外农村产业融合发展过程中寻找启示和借鉴。法国通过突出本土性、特色性，提升行业自律水平，加强政府监管与扶持等方式开展乡村旅游，既解决了农庄的生存问题，又促进了经济、社会、文化的可持续发展。20世纪90年代，日本学者提出了“六次产业”的概念，即“1＋2＋3”或“1×2×3”，旨在让农民更多地分享农业产业链延伸、农业结构转型升级带来的收益。② 另一些学者则着重定义何谓“农村产业融合”。有学者认为，农村产业融合又称“农业产业融合”或“农村一二三产业融合”，是以农业为基本依托，以新型农业经营主体为引领主体，以利益联结机制为联结纽带，以技术创新、制度创新和商业模式创新为发展动力，以产业链延伸、产业功能拓展和新业态的形成为典型特征，以资源在农村优化重组和农业相关产业有机整合为基本目标，以实现农业增效、农民增收和农村繁荣为最终目标的长期发展过程。③ 农业部的定义则是：一二三产业融合发展是以农业为基本依托，以产业化经营组织为引领，以利益联结机制为纽带，通过产业联动、要素集聚、技术渗透、体制创新，促进农业产前、产中、产后以及休闲服务各环节的有机结合，实现农业产业链的延伸、价值链的跃升、功能的拓展、多主体的共赢，让农民参与二、三产业，分享增值收益。④ 国家发改委宏观院和农经司课题组认为：农村一二三产业融合发展是以农业为基本依托，以新型经营主体为引领，以利益联结为纽带，通过产业链延伸、产业功能拓展和要素集聚、技术渗透及组织制度创新，跨界集约配置资本、技术和资源要素，促进农业生产、农产品加工流通、农资生产销售和休闲旅游等服务业有机整合、紧密相连的过程，借此推进各产业协调发展和农业竞

① 单元媛，赵玉林.国外产业融合若干理论问题研究进展[J].经济评论，2012(5)：152-160.

② 祝捷，黄佩佩，蔡雪雄.法国、日本农村产业融合发展的启示与借鉴[J].亚太经济，2017(5)：110-114.

③ 孟秋菊.农村产业融合的内涵研究[J].四川理工学院学报(社会科学版)，2018(2)：76-83.

④ 陈晓华.推进龙头企业转型升级 促进农村一二三产业融合发展[J].农村经营管理，2015(12)：6-9.

争力的提升，最终实现农业现代化、农村繁荣和农民增收。[①] 尽管上述内涵界定不尽相同，但是可以归纳出基本共同点：一是注重产业链的延伸，以农业为中心，向产前和产后延伸链条；二是强调新兴技术的应用；三是产业间的横向关联与渗透。

当前，中国农村产业融合呈现出多样化的发展模式。有学者结合国内典型案例，总结归纳出四种模式：农业龙头企业带动模式、工商资本带动模式、垂直一体化经营模式和"互联网＋农业"电商平台模式。[②] 有的学者以贫困地区为例，总结出农旅一体化带动型、纵向一体化延伸型、基层党组织引领型和电商平台助推型四种典型模式。[③] 有的结合调研案例，梳理出地产地销模式、农舍对接模式、"龙头企业＋合作社＋农户"模式、"互联网＋农业"模式四种。[④] 有的结合地方实践案例，发现农村产业融合有纵向一体化模式，以精深加工、电子商务、产业链增值为主要表现形式；有横向一体化模式，以科技创新、农业多功能拓展、农村社会化服务为主要表现形式。[⑤] 有学者从经营主体的微观视角考察，认为产业融合存在沿产业链向前后延伸、拓展农业新功能和推广应用先进技术三种模式。[⑥] 有的学者回归新技术的讨论范畴，认为在互联网技术下，我国农村产业融合的模式有两种，即"互联网＋"和"＋互联网"模式。[⑦] 综合上述讨论可以发现，当前的产业融合基本模式包括：农业产业内部的整合型融合，例如生态、循环农业等；农业产业链延伸型融合，例如农产品深加工、深利用、高附加值等；农业与其他产业交叉融合，如农业与文化、体育、医养等的交叉；先进技术要素对农业的渗透型融合，如信息农业、生物农业、

---

① 国家发展改革委宏观院和农经司课题组.推进我国农村一二三产业融合发展问题研究[J].经济研究参考，2016(4)：3-28.

② 吕岩威，刘洋.农村一二三产业融合发展：实践模式、优劣比较与政策建议[J].农村经济，2017(12)：16-21.

③ 欧阳胜.贫困地区农村一二三产业融合发展模式研究——基于武陵山片区的案例分析[J].贵州社会科学，2017(10)：156-161.

④ 赵海.一二三产业融合模式探讨[J].中国农民合作社，2015(6)：43.

⑤ 戴紫芸.组织一体化视角下农村一二三产业融合模式研究[J].荆楚学刊，2017(3)：46-51.

⑥ 熊爱华，张涵.农村一二三产业融合：发展模式、条件分析及政策建议[J].理论学刊，2019(1)：72-79.

⑦ 孙军.互联网引领下的我国产业融合模式、困境与摆脱[J].现代经济探讨，2016(12)：49-53.

设施农业、互联网农业、智慧农业等。

产业融合作为一种趋势，其发展水平如何？为了回答这一问题，一些学者从省域数据出发进行考察。例如，有的以江苏省为例，从产业链延伸、多功能性发挥、农业服务业融合、农民增收就业和城乡一体化五个方面构建指标进行发展水平评价①；有的以上海市为例，运用熵值法和灰色关联分析法，从农业与关联产业融合、农业产业融合的金融保险支持、农业社会经济效应三个维度构建评价指标体系②；有的以北京市为例，运用熵值法，从产出高效化、业态多样化、服务社会化、生态绿色化、城乡一体化五个方面构建评价指标体系。③ 一些研究以县或地级市为对象，例如以县为对象，利用高层次分析法、灰色综合评价法，从一二产业融合、一三产业融合、经济效应、社会效应四个方面对农村产业融合水平进行评价④；以地级市为对象，运用层次分析法、德尔菲法，从农业与二三产业融合、经济社会效应两个维度构建评价指标体系。⑤ 还有学者以长江经济带为例，从产业融合动力、融合趋向、融合环境三个维度，对产业融合水平进行测度。⑥ 通过上述文献梳理可以发现，学界对农业产业融合测度的研究并不深入，尚未形成公认的产业融合测算方法。

综合上述诸多方面的讨论不难发现，产业融合已经成为产业发展的新趋势。农村产业融合虽然取得了一定进展，但仍处于初级阶段，融合层次较浅。⑦ 更为明显的是，无论是产业融合研究，还是农村产业融合研究，均忽视了作为主体“人”的作用，尤其是忽视了返乡农民工创业与农村产业融合之间的耦合关系。在已有的返乡农民工创业教育研究中，几乎

① 王玲.江苏省农村产业融合水平测度与区域差异分析[J].农业经济，2017(6)：21-22.

② 陈林生，鲍鑫培.现代都市农业背景下农业产业融合水平测度及评价研究——以上海为例[J].经济问题，2019(12)：89-95.

③ 李治，王一杰，胡志全.农村一、二、三产业融合评价体系的构建与评价——以北京市为例[J].中国农业资源与区划，2019(11)：111-120.

④ 熊朗羽，韩培培，朱玲萱.基于 AHP-灰色综合评价的农村一二三产业融合水平评价研究[J].经济研究导刊，2018(36)：65-69.

⑤ 吴佩君，陈松洲.广东省汕头市农业产业融合评价指数研究[J].南方农村，2019(6)：16-21.

⑥ 程广斌，杨春.区域产业融合水平评价及其影响因素研究——以长江经济带为例[J].华东经济管理，2020(4)：100-107.

⑦ 郝立丽，张滨.新时期我国农村产业融合的发展模式与推进机制[J].学术交流，2016(7)：116-121.

看不到关于农村产业融合发展实际、发展趋势与规律的讨论，也鲜见以农村产业融合为背景对返乡农民工进行系统创业教育的深入阐述。因此，围绕农村产业融合发展趋势、目标和任务，系统建构返乡农民工创业教育内容体系，就成为重要而紧迫的问题。

第三节 研究设计

一、研究对象与目标

(一)研究对象

本书以返乡农民工作为研究对象，这是因为当前创业教育大多针对高等院校或职业院校的大学生，鲜见以返乡农民工为主体。更重要的是，返乡农民工是打破农村产业空心化的坚实力量，有着丰富的产业从业经验和较强的创业意愿。因此，本书既考虑农村产业再造效应，又着力弥补当前返乡农民工创业教育存在的不足，既体现国家大众创业战略，又扎根农村基层，有助于形成返乡农民工创业教育的长效机制。

(二)研究目标

尽管农民工的从业状态出现了从“进城打工”到“返乡创业”的明显变化，但大量返乡农民工未将创业付诸行动，一些创业行动者也面临重重险阻。其中一个关键原因在于面对长期以来“农村产业空心化”的困境，返乡农民工无法准确定位创业的产业切入口，对产业间转换的时间性和创业的整体可操作性还缺乏深入掌握。因此，要想让返乡农民工创业教育切实有效，就需要首先阐明农村产业再造机理，明确哪些产业可以体现农村特色，将农村发展得越来越像农村。在此基础上，充分发挥创业教育的激励和引导作用，引导返乡农民工准确识别创业可以切入的农村产业类型，进而设计体现返乡农民工特点及创业规律的创业教育内容体系、技术方法、提供模式和布局结构等，为返乡农民工创业“第一里路”提供所需的信念、智慧、技能、平台与行进方向。具体来看，有如下几个方面的目标：

第一，对返乡农民工创业教育内容进行重塑，以明确其创业的产业方向。结合经济结构转型升级对返乡农民工创业的压力机制、大众创业战略对返乡农民工创业的动力机制,构建不同于高等院校精英式创业教育、职业技术院校蓝领式技能培育的返乡农民工创业教育内容新体系。

第二,对当前碎片化的创业教育资源进行整合,形成以产业为纽带的创业教育协同供给机制。梳理各政府部门对返乡农民工创业教育的相关政策,以产业为联结纽带,形成各职能部门统筹谋划、相互协同的创业教育工作机制。

第三,构建有效灵活的返乡农民工创业教育组织机构。建立返乡农民工创业教育管理专责单位,不断优化返乡农民工创业教育布局结构,推进与某产业相关的创业教育资源协同供给,负责标准化课程的设计等。

第四,构建农村本地产业与创业教育相耦合的、中国特色的、本土化的返乡农民工创业教育理论,从而完善现有创业教育理论体系。

二、主要内容与重点难点

一是返乡农民工生计模式的历史变迁研究。系统考察改革开放以来农民工从“进城务工”到“返乡创业”的内在驱动逻辑和未来发展趋势。

二是返乡农民工创业类型、创业模式及制约因素研究。通过田野调查,深入探讨返乡农民工在创业类型和模式上的主要表现,重点探讨相关制约因素。

三是创业知识对返乡农民工创业行为的调节影响研究。通过问卷调查数据,研究当前媒体报道如何影响返乡农民工创业,厘清创业知识在其中扮演的调节角色。

四是创业知识缺乏返乡农民工“隧道视野”问题研究。根据调研案例信息,指出返乡农民工创业存在的“复制城市”现象,分析其中的关键原因,推论创业教育的重要意义。

五是返乡农民工创业教育政策供给及存在的问题和原因。通过系统性政策梳理,阐明创业教育政策的形成过程,分析创业教育实践中存在的问题,阐明问题形成的原因。

六是返乡农民工创业教育教学效果影响因素研究。通过问卷调查数据,运用结构方程模型,厘析影响创业教育效果的诸多因素,形成对供给面问题的深入认识。

七是返乡农民工线上创业教育的可行性及影响因素。通过调查问卷，运用结构方程模型，对当前提出的线上教学建议进行反思和讨论，明确线上教育的受阻碍因素。

八是返乡农民工创业教育实际需求调查研究。通过问卷调查数据，分析返乡农民工在创业教育内容、方式、资源、频次等问题上的意见，分析不同返乡农民工创业教育的差异化需求特征，着重分析返乡农民工的创业能力短板及教育需求。

九是返乡农民工创业教育创新对策建议。强调创业教育的终身教育属性，重点研究返乡农民工创业教育的"产业再造"内容体系；从无缝隙对接需求的角度，创新创业教育供给机制，将返乡农民工创业教育落到实处。

上述研究内容的重点难点在于：一是调研返乡农民工创业教育的现状和存在的问题。在厘清"返乡农民工""返乡农民工创业教育"等概念的基础上，通过田野调查发现返乡农民工创业教育存在的问题，阐明加强返乡农民工创业教育的必要性和紧迫性。二是基于农村产业再造机理设计返乡农民工创业教育内容体系。本书强调农村产业再造与返乡农民工创业教育内容相对接，构建完善和有针对性的返乡农民工创业教育内容体系。三是重点研究政府各部门、非政府部门如何以产业为纽带，加快返乡农民工创业教育资源整合、塑造各部门工作协同机制，形成针对返乡农民工这一特殊群体的创业教育供给合力。

三、研究思路与方法

（一）研究思路

第一，提出问题。通过研究背景及意义、文献探讨，梳理出当前研究的缺口，对本书的设计思路、创新与不足等进行总体概述；同时，厘清核心概念和相关理论基础。第二，现状研究。从改革开放40多年的发展历程中，分析农民工生计模式的演化，对"草根"企业家精神的崛起进行分析；通过田野调查，深入探讨返乡农民工创业现状，凸显"三位一体"的政策扶持格局；通过实证研究和案例剖析，阐明创业知识的重要角色。第三，供给面问题分析。通过梳理国家政策，探讨有关返乡农民工创业教育的国家政策实施现状及问题;借助实证分析,解构影响返乡农民工创业教育教学效果的因素;对当前流行的线上教学论进行实证检验。第四,需求面问题分析。对返乡农民工创业教育实际需求进行调查,全面系统地分析返乡农民工的需求痛点。第五,解决问题。论证返乡农民工创业教育创新路径,重点从需求导向、以农村产业再造为创业教育内容、不断完善相关机制等层面进行论证。通过上述过程,形成一个提出问题、发现问题、分析问题、解决问题的研究闭环。具体如图 1-5 所示。

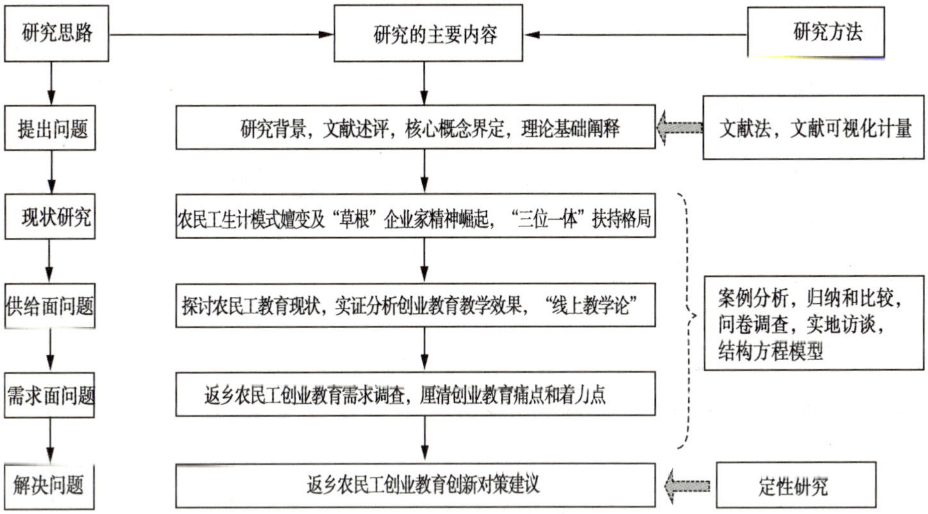

图 1-5　研究思路和研究方法

(二)研究方法

一是文献法和文献计量法相结合。这有助于本书文献综述从“平面”走向“立体”。通过搜集、鉴别、整理和研究文献,了解本书相关问题研究的全貌,掌握本书研究问题的历史和现状,形成对本书研究的科学认知。灵活利用 CiteSpace、VOSviewer 等软件对文献进行可视化的计量分析,立体呈现合作关系图谱、学科与高影响力期刊、高频关键词、引用关系网络等内容。二是田野调查和定量研究相结合。这有助于本书的研究凸显逻辑性和科学性。本书在田野调查基础上,综合运用归纳和演绎、比较与分类等方法,对获取的各种资料进行加工,深刻揭示农村产业再造与返乡农民工创业教育的互动耦合规律。通过结构方程模型等定量分析法,对调查问卷结果进行分析，进一步实现本书研究问题的精确化，科学地定位创业教育在返乡农民工创业中的角色。

第四节　研究创新与不足

从学术思想的创新来看：一是学术研究的问题意识和实践导向。从农村产业再造的视角，积极回应国务院办公厅《关于农民工等人员返乡创业的意见》提出的以产业转移、产业升级、产业输出、产业融合和产业创新为驱动力的返乡农民工创业引导策略，在实践中提升返乡农民工创业率、成活率和可持续力。二是学术问题统筹谋划、交叉综合研究的思想。农村产业再造与返乡农民工创业教育的交叉研究，体现了对经济和社会问题的统筹考虑。同时，本书在前人理论研究基础上，注重教育学、经济学、统计学、管理学、社会学、政治学等多学科的交叉、渗透和融合，拓宽了研究视野。

从学术观点的创新来看：一是认为返乡农民工创业教育应上升到国家战略的层面，设置专职组织管理机构，并且区别于高等院校的精英式创业教育和职业技术院校蓝领式培训教育。由于返乡农民工、创业教育人员、政府行政人员等在地理上的分散性、在时间作息上的分割性，要想形成可持续的返乡农民工创业教育，就需要从国家层面进行顶层制度和组织结构设计。同时，在创业教育的内容体系和供给机制上，充分考虑返乡农民工自身的特点和对创业教育的实际需求，避免急功近利、贪大求全式发展，最大限度地进行创业教育资源整合。二是认为返乡农民工创业教育应融合农村产业发展，增进创业教育内容的针对性和系统性。随着中国经济发展，产业结构转型升级以及国家新农村建设、“美丽乡村”建设，农村不断酝酿出新的产业形态和产业创业空间。返乡农民工创业教育应结合这些新的产业形态和创业空间，培养和激发返乡农民工基于本地产业的创业精神和创业行动。三是认为返乡农民工创业教育资源呈现碎片化状态，必须构建政府部门间、政府与社会间的农民工创业教育协同推进机制。

从研究方法的创新来看：一是有别于传统文献综述，本书利用

CiteSpace、VOSviewer 等软件，对文献进行可视化的计量分析，呈现合作关系图谱、学科与高影响力期刊、高频关键词、引用关系网络等。二是运用问卷调查、案例研究和实地访谈等田野调查方法，并对问卷数据进行结构方程模型分析，使规范研究与实证研究高度统一。

当然，本书研究还存在一些不足：一是调研的广度和深度还有待进一步提升。本书对东部沿海省份的西部地级市进行了实地调研，得到的数据不一定能涵盖其他地区的实际情况。二是相关的基础理论积累还比较薄弱，在理论创新方面还有待进一步深入。

第二章　核心概念界定及理论基础

第一节　核心概念界定

一、返乡农民工

关于农民工的定义，不同学者有不同的看法。陈映芳认为，在中国，乡城迁移者通常被称为"流动人口""农民工""外来人口"等。[①] 王桂新等认为，农民工是由农村迁往城市并常住城市工作而生活户口仍留在原迁出地，即在户籍上仍为农村人口的劳动力（人口）。[②] 郑功成等认为，农民工是指具有农村户口身份却在城镇或非农领域务工的劳动者，是中国传统户籍制度下的一种特殊身份标识。他们之所以被称为"农民工"，是因为在现行制度框架下不能取得与拥有城镇户口身份的劳动者平等地位并享受相应权益。[③] 李培林等把从农业向非农业转移的劳动力称为"农民工"。[④] 还有的学者从代际角度出发，根据我国改革前后两个时期生育政

---

① 陈映芳."农民工"：制度安排与身份认同[J].社会学研究，2005(3)：119-132.

② 王桂新，沈建法，刘建波.中国城市农民工市民化研究——以上海为例[J].人口与发展，2008(1)：3-23.

③ 郑功成，黄黎若莲.中国农民工问题：理论判断与政策思路[J].中国人民大学学报，2006(6)：2-13.

④ 李培林，李炜.农民工在中国转型中的经济地位和社会态度[J].社会学研究，2007(3)：1-17.

策、成长环境和社会经济条件的差异，以出生年份 1980 年为界，把农民工群体划分为第一代农民工与第二代农民工。第二代农民工也叫“新生代农民工”。[①] 吴漾认为，同第一代农民工相比，新生代农民工的文化程度相对较高，消费观念更加开放，生活目标明显转移，生活方式差别显著，维权意识也不断增强。[②] 综上所述，本书将农民工定义为，由农村迁往城市并常住城市工作，而在户籍上仍为农村人口的劳动力。

石智雷等人认为，返乡农民工主要是指农民工由于种种原因从在外的工作地返回到原籍农村或者回到家乡所在县城及乡镇所在地。[③] 孟宪范指出，人口学将返乡农民工称为“回流人口”。[④] 吴孔军等将返乡农民工定义为原先离土又离乡、在本县的地域范围之外务工，而现今又回到本地县城、乡镇和农村从事相关行业的外出务工人员。[⑤] 本书借鉴石智雷等对返乡农民工的定义，将由于种种原因从在外的工作地返回原籍农村的农民工称为“返乡农民工”。

与“返乡农民工”概念相似的还有“回流农民工”“回乡农民工”“流动农民工”等。刘纯彬等认为，农民工回流是农民工外出打工的派生现象或引致现象。[⑥] 刘玉侠等所定义的“回流农民工”有两层含义：一是指回流时间在一年以上且还没有外出打工的想法；二是指回流到农村老家的农民工。[⑦] 石川等认为，农民工回乡就是农民工年轻时外出打工挣钱，年龄大了以后就回家乡务农、务工或经商。[⑧] 左停等认为，流动农民工具有农

---

① 刘传江，程建林.我国农民工的代际差异与市民化[J].经济纵横，2007(7)：18-21.

② 吴漾.论新生代农民工的特点[J].东岳论丛，2009(8)：57-59.

③ 石智雷，谭宇，吴海涛.返乡农民工创业行为与创业意愿分析[J].中国农村观察，2010(5)：25-37.

④ 孟宪范.回流农民工的变化——基于对返乡打工妹的考察[J].江苏社会科学，2010(3)：85-92.

⑤ 吴孔军，疏仁华.返乡农民工的角色认知选择与生存走向[J].南通大学学报(社会科学版)，2015(3)：129-133.

⑥ 刘纯彬，刘俊威.回流农民工本地非农就业的决定因素研究——以安徽庐江县的调研数据为例[J].广西民族大学学报(哲学社会科学版)，2009(3)：63-66.

⑦ 刘玉侠，陈瑞伞.回流农民工代际差异比较分析[J].浙江社会科学，2018(10)：87-94.

⑧ 石川，杨锦秀，杨启智，庄天慧.外出农民工回乡意愿影响因素分析——以四川省为例[J].农业技术经济，2008(3)：71-76.

村居民和企业职工的双重身份。[①]

二、就业和创业

秦建国认为，就业指的是在一定的物质条件下，从事有一定劳动报酬或经营收入的社会经济活动，是劳动力与生产资料相结合的过程。[②] 本书将就业定义为，在法定年龄内的劳动者为获取报酬而进行的务工劳动。就业主要有五大类型：一是定向委托培养定向就业。这就是平时所讲的“定向委培”，指的是学校在招生时以合同的形式确定学生毕业后的工作单位。学校按照企业的要求拟定教材，教授学生知识，培养学生能力，培育符合企业需求的人才。学生毕业后按照签署的合同直接到用人单位任职。二是自主就业。自主就业指劳动者进入劳动市场，通过各种各样的渠道谋划职业。这种情况也是最常见的。三是灵活就业。灵活就业人员也就是自由职业者，例如文学创作者、律师、演员、手工作业者等，其因工作方式比较灵活，所以也被称为“灵活就业人员”或者“自由职业者”。四是参加公务员考试。参加公务员考试必须具备一定的报名资格，公务员考试又分为国考、省考、选调生和遴选。五是参加事业单位公开考试。事业单位考试又称为“事业编制考试”，目前考试形式主要是各个单位统一招考。

关于创业的概念，林强等人认为，创业是企业管理过程中高风险的创新活动，并对创业的定义给出五点说明：第一，将创业研究界定于经济管理领域；第二，创业在本质上是一种创新活动；第三，创业是一种高风险的活动；第四，创业活动是在企业管理过程中实现的；第五，创业利润有三个来源，即对于创新的回报、对于风险的补偿以及对于企业高效管理和运作的回报。[③] 范巍等人认为，创业是对现有的资源机会的追求过程。[④] 朱仁宏认为，创业是商业行为者在一定的创业环境中识别机会并利用机会、动

---

① 左停，张国栋，徐小言.流动农民工养老保险覆盖的窘境与出路[J].农村经济，2015(3)：74-79.

② 秦建国.大学生就业质量评价体系探析[J].中国青年研究，2007(3)：71-74.

③ 林强，姜彦福，张健.创业理论及其架构分析[J].经济研究，2001(9)：85-94.

④ 范巍，王重鸣.创业倾向影响因素研究[J].心理科学，2004(5)：1087-1090.

员资源、创建新组织和开展新业务的活动。[①] 林嵩等人认为，创业本质上是一种新价值的创造活动。[②] 李时椿等人认为，创业是通过必要的时间和努力发现与把握商业机会，通过创建企业或创新企业组织结构，筹集并配置各种资源，将新颖的产品或服务推向市场，从而最终实现企业经济价值和社会价值的过程。[③] 本书以朱仁宏的观点为基础，将创业定义为：创业者在一定的创业环境中识别机会并利用机会、筹集并配置资源、创建新组织或开展新业务的过程。

从创业动机看，创业可分为生存型创业和机会型创业。[④] 全球创业观察（GEM）将没有其他更好的工作选择而被迫进行的创业定义为生存型创业，与其相对的机会型创业则是个体由于偏好主动进行的。[⑤] 机会型创业与生存型创业相比在创业目标、带动就业、产业升级、对资源的要求和创业领域等方面都有不同。在创业目标上，机会型创业注重的是新市场，体现出创业市场的潜在性；而生存型创业是面对现有的市场，表现出创业市场的现实性。在带动就业方面，机会型创业面对的是需求多、容量大的市场；而生存型创业受生活所迫，物质资源贫乏。在对资源的依赖上，机会型新创企业拥有的初始人力资源、技术资源、社会资源等充裕程度要高于生存型新创企业。在创业领域方面，机会型创业多是利用自主知识产权进行的技术型创业，而生存型创业往往是小型的。[⑥]

促进以创业带动就业，是我国积极就业政策的主要内容之一。事实上，从世界范围来看，鼓励劳动者创业以缓解就业问题也是积极劳动力市

① 朱仁宏.创业研究前沿理论探讨——定义、概念框架与研究边界[J].管理科学，2004(4)：71-77.

② 林嵩，姜彦福.创业研究进展综述与分析[J].管理现代化，2005(6)：22-24.

③ 李时椿，刘冠.关于创业与创新的内涵、比较与集成融合研究[J].经济管理，2007(16)：76-80.

④ 韩旭东，杨慧莲，普冀喆，郑风田.谁在创业：个体阶层认同与创业选择——基于五期CGSS(2010～2015)数据实证分析[J].财经科学，2019(1)：100-111.

⑤ 刘鹏程，李磊，王小洁.企业家精神的性别差异——基于创业动机视角的研究[J].管理世界，2013(8)：126-135.

⑥ 郭必裕.我国大学生机会型创业与生存型创业对比研究[J].清华大学教育研究，2010(4)：70-73.

场政策的核心内容之一。[①] 卢亮等通过实证研究证明，创业对就业有积极的正向促进作用，在不同的时期创业对就业促进作用是不同的。[②] 李政认为，创业对就业的影响不是即时的，而是具有一定的时滞性；同时，创业对就业的带动作用受到区域环境的影响。[③]

三、创业教育

创业教育是开发受教育者创业基本素质，提高受教育者创业能力的教育活动。创业教育的主要内容包括创业意识、创业知识、创业能力和创业心理品质。[④] 创业教育与单纯的知识教育、能力教育和思想教育有所区别，是一种基于综合素质培养基础上的开拓性素质的发掘与提升。[⑤] 这种教育的目的在于通过构建学生创业意识、培养学生创业精神、教授创业知识以及发展创业能力，使学生成为创业人士。[⑥]

创业培训是国际劳工组织为了促进就业，支持发展中国家中小企业的发展，以创业促进就业，实现就业的“倍增效应”，专门组织专家开发的“创办你的企业”(Start Your Business，SYB)培训项目。2001 年，中华人民共和国劳动和社会保障部与国际劳工组织合作，将 SYB 培训项目正式引入中国。[⑦] 创业培训是指对具有创业意向的人员和小企业经营管理者进行企业创办能力、市场经营素质等方面的培训，对象可以是下岗人员，也可以是院校毕业生，还可以是农村准备向非农产业转移的人员或返乡创业人员。[⑧] 其目的是通过对有创业愿望并具备一定条件的下岗职工和失业人员以及其他社会劳动者开展创业培训，促使其进一步树立创业意

---

① 李长安，谢远涛.经济增长、要素价格对创业带动就业效应的影响研究[J].北京师范大学学报(社会科学版)，2012(1)：132-139.

② 卢亮，邓汉慧.创业促进就业吗？——来自中国的证据[J].经济管理，2014，36(3)：11-19.

③ 李政.促进创业理论：企业发展带动就业的选择[J].学习与探索，2008(6)：163-165.

④ 郭洪，毛雨，白璇，曾峥.大学创业教育对学生创业意愿的影响研究[J].软科学，2009(9)：69-74.

⑤ 马小辉.创业型大学的创业教育目标、特性及实践路径[J].中国高教研究，2013(7)：96-100.

⑥ 徐建军，王明东.创新与超越：大学生创业教育的就业价值研究[J].学术论坛，2013(4)：206-209.

⑦ 郑孝国.我国创业培训发展浅议[J].中国科技论坛，2005(5)：114-118.

⑧ 朱淑珍.在校学生创业培训意向影响因素研究[J].统计与决策，2014(11)：110-112.

识和竞争意识，掌握创业所必备的创业政策、企业申办流程、市场营销、财务管理、合同法规等企业经营方面的相关知识，了解国家对下岗职工和失业人员开办企业的优惠政策，增强经营管理能力和市场决策能力。同时，通过开展政策咨询和跟踪服务，提高创业成功率，从而拓宽就业渠道，促进就业与再就业。①

创业教育与创业培训既有联系又有区别。从开展目的来看，两者都是为了提升受教者的创业能力与创业素养。不同的是，创业教育是为了培养受教者的创业意向，使受教者成为创业人士；而创业培训则更多是针对已经具备创业意向和一定创业条件的创业者进行培训，提高创业者创业的成功率。从培养对象来看，二者也有所不同。目前，推动创业教育的主管部门为教育部，主要面向在校学生，同时兼顾成人教育、继续教育。推动创业培训的主管机构为人力资源和社会保障部，创业培训对象可以是待就业人员、下岗人员、农民工等。

本书以返乡农民工为研究对象，主要采用了"创业教育"这一概念。当然，在某些情况下，也没有故意排斥"创业培训"概念的使用，甚至会使用"创业教育培训"的字样。之所以如此，是因为本书重点关注如何让返乡农民工对创业从无意愿到有意愿、从意愿到行为等问题，这就需要强调创业教育对返乡农民工的基础性作用。同时，"教育"的内涵和涵盖对象更加丰富、多元，有助于更加系统、全面和可持续地看待返乡农民工创业问题。本书认为，目前的各种表述差异，更多基于主管机构的管理边界，两者的共性多于差异性。

四、农村产业再造

"再造"一词的中文含义包括重建、复兴、重新给予生命等，英文是"re-engineering"或"re-construction"。在管理学上，更为常见的说法是"企业再造"，按照该理论创始人美国学者迈克·哈默与詹姆斯·钱皮的定义，其是指为了飞跃性地改善成本、质量、服务、速度等重大的现代企业的运营基准，对工作流程进行根本性重新思考并彻底改革。也就是说，

① 王玺.创业培训机制对扩大就业的作用探讨[J].科技进步与对策，2003(15)：17-18.

"从头改变，重新设计"。从再造的内容来看，企业再造包括战略再造、文化再造、营销再造、组织再造、流程再造、质量控制再造等。尤其当人类社会进入互联网时代后，传统商业企业、工业企业、金融企业、医疗企业、高等院校等如何基于"互联网思维"进行再造，就变成了时代性重大课题。①

产业再造往往与制造业相联系。这是因为，制造业作为传统产业，往往面临优化结构、改善品种质量、淘汰落后产能等问题。具体来看，产业再造包括三层含义：一是对传统产业进行改造，通过促进产业链延伸、整合生产要素等，塑造新兴产业；二是加快高新技术的产业化进程，提高产业装备的技术含量，抢占产业链的制高点；三是顺应经济社会发展和消费需求变化趋势，创造新产业、新有效供给，创造大量就业机会。②

农村产业再造是在打破传统的第一、二、三产业边界的基础上，对内变革传统农业，利用各种技术、机制和策略，塑造农业产业新业态；对外加速城乡互动，形成城市二、三产业和农村第一产业的深度跨域合作和利益联结，充分实现城乡连接而非复制城市。"农村产业再造"是一个集产业转移、产业升级、产业输出、产业融合和产业创新等为一体的综合概念。农村产业再造的结果是导致农村产业样态的巨大变革，一些产业如休闲农业、观光农业、民俗旅游业、农村养老产业等，从没有到新兴、从潜在变为现实、从传统走向现代、从低端迈入高端、从趋同变为特色，并对第一、第二和第三产业进行裂解、细分和交叉。

当前，颇为流行的是"农村产业融合"或"农村一二三产业融合"等概念。产业融合是社会演化、产业变革、时代发展的自然现象，而产业再造体现出对上述现象的把握，突出了"人"的能动性。故而，本书使用"农村产业再造"的概念，一方面具有"融合"的意涵，另一方面突出"再造"的主动有为理念。也就是说，"融合"作为一种现象尽管非常重要，但本书更想强调的是返乡农民工"再造"新业态的创新创业能力，凸显返乡农民工了解"融合"并主动把握"融合"的过程。

---

① 李海舰，田跃新，李文杰．互联网思维与传统企业再造[J]．中国工业经济，2014(10)：135-146．

② 林清怡．论我国的产业再造[D]．厦门大学，2001．

第二节 创业教育的理论基础

一、创业教育的"教育"理论基础

(一)职业教育理论

职业教育指的是有组织的教学活动,它提供一系列相关的教学课程,可以为个体目前或将来从事的不需要本科或本科以上学历的有偿或无偿的服务工作作准备。这些课程以培养受教者能力的应用性学习为基础,目的在于丰富与扩展个体的学科知识,提高其发现问题与解决问题的能力,培养其积极向上的工作态度,开发解决普遍问题的一般职业技能和解决特殊问题的特定职业技能,以使个体获得经济上的独立,成为社会上有效的生产者并为社会作出一定的贡献。由此可见,职业教育的本质属性是指以人为本的教育目的性、与经济和社会发展的直接相关性、教学实践的专一性和实用性以及与整个教育体系的不可分割性的总称。①

德国、日本、美国、英国和法国等发达国家在20世纪50年代后非常重视对生产、服务和管理第一线高级技术人才和管理人才的培养,纷纷成立了新的高等教育机构,培养出"第一线(现场)工程师""技师""高级技术员""设计师""高级烹饪师""高级管理员"等实用型人才②,例如,美国的职业中学、地区职业教育中心,英国的技术中学,法国的技术高中、职业中学、艺徒训练中心,联邦德国的职业学校、职业专科学校,日本的职业高中、专门高中等。③ 这类职业教育学校的建立不仅为社会培养了各种类型的实用型人才,同时也促进了当地社会经济的发展。

通过上述分析可以发现,职业教育主要以职业技能培养为目标,强调技能导向、工作导向、供需接轨导向,这对于开展返乡农民工创业教育具有启发意义。

---

① 南海.论职业教育研究的基本"范式"[J].山西大学学报(哲学社会科学版),2003(6):83-87.
② 赵连章.职业教育在高等教育中的地位及其发展对策[J].北方论丛,1999(5):3-5.
③ 邓宏宝.国外发展高中阶段职业教育策略的比较研究[J].外国教育研究,2002(12):21-25.

（二）成人教育理论

成人教育作为一个领域，其历史可以追溯到18世纪，但主要在19世纪和20世纪的欧洲和北美发展成教育的独立的一部分。它的世界性扩展开始于第二次世界大战之后，联合国教科文组织开始主办政府间成人教育大会，直接推动了成人教育在世界范围内的发展。①

美国当代最杰出的成人教育哲学家林德曼将成人教育的特征归为四个方面：第一，将教育设想为终身的一个过程；第二，成人教育具有非职业的特性；第三，成人教学以情景为主而不是以课堂为主；第四，成人教育应以学习者的经验为学习的主要资源。②

成人教育是一种处于促进社会发展和成人自身发展之间的社会实践教育活动，在社会政治、经济、文化发展与成人自身发展之间起中介作用。成人高等教育的本质是一定社会中培养人的活动，这种教育活动具有高等性和成人性。③

成人教育的内涵至少包含三个层面：第一，它是关于成人学习的过程；第二，它是由一些教育机构为实现特定的教育目标而组织的一系列教学活动；第三，它是社会教育实践的第一领域。

返乡农民工大多为成年人，必须考虑这一群体的学习规律，进而科学设计创业教育。如果不考虑成人的特点，那么创业教育的效果就会大打折扣，甚至背离初衷。

（三）继续教育理论

继续教育是20世纪60年代随着终身教育思潮的兴起而发展起来的一种新的教育类型。④ 继续教育指的是脱离正规教育之后的教育，它是已经参加工作或担负成人责任的个体所接受的教育。因此，继续教育的对象可以概括为脱离学校正规教育之后的所有社会成员，特别是成人。

① 卢崑，朱小蔓.世界成人教育和学习：理念与行动——第六届国际成人教育大会侧记[J].教育研究，2010(7)：99-103.

② 巨瑛梅.试析美国进步主义成人教育家林德曼和诺尔斯的成人教育思想[J].比较教育研究，1999(3)：3-5.

③ 乐传永，汤海明，孙立新.2011年我国成人教育理论研究综述——基于对2011年人大复印报刊资料《成人教育学刊》的统计分析[J].现代远程教育研究，2012(1)：9-15.

④ 孙冶东.迈向21世纪的中国继续教育[J].江苏高教，1998(3)：3-5.

它是一种追加教育，是对专业技术人员知识、技术、能力的进一步补充和扩展，这种教育形态也是人类社会发展到一定阶段的产物，是现代化教育的重要构成部分。

英国号称“继续教育王国”。英国教育与技能部认为，满足经济需要的继续教育学院为成年人提供了适当的技能训练，加强继续教育是英国政府提升经济发展力和改进成年人的技能和生活的重要途径。[①]

返乡农民工是成人群体的一部分，已具备一定的知识结构、专业技能和社会经验。但是，创业教育在高中以下教育中较少作为重点，因此，开展返乡农民工创业教育就与继续教育的理念相吻合，有助于改善农民工已有知识结构，扩宽其视野。

(四)社会教育理论

20 世纪 70 年代末，以巴纳赛为代表的几位长期致力于教学系统开发和模型设计的美国教育技术学家提出了一种崭新的“宏观社会教育系统”的设计思想，将目光越过传统学校教学系统的局限，投向广阔的社会大领域。[②]

广义的社会教育是指有意识地培养人，并使人身心和谐发展的各种社会活动；狭义的社会教育是指由政府、公共团体或私人所设立的社会文化教育机构对社会全体成员所进行的有目的、有系统、有组织、独立的教育活动。[③] 日本是当今世界仍实行社会教育制度的少数几个国家和地区之一。[④] 日本的社会教育可以追溯到江户时代，但作为与学校教育相对应的社会教育，则产生于明治维新以后。[⑤] 在日本，社会教育被看作“作为正规课程进行的学校教育以外的教育、学习活动的总称(包含体育、娱乐活动)”[⑥]。

---

① 李兴洲，卢海红.继续教育的国际经验[J].北京师范大学学报(社会科学版)，2010(1)：21-28.

② 张舒予.论巴纳赛的“宏观社会教育系统”[J].比较教育研究，1998(5)：3-5.

③ 杨守建.社会教育与青少年全面发展[J].中国青年研究，2013(3)：5-8.

④ 吴遵民.关于战后日本社会教育本质特征的思考——兼论对我国成人教育发展的若干启示[J].上海大学学报(社会科学版)，2002(3)：93-98.

⑤ 吕慧，侯怀银.日本的社会教育研究[J].日本问题研究，2014(4)：60-67.

⑥ 千野阳一，吴遵民，杜忠芳.关于理解社会教育本质的研究方法[J].华东师范大学学报(教育科学版)，2007(1)：39-45.

通过以上分析可以发现，社会教育的主体、教学内容、方式等都具有广泛性，这为返乡创业农民工创业教育的开展提供了更多可能的渠道。

（五）终身教育理论

终身教育理念自20世纪下半叶兴起，通过联合国教科文组织的推行，在世界范围内迅速发展，成为一种教育发展和改革的思潮。[①]

法国成人教育专家保罗·郎格朗指出，数百年来，社会把人的一生机械地分为学习期和工作期，前半生的时间用来积累知识，后半生一劳永逸地使用知识，这是毫无科学根据的。他提出教育应当贯穿于人的一生，成为一生不可缺少的活动。[②] E.捷尔比认为，终身教育应该是学校教育和学校毕业以后教育及训练的统合，它不仅是正规教育和非正规教育之间关系的发展，而且也是个人（包括儿童、青年、成人）通过社区生活实现其最大限度文化及教育方面的目的而构成的以教育政策为中心的要素。[③]终身教育是贯穿于人的一生的全过程的连续性、统一性、整体性教育。[④]

所谓"活到老，学到老"，个体的进步和发展是在不断地教育和学习中完成的。返乡农民工创业是一个过程，这一过程与生命历程有机结合，相应的创业教育应该与创业历程中的关键时间节点相耦合，从而有助于返乡农民工创业类型和创业质量的跃迁。

正是在这个意义上，本书把创业教育视为终身教育的一部分，同时吸收借鉴职业教育、成人教育、继续教育、社会教育的核心理念，认为返乡农民工创业教育是以突出农民工学习者的主体性地位为原则、以解决农民工创业现实问题为导向、以弥补农民工创业知识短板为关键、以拓宽农民工创业视野为重点，并与创业历程有机衔接的全社会协同参与的"锐"扶持系统。

---

① 厉以贤.终身教育、终身学习是社会进步和教育发展的共同要求[J].教育研究，1999(7)：3-5.

② 李旭初.终身教育——21世纪的生存概念[J].华中师范大学学报（人文社会科学版），1998(6)：3-5.

③ 谢素蓉.终身教育思想演变及其在中国实践中的辨析[J].现代远距离教育，2011(4)：33-35.

④ 陈乃林.关于终身教育若干问题的思考[J].江苏高教，1999(4)：3-5.

二、创业教育的“创业”理论基础

（一）三维资本理论

三维资本理论的提出源于“如何对人才成长进行有效评估”这一问题。[①] 经济学家关注人力资本问题始于20世纪中期，社会资本在过去20年间一直是组织行为学研究的热点，而心理资本则是近10年来人力资源管理领域的热点问题。[②]

于桂兰等认为，人力资本是指凝结在人体内的、能够在有形商品和无形商品的生产过程中转移和增加价值的人的劳动能力。[③] 贾辉认为，人力资本是体现在人身上的资本，是对生产者进行普通教育、职业培训等支出和其接受教育的机会成本等价值在生产者身上的凝结，它表现为蕴含于人身中的生产知识、劳动和管理技能以及健康素质的存量总和。[④]

刘传江等认为，社会资本为个体从社会网络和其身处的社会制度中所可能获得的资源。[⑤] 科尔曼认为，社会资本就是个人拥有的、表现为社会结构资源的资本财产，它们由构成社会结构的要素组成，主要存在于人际关系的结构之中，并为结构内部的个人行动提供便利，其主要表现形式有义务和期望、信息网络、规范和社会组织等。[⑥]

张红芳等认为，心理资本是指个人的各种积极心理能力的集合体，具有投资性和收益性。具体说来是个人对未来的信心、希望、乐观和毅力，是个人在面对未来逆境中的自我管理能力。[⑦] F.卢桑斯认为，心理资本

---

① 孙泽厚，王洁琼.青年拔尖科技人才成长环境与三维资本关系研究[J].教育研究，2017(5)：89-98.

② 王洁琼，孙泽厚.新型农业创业人才三维资本、创业环境与创业企业绩效[J].中国农村经济，2018(2)：81-94.

③ 于桂兰，杨富华.人力资本分享企业收益的原因与形式[J].中国人力资源开发，2001(12)：11-12.

④ 贾辉.三维资本视角下失地农民非农就业扶助机制研究——基于对北京市大兴区的调研[J].经济社会体制比较，2017(5)，84-96

⑤ 刘传江，周玲.社会资本与农民工的城市融合[J].人口研究，2004(5)：12-18.

⑥ 赵延东，风笑天.社会资本、人力资本与下岗职工的再就业[J].上海社会科学院学术季刊，2000(2)：138-146.

⑦ 张红芳，吴威，杨畅宇.论心理资本的维度与作用机制[J].西北大学学报(哲学社会科学版)，2009(6)：52-56.

是个体在成长和发展过程中表现出来的一种积极的心理发展状态，主要包括四个方面的内容：自信或自我效能感、希望、乐观和坚韧性。[①]

返乡农民工进行创业时不仅要依靠自身所具有的知识、能力、一定的心理承受能力等，还要依靠自身与社会所建立起来的人际关系，三维资本恰从这三个维度对个体所具有的资本进行细分。本书认为，返乡农民工创业的三维资本不足。创业教育既可以充实返乡农民工的人力资本，完善其知识结构；又可以建构其正确看待风险、失败和再创业的积极心理资本；还可以借助培训班的形式形成创业群体的社会链接，具有激发潜在三维资本的功能。

（二）培训迁移理论

培训迁移（Training Transfer）是指受训员工将培训所学知识和技能有效地、持续地运用于工作之中。20 世纪 80 年代初期，培训迁移开始受到人们的重视。起初，人们只重视培训本身的设计（如培训内容和培训方法）与培训效果的关系，后来，人们渐渐发现培训的效果不单单与培训设计有关，一些学者开始将研究的重点转到工作环境、组织气氛等培训以外的因素。[②]

1988 年，鲍德温（T.Baldwin）等人提出了一个新的培训迁移的模型，确定了培训设计、个体特征和工作环境是影响培训迁移的三个主要因素。[③] 巴特菲尔德（E.Butterfield）等从教育方式的角度出发，认为培训迁移是灵活地掌握所学知识或技术，通过在新的环境中（或新的目的中）使用所知道的知识产生良好效果的一种表现。[④] 根据一些专家的观点，培训迁移的过程可以划分为四个关键阶段，分别是：培训前动机——趋向掌握培训课程的有意努力；学习——掌握培训课程内容的过程；培训绩效——对参训者在培训中所学内容的测量；迁移结果——参训者接受培

① 励骅，曹杏田.大学生心理资本与就业能力关系研究[J].中国高教研究，2011(3)：54-56.

② 李美凤.工作环境对教师信息技术应用培训迁移的影响机制研究[J].中国电化教育，2015(2)：96-103.

③ Baldwin T T，Ford J K. Transfer of Training：A Review and Directions for Future Research[J]. Personnel Psychology，1988，41(1)：63-105.

④ Butterfield E C，Nelson G D. Theory and Practice of Teaching for Transfer[J]. Educational Technology Research and Development，1989，37(3)：5-38.

训后在实际工作中的表现。[①]

教育的目的不仅仅是让人学到知识，更重要的是把学到的知识应用到实际生活中，发挥更多的价值。培训迁移理论有助于了解返乡农民工接受创业教育的动机，加强创业教育向创业实践的转化，发现创业教育与创业过程耦合过程中存在的不足。

(三)创业过程理论

20 世纪 90 年代以来，创业过程成为创业研究的焦点。[②] 加特纳认为创业过程就是新组织的创建过程。[③] 沙内等认为创业过程是围绕机会识别、开发与利用的一系列过程。[④] 卡特等认为创业过程包括一项商业计划成为一个现实中的企业组织这一过程中的所有事件。[⑤]

广义的创业过程通常包括一项有市场价值的商业机会从最初的构思到形成新创企业，以及新创企业的成长管理过程。狭义的创业过程往往只是指新企业的创建。[⑥]

创业过程研究的独特性来源于创业过程所具有的动态性与复杂性，创业行为规律的探讨一般遵循这样的路径：由注重复杂性的理论模型到注重动态性的理论模型，再到将复杂性与动态性融合分析的理论模型。其中，比较有代表性的模型是蒂蒙斯提出的创业过程模型(见图 2-1)。

---

① Cheng E W L, Ho D C K. A Review of Transfer of Training Studies in the Past Decade[J]. Personnel Review, 2011,30(1):102-118.

② 卢新文.基于 Timmons 模型的中国大学生创业过程模式研究[J].黑龙江高教研究，2009(5):13-16.

③ Gartner W B. A Conceptual Framework for Describing the Phenomenon of New Venture Creation[J]. The Academy of Management Review, 1985,10(4): 696-706.

④ Shane S, Venkataraman S. The Promise of Entrepreneurship as a Field of Research[J]. Academy of Management Review, 2000,25(1):217-226.

⑤ Carter N M, Gartner W B, Reynolds P D. Exploring Start-up Event Sequences[J]. Journal of Business Venturing, 2009,11(3):151-166.

⑥ 林嵩，张帏，邱琼.创业过程的研究评述及发展动向[J].南开管理评论，2004(3):47-50.

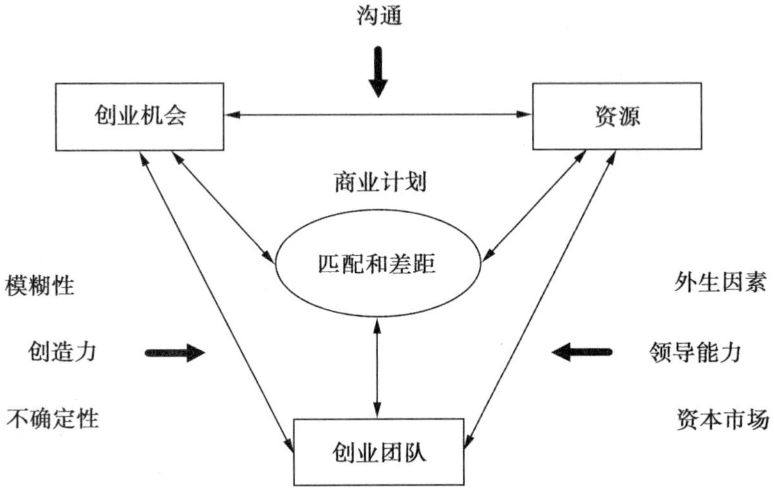

图 2-1　蒂蒙斯的创业过程理论模型

蒂蒙斯认为，创业过程是创业机会、创业团队和资源之间适当配置的高度动态平衡过程，创业机会、资源与创业团队是创业过程的关键构成要素，其中创业机会是创业过程的核心要素。[①] 实际上，创业过程就是发现与利用创业机会的过程，资源是开展创业过程的基础，创业团体是发现与利用创业机会、配置资源的主体。

开展返乡农民工创业教育的目的就是鼓励返乡农民工创业，拓展就业渠道。创业过程理论揭示了创业的基本过程，围绕这一过程的关键节点匹配创业教育资源，既让返乡农民工在整体上把握返乡创业的节奏和步调，又能优化创业教育模块和内容体系。

(四)创业网络理论

20 世纪 90 年代以来，随着创业研究的迅速发展以及一般企业研究中对网络关注程度的不断上升，创业网络开始成为创业领域的一个重要研究方向。[②] 伯利(S.Birley)将创业网络分为正式网络和非正式网络。[③]

---

① 杨俊.创业过程研究及其发展动态[J].外国经济与管理，2004(9)：8-12.

② 林嵩.基于创业过程分析的创业网络演化机制研究[J].科技进步与对策，2010(16)：5-8.

③ Birley S. The Role of Networks in the Entrepreneurial Process[J]. Journal of Business Venturing，1985，1(1)：107-117.

汉森(E.Hansen)认为,创业网络是创业者与其所属网络的成员以及各网络成员之间所结成的全部关系。① 约翰尼松(B.Johannissson)认为,创业网络实质上是一种以自我为中心的网络。②

非正式网络是指那些不依赖于组织而存在的个体关系,包括亲戚、朋友、同事关系等;正式网络是指依赖组织关系而存在的关系网络,包括与供应商、竞争对手、行业协会、银行、税务局、中介机构等建立的关系。③

针对返乡农民工的创业教育,可以构建这样几种创业网络:一是城市资源的对接网络。城市企业、银行金融机构、专业技术人员、知识分子等通过提供或参与创业教育活动,可以实现城市与乡村的链接。二是政府资源与返乡农民工的对接网络。目前,大多数创业教育活动由政府组织,或者由政府机构推动实施。相关主管机构可在此过程中下沉农村基层,发展出异质化网络关系。三是返乡农民工群体内的对接网络。通过创业教育,返乡农民工扩展了人际关系网络,形成了新的个体链接、同行链接和区域性网络链接。

(五)创业风险理论

自1986年德国著名社会理论家贝克发表《风险社会:通向一种新的现代化》以来,"风险社会"已经成为人们认识20世纪末以来人类社会走向的基本视角。④ 希特金(S.Sitkin)等认为,风险与不确定性不同,风险多强调消极影响和潜在损失。⑤ 也有人提出,创业风险包含损失大小、损失可能性以及损失预期曝光三个维度。⑥

创业风险是指创业环境存在不确定性,使得创业过程存在一定的风

---

① Hansen E L. Entrepreneurial Networks and New Organization Growth[J]. Entrepreneurship Theory & Practice, 1995, 19(4): 7-19.

② Johannissson Bengt. Personal Networks in Emerging Knowledge-based Firms: Spatial and Functional Patterns[J]. Entrepreneurship & Regional Development, 1998, 10(4): 297-312.

③ 蔡莉,单标安,刘钊,郭洪庆.创业网络对新企业绩效的影响研究——组织学习的中介作用[J].科学学研究,2010(10):1592-1600.

④ 郝继伟.返乡农民工创业风险考察[J].武汉理工大学学报(社会科学版),2011(1):52-57.

⑤ Sitkin S B, Pablo A L. Reconceptualizing the Determinants of Risk Behavior[J]. Academy of Management Review, 1992, 17(1): 9-38.

⑥ Camerer C F, Maccrimmon K R, Wehrung D A, Stanbury W T. Taking Risks: The Management of Uncertainty[J]. Administrative Science Quarterly, 1988, 33(4): 638.

险。这种不确定性可概括为资金、创业机会、信息、资源等的不确定。

关于创业风险的来源问题，学术界有两种代表性的观点。第一种观点为五缺口理论，认为创业风险来源于融资缺口、研究缺口、信息和信任缺口、资源缺口、管理缺口。[①] 第二种观点为双缺口理论，认为创业风险来源于资源缺口和经验缺口，“双缺口”存在普遍性。[②]

农民工在创业的不同阶段会面临各种各样的风险。创业教育不仅要鼓励返乡农民工创业，更要对创业过程中的潜在风险进行系统阐述，从而帮助农民工及早制定应对措施，尽可能地减少或避免创业风险带来的损失，避免陷入“城乡空转”的陷阱。

① 赵光辉.论人才创业风险的来源与控制[J].当代经济管理，2005(8)：109-116.

② 谢科范，赵湜.创业风险的双缺口理论[J].武汉理工大学学报，2009(17)：153-156.

第三章　农民工生计模式嬗变及企业家精神积聚

第一节　从进城打工到返乡创业

生计模式是人们利用各种资源和谋生策略，获得比较稳定的经济收入的一种生活方式或谋生手段。[①] 改革开放40多年来，农民工生计日益成为影响中国经济社会转型期国计民生的重大问题。[②] 已有研究对农民工外出务工、半工半耕、城市融入、返乡创业等生计现象予以关注，但系统梳理农民工生计模式的研究仍显不足，亟待深化。进一步厘清农民工生计模式对于有效化解"三农"问题，持续深入地推进新型城镇化、乡村振兴和精准扶贫等国家战略，实现"稳就业保就业"和国家长治久安具有重大的理论和现实意义。

一、改革开放初期："收入最大化"的外出务工生计模式

改革开放初期，农民在家庭联产承包责任制的推行下开始突破传统集体管理体制的束缚，在市场化改革的驱动下不断流动、分化。与此同

① 束锡红，聂君，樊晔.精准扶贫视域下宁夏生态移民生计方式变迁与多元发展[J].宁夏社会科学，2017(5)：147-154.

② 靳小怡，李成华，杜海峰，杜巍.可持续生计分析框架应用的新领域：农民工生计研究[J].当代经济科学，2011(3)：103-109.

时，农业技术进步、农业规模化经营以及农业深度开发提高了劳动生产效率，减少了农业生产中的劳动投入，农村出现大量剩余劳动力。在城乡两方力量的“拉推”之下，1984 年中央“一号文件”提出，“允许农民自理口粮进城务工、经商”，拉开了农民大规模进城务工的序幕。随着城镇化的推进，国家放宽了对农民进城的户籍限制，一些束缚农民进城的政策藩篱逐渐得以消除，农民进城务工成为生计主旋律。根据国家统计局 2009～2019 年的监测调查数据，农民工总体规模一直呈现增长趋势，从 2009 年的 22978 万人，增加到 2019 年的 29077 万人[①]，进城务工是大多数农民的首选项。

农民工外出务工的根本原因是生存理性。生存理性是广大中国农民为了维持整个家庭的生存而选择比较而言并非最次的行为方式，是民工潮之所以形成的最重要原因。[②] 改革开放后，中国的经济和社会经历了从计划经济向社会主义市场经济的转轨，从一个农业的、乡村的、封闭半封闭的社会向一个工业的、城市的、开放的现代社会转型。这一转型过程中，农民工在生存理性的驱动下，选择外出务工的生计模式。一是家庭小农经营收入尤其是农业收入对农民收入增长的贡献越来越弱[③]，农民背井离乡进城打工是农业发展滞后的必然选择。二是农村大量剩余劳动力的存在造成了农民普遍贫困化[④]，提高收入成为“离土离乡”农民工外流到城市打工的最基本动因。[⑤] 三是乡镇企业就业吸纳力逐渐衰退。20 世纪 80 年代，乡镇企业异军突起，成为吸纳农村剩余劳动力的主要渠道，给农民带来了大量非农就业机会。但到了 90 年代中后期，乡镇企业面临发展困境，解决农民就业方面的局限性逐渐显现，大量农民工离开家乡进城务工。四是城市中更多的就业机会、现代的生活方式、丰富的业余生活等

---

① 国家统计局.2019 年农民工监测调查报告[EB/OL].(2020-04-30). http://www.stats.gov.cn/tjsj/zxfb/202004/t20200430_1742724.html.

② 文军.从生存理性到社会理性选择:当代中国农民外出就业动因的社会学分析[J].社会学研究,2001(6):19-30.

③ 白南生,何宇鹏.回乡,还是外出? ——安徽四川二省农村外出劳动力回流研究[J].社会学研究,2002(3):64-78.

④ 罗霞,王春光.新生代农村流动人口的外出动因与行动选择[J].浙江社会科学,2003(1):111-115.

⑤ 黄宗智.制度化了的“半工半耕”过密型农业(上)[J].读书,2006(2):30-37.

吸引着农民工进城务工。

二、20世纪90年代:“半工半耕”的代际分工生计模式

中国独特的城乡二元结构使农民工在城乡之间往返流动。在这一过程中,农民逐渐实现了在稳定的小农经济基础上向城市的有序转移,形成了以代际分工为基础的循环流动迁移模式——“半工半耕”生计模式。[①]这种生计模式的基础是家庭代际分工。以代际分工为基础的“半工半耕”主要表现为:在家庭经济生产中,年老父母在家务农,年轻子女进城务工。这一生计模式下,农民工进城务工一般不会举家搬迁到打工地所在城市,而是往返于城乡之间,呈现出“两栖”的状态。“半工半耕”生计模式下的农民在进行生计安排时,往往倾向于将外出务工收入当作积蓄的主要来源,将农业收入作为辅助性收入来源。[②] 此外,农村集体土地制度成为农民进城的社会保障,城乡二元体制保护了农民工的顺利返乡。农民工在“自由进城,自由返乡”的格局下,通过种粮等农业生产获取生存保障,通过外出务工等非农活动积累资金,借助城乡双重资源实现家庭经济地位的上升。由此可见,农民工“半工半耕”的生计模式是社会化小农家庭的理性选择。

生计稳定是农民工选择“半工半耕”的关键动因。“半工半耕”的生计模式分散了农民工家庭内部风险。一是农民家庭结构中的“家庭继替”是影响“半工半耕”生计结构的重要因素。[③] 在农村家庭结构中,既要满足家庭经济功能,又要满足抚养、养老等家庭社会需求,以代际分工为基础的“半工半耕”实现了家庭结构再生产。二是在中国独特的“渐进城镇化”模式下,“半工半耕”生计模式以农村为根基,以城市为目标,帮助农民工在生计稳定的基础上完成漫长而反复的体面进城预期。三是农民虽然越来越依赖外出务工增加收入,却很难完全脱离小农经济体系,“半工半耕”最大限度地规避了生存风险。四是在中国当前的宏观经济结构下,城市

① 夏柱智,贺雪峰.半工半耕与中国渐进城镇化模式[J].中国社会科学,2017(12):117-137.

② 李向振.跨地域家庭模式:进城务工农民的生计选择[J].武汉大学学报(人文科学版),2017(5):63-71.

③ 刘升.家庭结构视角下的“半工半耕”及其功能[J].北京社会科学,2015(3):75-81.

对农民工进城的容量有限，老一代农民工因年龄原因在城市中失去竞争力，而返回农村获取收入则提供了生计的底线保障。

三、21 世纪初期："体面进城"的新生代留城发展生计模式

随着农民工在城里生活时间的增加，农民工的生计模式发生了巨大变化，一部分农民工打算留城定居，继续在城市务工或经商。特别是以家庭为单位举家迁移的新生代农民工，为提高子女在城市的生活、教育质量并实现自身阶层的上升，更加主动地融入城市以实现市民化。新生代农民工成长在一个进城务工已成常态、农村年轻人很少留在家乡而不外出务工的时代，大多缺乏农业技能和经验，即他们离开学校就"离土离乡""进厂进城"，实际上不懂农活。同时，在城市文化的影响下，新生代农民工虽然户籍上还是农民，但在心态上已从过客心理向希望在务工城市拥有长期稳定的生活转变，乡土情感和对农村生活的认同在减弱，对城市生活的向往和认同在增强，留城意愿和城市融入的决心也更强。① 简言之，农民工留城定居不是简单地进入城市，而是要进入特定的城市阶层。

新生代农民工实现自身向上流动是其留城发展的核心动力。向上流动是指农民工长期生活在城市，并在务工城市拥有住房和稳定生计，以"城市主人"的身份进行城市生活。② 这是一种"体面进城"，即农民工可以在城市安居下来并能够维持劳动力的再生产，能够依靠工资收入在城里购买住房、赡养父母、结婚生子并过上有保障的生活，实现身份、阶层以及经济社会地位的上升。向上流动是新生代农民工进城务工的基本预期。一是城乡差距进一步拉大。随着城市化进程的不断推进，资金、技术、人力、物力等像潮水般涌入城市，使城市越来越繁荣。与此相反，广大乡村不仅没有足够的资源投入，甚至大量资源、劳动力还被城市抽吸出去。农民工的单向外流导致农业生产仍满足于自给自足的状态，农村建

---

① 何军.代际差异视角下农民工城市融入的影响因素分析——基于分位数回归方法[J].中国农村经济，2011(6)：15-25.

② 孙文中.承继式累积：新生代农民工的购房型社会融入研究[J].深圳大学学报(人文社会科学版)，2020(3)：121-130.

设主体出现了“空心化”现象，长此以往，农村自然走向衰落。[①] 二是只有向上流动成为新市民，生计才能更有保障。城市生活意味着世代子代生活更有保障，既可以获得较高收入，又可以实现养老保险、医疗保险、失业保险、子女教育等公共服务均等化。三是户籍制度经过多年改革，大多数城市放宽落户限制，许多中小城市基本实现落户零门槛，为新生代农民工留城定居并获得市民身份提供了制度上的可能。

四、2008 年以来：“自我价值实现”的返乡创业生计模式

随着时间的推移，“打工潮”作为农村劳动力就业空间的功能有逐渐弱化的趋势。[②] 返乡创业成为继在地务农、进城务工后的“第三就业空间”。一是农民工在城市的物理生存空间、社会交往空间和经济生产空间相对窄化，在经济、社会、文化和心理层面上呈现出低质量城市融入的特征。加之 2008 年金融危机等的影响，原本离土进城“淘金”的农民工越来越多地返回农村。据相关部门统计，2017 年全国返乡创业人员达到 740 万，2018 年超过 780 万，2019 年达到 850 万，预计到 2025 年将超过 1500 万。[③] 二是随着产业结构的转型升级、人工智能对流水线作业的替代普及，适合农民工的普通操作岗位大为减少，一些年龄大、技术水平低的农民工很难找到合适工作，只好返回家乡。三是受 2020 年年初新冠肺炎疫情的影响，农民工外出务工受阻。随着疫情对宏观经济的后续影响逐步显现，一些农民工面临无岗可返的被动局面。[④] 一部分返乡农民工会继续从事农业或就近非农就业，在城市经济状况好转时继续进城务工，呈现出城乡往返式流动，而另一部分返乡农民工则开展扎根乡土的创业生活。在乡村振兴和经济转向高质量发展的新时代背景下，返乡农民工开展了农业规模化经营、新型农业种植养殖、专业生产大户、家庭农场等

---

① 施本植，施庚宏.城乡农民工“两栖人”难题破解研究——基于有效推进乡村振兴战略的视角[J].山东社会科学，2020(5)：111-116.

② 梁栋，吴存玉.乡村振兴与青年农民返乡创业的现实基础、内在逻辑及其省思[J].现代经济探讨，2019(5)：125-132.

③ 农业农村部关于印发《全国乡村产业发展规划（2020-2025 年）》的通知[EB/OL].（2020-07-09）.http://www.moa.gov.cn/govpublic/XZQYJ/202007/t20200716_6348795.htm.

④ 魏后凯，芦千文.新冠肺炎疫情对“三农”的影响及对策研究[J].经济纵横，2020(5)：36-45.

涉农创业，或者涉入服务业创业、一二三产业融合创业、“互联网＋”创业等非农创业。农民工从“耕种者”“务工者”变为“返乡创业者”，“半×半商”（×可以是务农或务工等各种生计策略）新生计模式渐趋成型。

发展理性是驱动农民工返乡创业的内在逻辑。一是在“大众创业，万众创新”国家战略下，各级政府的农民工返乡创业扶持政策红利不断加大加厚。早在2015年，国务院办公厅就发布了《关于支持农民工等人员返乡创业的意见》（国办发〔2015〕31号），扶持农民工、大学生和退役士兵等人员返乡创业。2020年，国家发展改革委发布了《关于推动返乡入乡创业高质量发展的意见》（发改就业〔2020〕104号），支持农民工等人员返乡入乡创业，推动返乡入乡创业高质量发展。在政策红利驱动下，农民工结合农村优势和特色资源主动返乡创业，谋求新的发展空间。① 二是进城务工虽能解决生存问题，但却面临自我发展的困境。城乡二元结构下，城市只把农民工当作经济活动者，没有把他们当作具有市民或公民身份的主体。② 城市高房价、不断攀升的生活成本等侵蚀着农民工坚守城市的意愿和能力。③ 一些农民工看准时机，把返乡创业视为实现个人理想与自我发展的良机。三是一些农民工在城市突破了身份限制，在乡土情结的影响下，开展了拓展创业空间的发展型创业。

第二节　农民工生计模式嬗变的演进趋势

改革开放以来，市场化改革、城镇化趋势、新农村建设、乡村振兴战略、“一带一路”倡议等不断推进，农民工面临的政策环境不断变化。农民工生计模式同改革开放、国家一系列战略及政府政策相契合，呈现出从单一化的小农向进城务工、半工半耕、半×半商、国外务工、国外创业等多元化方向演变。多元化生计模式实现了农民工家庭结构的再生产并得以长

---

① 刘溢海，来晓东.农民工返乡创业与精准扶贫共域性研究——基于乡村振兴战略视域[J].技术经济与管理研究，2020(1)：119-123.

② 王春光.农村流动人口的“半城市化”问题研究[J].社会学研究，2006(5)：107-122.

③ 曹宗平.经济新常态下农民工返乡创业的多重动因与特殊作用[J].广东社会科学，2019(3)：23-30.

期维持，即使在遭受金融危机、经济下行、新冠肺炎疫情等不利影响时仍具有生存韧性。因此，进入新时代，准确把握农民工生计模式嬗变的演进趋势对于切实保障民生具有重大意义。

一、生计选择多元化：从小农单一性到务农、务工和创业多元性

2020 年年初以来，全球面临常态化防控新冠肺炎疫情的重大问题，农民工是受疫情影响较大的群体，其生计问题备受党中央、国务院的重视。2020 年 5 月 14 日，习近平总书记主持召开中央政治局常委会会议指出，要充分发挥我国超大规模市场优势和内需潜力，构建国内国际双循环相互促进的新发展格局。顺应这一新发展格局，返乡农民工的生计模式将不断调适和趋向多元化。

一是为应对疫情负面影响，无法返岗的农民工将加快适应从事农业生产或就近就业。要巩固乡村振兴战略成果，进一步加强农村基础设施建设，深化农业供给侧结构性改革，发展多样化特色农业，推动小农户与现代农业的有机衔接，实现高质量从农就业；要鼓励家庭农场、专业大户、农民合作社、涉农企业等通过临时性、季节性、弹性用工形式，吸纳返乡留乡农民工就近灵活就业。二是随着复工复产进程的加快及国家对中小微企业扶持力度的加大，部分农民工将返城就业。要把“稳就业保就业”扶持政策的着力点放在农民工群体上，畅通信息咨询、权益维护渠道，加强就业动态监测，提升城市就业服务管理水平，不断增加城市就业岗位。三是随着国家政策扶持体系的健全和社会认同的增强，返乡创业将作为一种具有重大现实意义的生计模式被更多农民工选择，并且因农民工城乡“枢纽”的角色而增进经济在城乡间、东西部间、南北方间的内循环。积极引导农民工参与涉农创业，发展以农业为基础、以土地为支撑的创业模式，实现农业社会向商业社会的转型升级；鼓励农民工依托农村资源和市场需求，结合一二三产业融合发展趋势，打造“互联网＋农业”的农村创业新模式；鼓励农民工返乡创业振兴农村实体经济，化解“产业空心化”危机。四是在“一带一路”倡议下，农民工结合国内优势和沿线国家需求开展跨国界创业活动，实现海外创业与带动沿线国家脱贫和发展的有机结合。加强与“一带一路”沿线国家的政策沟通，建立健全海外创业权利保

障体系、融资体系等，降低海外创业风险。

二、生计角色多样化：从打工者到新市民和草根创业精英

在进城务工过程中，农民工群体内部出现了分层、分化、流动和转型。在这一复杂过程中，农民工生计角色有三大变化趋势。

一是打工者的主流角色正在削弱或退化。农民工总量增速回落，跨省流动的农民工不断减少。2018 年农民工总量增速为 0.6%，较 2017 年 1.7%的增速回落，2019 年增速虽然比上年高 0.2 个百分点，但仍远远低于 2017 年前的增速水平。在外出务工农民工中，2019 年跨省流动农民工比上年减少 86 万人，下降 1.1%。随着制造业高质量发展和人工智能时代的加速来临，缺乏新技能的老一代农民工难以在城市找到适合的就业岗位，一些新生代农民工因不愿受工厂束缚而拒绝做流水线上的打工者。因此，必须高度重视并深刻认识打工者主流角色的变化，采取精准干预措施，实现农民工合理和有序的分流、转型和提升，不断提高其适应社会发展趋势的就业竞争力，拓宽职业发展空间。二是做新市民成为迫切需求。农民工希望通过市民化提升身份地位，享受与城市公民平等的权利，提高生活质量。因此，应加大力度推进户籍制度改革，化解“低起点、低标准”的养老和医疗保险等差序治理问题，加快住房制度和公共服务均等化等民生领域改革，从根本上提高农民工市民化水平和质量，延展农民工向上流动空间。三是成为“草根”创业精英变得日益有吸引力。新生代农民工返乡创业不以单纯的“生存”为目的，而是将其作为自身实现有“价值”的追求的过程，蕴含着改变或转换生命历程、圆“老板梦”的发展自信。大量新生代农民工返乡创业，不仅有助于化解农村“人才空心化”的局面，而且通过“资本返乡”的带动效应加速健全农村产业结构，实质性改变村容村貌。因此，应建立返乡创业精英人才培育机制，培养更多的“草根”创业者，鼓励创业者孵化新业态经济实体，实现返乡创业从简单复制的低端生存型向具有创新创意的高质量发展型转变，促进城乡融合式发展，实现乡村振兴。

三、生计发展职业化：从“身份化”农民到“新型职业化”农民

2017 年，农业农村部印发的《“十三五”全国新型职业农民培育发展规划》指出，新型职业农民是以农业为职业、具有相应的专业技能、收入主要来自农业生产经营并达到相当水平的现代农业从业者。新型职业农民让农民不再是一种“身份”，而是一种体面的、农民可以享受退休保障的“职业”。农业现代化亟须农民“职业化”。新型职业农民作为实现乡村振兴、农业现代化发展的主体力量，对于应用新理念、新技术和新装备，发展新业态、新模式和新产业意义重大。各级政府应完善相关制度政策，建立农民进城与农地退出联动机制，推动农业产业化与农地集约化，加快土地流转，提高农业技术含量，实现农业专业化与规模化经营，为农民职业化发展创造条件。建立健全农民职业技能认证制度，加大对新型职业农民的培养力度，吸引更多的返乡农民工加入到新型职业农民队伍建设中来。进一步形成政府、院校、相关企业协同推进的多样化、多层次的培训体系，支持农民专业合作社、专业技术协会、龙头企业等承接培训工作，进一步完善“互联网＋新型职业农民”的培训体系。

在深入推进改革开放的进程中，我国经济转型、社会结构变革加速推动城乡要素流动，引发农民工不断调适生计模式。在此背景下，农民工的生活水平、就业状况等生计问题是党中央、国务院高度重视且全力解决的重大民生问题。本书系统梳理了改革开放 40 多年来农民工的生计模式，探讨了生计模式从单一性到多元化嬗变中各阶段的内在驱动逻辑，阐明了农民工生计模式嬗变的演进趋势，从而有助于深入理解农民工在新时代这一新时空坐标下谋生策略的演化，对于找准保障和提升农民工生活质量和就业水平的有效路径具有重要启示。

确保农民工生计不断流，准确把握生计模式的多元化趋势是关键。从时间绵延和实践进展来看，正是党中央、国务院因应农民工生计模式嬗变趋势，着力创新战略举措、完善精准扶持政策，才能不断破解农民工多元生计模式下的发展瓶颈，增强其生计韧性。在在地从农、外出务工、半工半耕、半×半商、国外务工创业等多元生计模式下，国家促进农民工国内、国际空间范围内全面发展的战略格局和系统性制度、政策支撑体系将

加速形成，未来农民工生计质量、水平和可持续性将得到有效提升，从根本上夯实国家治理的基层基础。

第三节　农民工草根企业家精神的积聚

在很多人的心目中，农民工代表着文化水平较低、说话粗俗、素质低下，在城市里从事建筑、保洁等薪酬不高、地位低下的工作，生活质量、生活水平相对较差，位于城市最底层的弱势群体。然而，这种认知是片面甚至错误的，随着时代变迁，农民工的生活逻辑也日益变化。

此处及第四章所借助的资料来源于本书的实地调研。① 根据国家发改委下发的三批《结合新型城镇化开展支持农民工等人员返乡创业试点地区名单》，S省共有16个县(市、区)入围。其中，Y县既是第一批返乡创业试点县，又是S省唯一的国家新型城镇化综合试点县，故考虑样本典型性、学术研究价值和调研支持度等因素，最终确定Y县为调研对象。

实地调研于2016年7月15日至7月22日、2017年7月15日至8月15日展开。根据Y县返乡创业领导小组办公室工作人员提供的所辖21个乡镇共98个典型案例，结合调研计划从中选取50个，考虑地域和行业覆盖面等因素删减至35个，最后经逐个电话联系确定22个调研对象。调研地是Y县人力资源与社会保障局、Y县农民工返乡创业服务中心、NZL镇政府、Y县淘宝大学、PJ村、LZ村、ZZ村、Y县电商产业园/孵化基地等8个代表性地点，以及22个有代表性的返乡农民工创业者。调研采取工作汇报会、实地考察、座谈会、问卷调查和半结构化访谈等方式。除此之外，调研小组还通过发放问卷的形式，对返乡农民工进行问卷调查以收集数据(问卷见附录2)。

一、第一代农民工：养家糊口

中国第一代农民工(大多是“40后”“50后”)没有好的制度环境，甚至缺乏生存条件。他们进城“打打工”，修鞋、摆摊、搬砖、打杂，想的是攒钱

① 按照研究惯例，本节及以后章节中出现的人名、地名等都作了匿名化处理。

回家盖房子,给儿子娶媳妇。总体而言,第一代农民工由于文化水平较低、个人能力有限、国家扶持力度不够等原因[①],即使当时有返乡创业的想法,也往往难以付诸实践。

在访谈中,Y县某养殖场返乡创业者赵之维说:"当初为了养家糊口,我一个人来到陌生的城市,干过建筑、维修等很多繁重的体力工作,但是付出再多的体力也没挣到多少钱。为了省钱,好几年都回不了一次家。当时根本就不敢想创业的事,只想着养家糊口。"

二、第二代农民工:过好日子

随着社会经济的发展,人民生活水平的进步,第二代农民工(往往是"60后""70后")普遍受过基础教育。他们进城打工,不仅受经济推力的影响,还受制于一种社会机制:借由进城打工,农民工渴望得到他们在原有社群(即农村)或是更大社会(即城市甚至整个中国)中的社会成员资格,从而过上好日子。于是,他们带着"见世面""碰运气""闯一闯"的想法,成为"世界工厂"的一员,日常生活的逻辑则是勒紧裤腰带过日子。

这一生活逻辑被中国人视为勤俭持家的优秀品质,甚至是"过好日子"的前提。然而,打工仅解决温饱,并不能让农民工过上想象中的好日子。Y县某砖厂创业者黄涛讲述道:"我从2005年外出打工,在东营花砖厂干了几年,年收入3万来块钱,除去吃住,所剩无几,仅够养家糊口。我也想过上好日子,也想让老婆孩子过得好一点,如果我打一辈子工,这样的愿望根本就实现不了,所以总有一天要创业。"

三、第三代农民工:干番事业

20世纪80～90年代出生的第三代农民工,有着较高的文化水平、较高的职业期望值、较强的学习能力和较开阔的眼界。作为第三代农民工,他们外出打工的主要目的,是在打工的旅程中"看见未来"。他们并不认为自己是"工人",当工人只是一个过渡阶段,主要是为了投资自己,比如

① 上海市教育决策咨询委员会秘书处,上海市教育科学研究院.2011年上海教育发展报告:迈向现代化的上海教育[J].教育发展研究,2011(Z1):1-45.

说可以积累个人知识、技术、金钱、人际网络与经验等[①]，是为了通向下一个未来。借助工厂提供的资源，他们中的一部分人通过一步一步的转职、跳槽，最终都是要“闯”出自己的一番事业，是要自己“当老板”。

Y县某农业科技有限公司年轻的创业者仲新，毕业于中国海洋大学，之前是世界500强企业的区域经理，年薪60万元。其妻王慧，之前从事营销策划工作，年薪30万元。夫妻二人为了实现人生价值，毅然放弃高薪回乡创业。当问到他们当时怎么想的时候，仲新说：“家乡一直是国家贫困地区，我出生在这里，对贫困有着痛苦的回忆。小时候吃的最好的美味，就是我们这里的西瓜酱，在外地只要一想起来就流口水。所以我想，家乡有这么好的东西，为何不把它做出特色、做大做强？于是就想回来创业。我想体验当老板的成功感，也想带领家乡人脱贫致富。”

综上所述，受历史条件的限制，三代农民工外出打工的初始目的不尽相同。然而访谈过程中我们发现，许多农民工把自己视为全球市场的行动者，他们渴望实现身份的转变：从乡下人到城里人，从打工者到大老板。

这种转换不仅是个人的欲望，还是一种集体性的社会压力和历史变迁方向。农民工在城市里通过自身的努力，变成了企业管理者、车间主任、部门主管、技术工人等。而在历经沧桑、品尝社会冷暖、见过大世面大场面之后，他们埋藏心底的“草根”企业家精神终于迸发。

第四节　农民工返乡创业中的命运逆袭

一、自己命运的逆袭者

农民工打工期间有了资本积累，掌握了一定的技术和信息，并且拥有了一定的管理经验，在与客户沟通中获得了一手信息和资源。[②] 因此，他们的创业实践想法都非常鲜明。

---

① 徐世勇.中国工人罢工的四方层级解决机制：基于案例研究的一种新诠释[J].管理世界，2014(4)：60-70.

② 顾宝昌.新农村建设：“迁出去”和“引回来”[J].人口研究，2006(5)：32-48.

我们访谈到一位逆袭自己人生的人士：Y 县油桃妹家庭农场厂主韩文婧。韩文婧 9 岁那年，一次意外车祸，使她胸部以下失去知觉，经过长时间的治疗，最终确诊为高位截瘫。2013 年，她家的油桃大丰收但却卖不动，她就在黄河大堤旁摆地摊卖油桃。

一次偶然的机会，她听到一位顾客说："这么甜的油桃，买一些快递给亲戚。"这句话让韩文婧萌生了在网上销售油桃的想法。通过不断努力，她逐渐掌握了电商销售的技巧，打开了自家油桃的销路。

二、家人命运的逆袭者

"空巢老人""留守儿童"一直是农民工外出打工面临的严重家庭问题。农民工返乡创业不但会为孩子的成长、老人的赡养提供有利条件，而且有利于提高家庭幸福指数。因此，在条件允许的情况下，农民工会非常积极地选择返乡创业。

2008 年 3 月，邢贞华在青岛创立了属于自己的服装公司，经过几年的不断努力，邢贞华自己富有了，可是感觉离家越来越远，与亲人、家人的相处越来越少。2010 年，他决定回老家创办服装厂，为的就是家里的老人不再空巢、孩子不再留守、夫妻不再分居。

三、家乡命运的逆袭者

农民工返乡创业往往依托和利用当地资源[①]，在一定程度上会带动家乡经济的发展，提高家乡人民的收入，改善家乡人民的生活。

Y 县的仲小田，1997 年大学毕业后，没有选择留在城市，而是决定返乡创业。仲小田所在的村地处黄河滩区，紧靠黄河防洪大堤，地理位置偏僻，基础设施薄弱，多年来全村 680 多号人主要靠天吃饭，是典型的贫困村。2000 年，村"两委"换届时他被选举为村党支部书记。他将发展养殖业作为创业首选，率先带头养羊。由于采取了绿色养殖，所散养的羊肉质好，销路十分顺畅。伴随着养殖规模的扩大和收益的提升，该村基础设施

---

① 魏凤，闫芃燕.西部返乡农民工创业模式选择及其影响因素分析——以西部五省 998 个返乡农民工创业者为例[J].农业技术经济，2012(9)：66-74.

也得到了明显改观,街道胡同硬化,安装了路灯、监控设施,街道两旁花树整齐,全村面貌焕然一新。

从上述分析可知,农民工返乡创业不仅具有个体经济效应,还有社会效应。[①] 它既盘活了农村闲置资源,又吸纳了农村闲散劳动力,还有助于实现农村精准脱贫。因此,全社会都应该积极应对农民工返乡创业面临的一系列问题,让他们能够顺利实现命运的逆袭。

① 李华红.我国西部农村发展的内源性跨越新解——基于回乡“创业经济”的另类思维[J].农业现代化研究,2012(6):651-655.

第四章　返乡农民工创业现状及“三位一体”扶持格局

到底有哪些农民工返乡创业？他们的创业模式又怎样？会遇到哪些制约因素？这是本书关注的重要问题。为深入探究上述问题，本书对Y县进行了田野调查。按照惯例，本章出现的人名等都为化名。

第一节　返乡农民工创业的主要模式

在Y县调研过程中我们发现，返乡创业的农民工大体有四种类型：一是为了就业而返乡创业，这部分人往往是进城务工失败，难以在城市体面安居；二是从打工转为返乡创业，他们在打工过程中往往经历了从工人到技术人员、管理人员的艰苦磨炼，对创业有深远谋划，属于主动返乡；三是创业拓展型，即已在城市创办了企业，再到家乡办分厂、加工基地，或迁回家乡办厂；四是被原先打工企业派往家乡所在地，做分厂负责人，由帮助管理企业变为在家乡独立办厂创业。

返乡创业农民工的类型与创业模式之间有着紧密关系。第一类往往从事小微型创业或农村淘宝创业，因为这类创业的投资规模较小；第二类主要从事订单生产式创业，因为这类返乡创业者往往掌握某种生产技术或市场渠道；第三、四类则主要从事生态农业或全产业链加工等，他们创业资金较为雄厚，市场嗅觉非常灵敏。

一、小微型创业模式

所谓小微型创业，表现为有的打磨一个产品，有的经营一家店铺，有的结合互联网对传统行业进行改造升级等。受知识、经济条件等各方面的影响，农民工返乡后往往选择创办小微型企业，所涉及的行业分布较广，包括批发和零售业、住宿和餐饮业、便民服务和维修、交通运输、仓储物流、特色种养殖等（见表 4-1）。

表 4-1　Y 县 2016 年 1～4 月份小微型创业统计　（单位：个）

		小微企业	个体企业
1月	商贸物流	83	532
	家庭服务	15	17
	生产加工	19	99
	特种种植养殖	15	21
	合计	132	669
		小微企业	个体企业
2月	商贸物流	20	31
	家庭服务	10	6
	生产加工	17	22
	特种种植养殖	3	7
	合计	50	66
		小微企业	个体企业
3月	商贸物流	77	229
	家庭服务	21	19
	生产加工	74	117
	特种种植养殖	22	28
	合计	194	393

续表

		小微企业	个体企业
4月	商贸物流	84	478
	家庭服务	11	135
	生产加工	70	74
	特种种植养殖	43	79
	合计	208	766

数据来源：Y 县人力资源与社会保障局。

一些农民工在外打工开阔了眼界，意识到了商机，返乡后便和家人一起经营连锁加盟饭馆、服装店、超市等。在缺少经验与资金的情况下，创办加盟店是很多返乡创业者的首选，因为这可以利用加盟总部的形象、品牌、声誉，快速打开市场。总部提供的选址、培训等服务，也可以弥补创业者能力和经验的不足。

家庭作坊也较为常见。它是以家庭为单位组建的一家一户的从事简单加工的小企业，工作场合就是各家各户的住宅，企业内员工数量不多，一般为家庭内部人员和少数打工人员。Y 县的马照夫先后在北京、上海等地打工，2015 年创办了藤编公司，主要对外加工藤椅。用他的话说：“就是从厂家拿藤椅架和藤条，回家后发放给工人，他们完成藤椅的加工。工作的地点主要在家里，跟我们签合同的超过 2000 多个家庭。”

二、农村淘宝创业模式

随着信息大数据时代的来临，电子商务不断普及，其低成本、高效率的运营优势使得电商创业成为返乡农民工的重要选择。

在 Y 县，淘宝大学、电商产业园等孵化基地开展面向返乡农民工等人员的技能培训和创业培训，提高其创业能力。淘宝大学与当地本科院校、职业技术院校合作，开发具有地方特色的创业教育课程，探索适合不同对象需求的创业教育模式。[①] Y 县农民工返乡从事电子商务创业的人

① 檀学文，胡拥军，伍振军，魏翔.农民工等人员返乡创业形式发凡[J].改革，2016(11)：85-98.

日益增多，O2O(Online to Offline，线上与线下相结合)经营模式在当地非常流行。

访谈中，电商产业孵化基地的高经理提道："在孵化基地建立门户的电商已经有70多家，并且逐年都在增加。为了吸引年轻人做农村淘宝，我们还在一些有条件的村设立淘宝站、淘宝点，村淘、镇淘已经初具规模。2015年我们电商产业园有个平台，一年的销售额超过4000万元，阿里的一位副总裁亲自过来给他颁奖。消息一传开，比在电视上做广告的效果还好，不断有年轻人入驻产业园。"

三、订单生产创业模式

Y县作为一个经济并不发达的小县城，无论是消费能力还是经济水平都不高，这无疑制约了创业者的创业渠道，也导致了加工制造产业多以订单生产方式为主，主要又可分为两种：

一是"小规模加工制造＋订单"的模式。小规模加工制造是当地农民工返乡创业的一个重要模式。农民工通过在外学习、打拼，学到了一定的经营管理知识，积累了创业经验，带着技术、资金等资源返乡，往往进入小规模加工制造领域。这一模式所需的成本以及承担的风险相对较小，进入门槛较低，而且创业者可以充分利用自身优势以及能力，自主选择创业方向。同时，此生产模式是一个劳动力密集型的产业，创业者为自己创造财富的同时，也为当地其他的居民提供了工作的场所，增加了收入。

Y县某制衣有限公司就是典型的小规模加工制造公司，主要承接大连某公司的订单。创业者陈岚女士在外打工多年，在一家制衣厂从最基层的员工做到中层管理人员。后来，因为家里老人生病，留守的两个孩子没人照顾，她便和丈夫一起回乡创业。目前，该公司员工有200人左右，基本是30～50岁文化水平较低的已婚女性。该公司主要进行内衣的初级加工，没有太多的技术障碍，库存水平低，需要考虑的市场因素少。Y县此类小规模加工制造企业还有很多。

二是"生态农业＋订单"的模式。随着农产品安全问题日益受到社会的广泛关注，一些返乡农民工从市场消费结构转型出发，纷纷进入农业领域创业，出现了"你农我农"的"创业生态"。Y县菌类生态基地、蔬菜生产基地都采取生态农业与订单加工相结合的创业模式。Y县的返乡创业者刘强，之前在北京的一家公司负责运营农业项目，返乡后创建某果蔬种植专业合作社，种植绿色无公害的西红柿，全部销往广州、深圳市场。用刘强的话说：“我们按照对方的订单来生产，对西红柿进行品级挑选和运输包装之后，就直接销往指定地点，不用担心西红柿没有销路。”

四、“农业＋旅游观光”模式

随着社会经济发展水平的不断提高，第三产业发展迅速。充分利用优越的地理环境，是发展旅游产业的一个重要契机。[①] 在访谈中，创业者多次提到要将现代农业与旅游经济和体验经济相结合，大多强调要突出当地特色，打造农业生态园、农业旅游风景区等。[②]

Y县油桃妹家庭农场厂主韩文婧，在自家农场里建立了采摘园。由于油桃是无公害种植，口感香甜，所以深受欢迎，每年前来采摘的游客络绎不绝。春暖花开时，百亩的桃花不仅吸引了附近的村民前来观赏，也引来了四海八荒的外地游客。韩文婧还决定每年四月举办桃花文化艺术节，歌曲、戏曲、书法等各种民间艺术活动登台亮相。通过农业与旅游经济的结合，其农场的经济效益有了很大的提高。

五、全产业链加工模式

全产业链加工是以消费者为导向，从产业源头做起，经过种植与采购、贸易与物流、食品原料和饲料原料的加工、养殖屠宰、食品加工、分销及物流、品牌推广、食品营销等每一个环节，实现食品安全可追溯，形成安全、营养健康的食品供应全过程。[③]

Y县某牧业股份有限公司就是进行全产业链养殖加工的创业典型。董事长张川风初中毕业后就迈入社会，在外打拼多年，积累了很多经验，最终决定在家做饲料加工。他在卖饲料的过程中发现了Y县养猪业的

① 刘德军.山东新型城镇化发展路径研究[J].经济研究参考，2013(31)：33-48.

② 李勇军，王庆生.乡村文化与旅游产业融合发展研究[J].财经理论与实践，2016(3)：128-133.

③ 张晓林.全产业链视角的农产品流通产业升级[J].中国流通经济，2013(5)：22-27.

诸多劣势：散养户居多，传统饲养自动化程度低，养殖技能几乎为零，生猪品种差……于是张川风招聘养猪人才创办了养猪场。之后为了解决卖猪难的问题，尝试创办了生猪屠宰加工厂。一步一步的尝试与选择，使得原本的夫妻小店发展成规模庞大的大型生猪屠宰加工企业，在国内率先形成了从“养殖到餐桌”的生猪全产业链加工模式，并且带动了当地 2000 多户养殖大户的发展，同时也带动了物流和运输业的发展。

第二节　返乡农民工创业的制约因素

尽管农民工返乡创业已渐成大势，但如果抛开当初对创业成功的想象，回到真实的创业过程中，人们就会发现：作为“草根”阶层的农民工，其创业并不是一场在国家政策激励下的狂欢，而是面临着诸多内部和外部的制约因素。

一、内部制约因素

（一）农民工自身的限制

1.农民工受教育水平较低

在选择返乡创业项目时，农民工由于没有专业的市场预测和科学考察，往往具有盲目性，容易作出一些不切合实际的决策与判断。此外，企业经营管理水平低，市场竞争力和抗风险能力弱，企业发展后劲明显不足。在访谈某牧业股份有限公司董事长张川风时，他提到，自己进入畜牧行业前已经干了接近 10 个行业，创业的决心是有，毅力也足，但由于只有初中学历，缺乏知识储备、技术能力，前期创业悉数走向失败。于是，他格外重视对子女的教育，并不着急让子女进公司锻炼，只希望他们把学业搞好，多学知识。

2.农民工创业资金较匮乏

部分农民工在外打工时虽然积累了一定资金，但与创办企业所需的资金相比，这点积累无异于杯水车薪；加之返乡农民工收入的大部分用于保障性储蓄，一般是为子女成家立业作准备，或者作为今后的养老就医保障，他们真正计划用于创业的资金是相当有限的，无法满足创业的需要。

另外，创业本身是有风险的。农民工缺乏创业经验和创业知识，更加大了其创业的不确定性，进而很难通过民间借贷筹措到资金。同时，其所创企业基本都是民营性质的中小微企业，即使一些企业的成长性被看好，但由于缺少资质与信用担保，其通过正规金融渠道获得贷款的可能性也极小。因此，资金短缺问题成为农民工被拦在创业大门之外或无法进一步扩大创业规模、完成创业构想的重要原因。

3.农民工抗风险能力较弱

创业风险和代价无法准确预测①，轻者血本无归，重者负债累累，同时也会给家人造成伤害。背井离乡在外打工，尽管收入不会太多，但至少能够解决温饱问题，风险也相对较小。农民工会不断权衡进城打工和返乡创业之间的风险和收益大小，一些农民工会就此望而却步，失去进一步创业的动力。

（二）农民工家庭条件的限制

相对于其他家庭而言，农民工的家庭大多贫困，接受的教育多为基础教育，甚至有的家庭成员，比如祖父辈们，没有接受过教育。② 他们对于创业的认知几乎为零，更别说为农民工们提供创业支持了。

由于教育的缺失和不利的社会环境，农民工往往认为创业无异于以卵击石。而这个认知又根深蒂固地传承给了下一代，形成了“第一代外出打工→第一代年老返乡→第二代外出打工→第二代年老返乡……”的恶性循环，扼杀了农民工的创业精神。

家庭收入也是制约农民工返乡创业的一个因素。③ 创业需要大量的资金支持，农民工虽有一定的资金积累，但若家庭成员不赞同、不支持创业，就会使返乡创业农民工饱受身体与心理的双重压力。

---

① 彭泗清，李兰，潘建成，郝大海，韩岫岚，韩践，王云峰，董博.经济转型与创新：认识、问题与对策——2013中国企业家成长与发展专题调查报告[J].管理世界，2013(9)：9-20.

② 黄佳豪.社会排斥视角下新生代农民工市民化问题研究[J].中国特色社会主义研究，2013(3)：77-81.

③ 郭晓鸣，周小娟.老一代农民工：返乡之后的生存与发展——基于四川省309位返乡老一代农民工的问卷分析[J].中国农村经济，2013(10)：53-62.

（三）创业模式的限制

选择什么样的创业模式对农民工来讲格外重要。[①] 创业模式决定创业投入资本的多少、创业面临风险的大小以及企业的成长前景等。

从Y县已有创业模式来看：与精英阶层动辄融资上亿元、颠覆商业模式相比，农民工的返乡创业模式往往较为传统，从而经验移植与复制相对容易。正如Y县某果蔬采摘农场主李清晨所言："我们的模式不是要做到最理想，而是要做到最现实。"然而，创业模式的现实性并不意味着科学性，创业可持续性存在潜在风险。

1.创业模式过于简单化

农民工返乡创业的模式呈现"金字塔"分布，即绝大多数的农民工返乡创业短期行为较多，与其说是创业，不如说是小本经营。虽然是遍地开花，但是在商业模式、经营模式上创新不足，差异化创业不明显。中间与塔尖那些代表较新商业模式和较强就业、脱贫带动能力的创业模式，如生态农业、全产业链加工模式等较为缺乏。

2.过于依赖订单式生产

订单式生产本身并不是问题，问题在于除了订单式生产，很多创业企业既没有其他销售渠道（不在本地卖），也没有名品、名牌意识（只做代工），一旦出现违约风险则对企业构成致命打击。

3.出现了创业行为的异化

有些创业不是做产品或提供服务，而是为了套取国家"政策红利"。另外，农村创业应有别于城市，要把创业与生态文明理念结合起来。然而，一些返乡创业者借返乡创业之名，行转移落后产能之实。这些创业既影响当地水土保持，又污染、浪费农村资源，还损害农民发展权益。更有甚者乱圈地、乱占耕地，严重违反了国家严格保护耕地和节约使用土地的政策。

二、外部制约因素

（一）社会的认知误区

第一，认为农民工不适合返乡创业。在一些人看来，农民工存在思想

---

① 蔡昉.全球化、经济转型与中国收入分配优化的政策选择[J].改革，2006(11)：5-12.

老化、固化的问题，普遍缺乏创业意识。① 还有一些人认为，农民工水平较低，打工是农民工的全部。② 然而，从调查来看，农民工也有创业与工匠精神，他们在“干中学”，不断化解创业难题。

对Y县150位农民工进行返乡创业意识的调查，结果显示（见图4-1），有37%的农民工正在创业或想过并打算创业（其中23%的想过并打算实施，14%的正在创业），有36%的人想过但不敢尝试，有27%的人没有想过且未来也不打算创业。这就表明，创业意识在农民工身上也较为普遍。

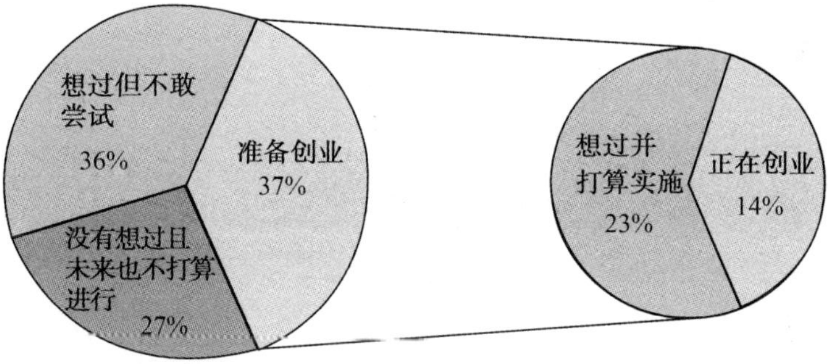

图4-1　Y县农民工返乡创业意识调查

第二，认为农民工返乡创业与其他人创业并无不同。在一些人看来，在农民工返乡创业问题上，要么将其与其他人的创业一视同仁，不要搞政策扶持；要么将政策扶持也惠及其他创业群体。然而，从田野调查来看，农民工对自身的返乡创业却有着不同看法。

Y县某镇村淘站的杜果君说：“国家给外资企业各种优惠，给国有企业补贴，让龙头企业申报项目扶持资金，也理应给农民工一些关照。现在不是流行一种说法吗？说是只要站在风口上，猪都能飞上天。要是国家给农民工返乡创业政策优惠，说不定就能借势成功。”

① 刘奇.农村社会转型与“三农”政策取向[J].中国农村经济，2007(4)：4-11.

② 冯亮.城镇化植根于农村的动力机制——从村镇调查到假设及其验证[J].甘肃行政学院学报，2015(1)：84-97.

（二）国家政策的悬浮

对于农民工返乡创业，党中央、国务院和国家各部委都非常重视，出台了一系列的激励和扶持政策。然而，当我们沿着“国家—地方政府—返乡农民工”的分析框架来剖析其内在关联时，我们首先发现：那些具有良好初衷的国家政策出现了“悬浮”现象，即大多数政策并未真正惠及农民工，而是悬浮于农村基层，从而使得大多数返乡创业农民工的“国家政策红利”受益感比较低，政策陌生感比较强。

1.有些关键政策的扶持力度有限

国家为返乡创业的农民工提供了相关贷款政策，发挥了一定的积极作用，但是贷款额度不大，未能考虑到返乡创业农民工的实际贷款需求。在调查过程中，Y县某木业公司的老板李运河告诉我们：“申请农民工返乡创业贷款要先到人社局填表，虽然不用担保，但条件是不曾缴纳过社保。光是这一条就卡下很多人。为了能贷到款，我们只好伪造材料，但是银行的贷款额是0.5万～20万元，也是杯水车薪，不能解决大问题。”

2.返乡创业农民工政策陌生感较强

从什么渠道获知这些扶持政策，到哪些部门去申请这些政策扶持，申请时需要提交哪些材料等，对很多返乡农民工来讲都比较陌生。尽管Y县进行了广泛的舆论宣传，但无论是电视节目还是广播或报刊等媒体，对农民工返乡创业的报道主要集中在领导出席某活动、创业典型表彰大会召开等方面，对扶持政策文本内容进行宣传、解读和提供咨询服务的非常少。

3.存在政策时滞、阻滞、变通、截留等问题

从国家角度看相对简单的政策，在地方执行时会出现诸多问题。首要原因是这些政策涉及部门利益，在政策细化的过程中存在拖延时间、变相打折等问题。其次在于这些政策涉及地方部门工作流程、工作重心的转换，是对原有循例性、常规性工作的突破。工作人员面对这种“不适应”，可能变通、截留部分实施难度大的政策。例如，国家扶持政策涉及发改委、财政局、人社局、国土局、交通局、农业局、商业银行等多个部门，如果政策执行不到位，那么返乡创业的农民工就弄不清楚自己有了问题应该先找谁，面对复杂的办事流程也不知从何处入手。

4.地方政府政策执行偏差

第一,扶持对象的选择性。到底什么样的农民工才是创业者?地方政府大多认为返乡创业者是能带动当地就业的农民工。如果仅是小型的创业,比如干个体、开饭店、做小微企业等,都不能算创业。于是,地方政府的扶持便具有选择性,资金主要给了有大投资、上大项目、带动就业与脱贫能力较强的农民工,而小微型创业农民工往往被选择性忽略,从而出现了政策扶持的“马太效应”。

调查中我们发现,投资规模较大的农民工既没有“返乡”,也不能再称之为“农民工”。农民工只是“曾用名”,现在他们已经是城里的“企业家”。对于那些真正“返乡”创业的农民工,地方政府缺少对他们的关心和扶持。由此可见,地方政府定位扶持对象时,仍带有传统的GDP思维,采取的做法也类似于过去的招商引资,这在一定程度上背离了国家政策的初衷。

第二,扶持行为的利己倾向。国家要求扶持返乡创业农民工,但对于如何扶持、在什么阶段扶持却没有详细说明。于是,地方政府往往从农民工创业的后期成长或成熟阶段介入,即“只是锦上添花,从不雪中送炭”。企业在初创期最需要扶持时,政府往往缺位。而一旦做出成绩,地方政府就挂上“扶贫基地”“示范基地”的牌子,主要目的是完成上级考核,并演变为上级参观的“典型”。这既影响了企业的正常经营,也增加了企业的接待成本。另外,农民工返乡创业普遍面临用地难的问题。然而,地方政府担心介入土地流转的过程而引火上身,往往让企业与农民逐个谈判。在访谈中,Y县某果蔬种植专业合作社用了5年时间才在多个村完成了1200亩土地流转。“即使不考虑5年来土地价格的变化,仅是生产经营上的损失就无法估量,因为机会稍纵即逝。”

第三,扶持资金的低效率。大量的国家资金不是被用于乡村基础设施建设,而是建造了政府的办公大楼。一些挂名“返乡创业服务大厅”的办公楼,多数房间都“落锁”;一些楼内的创业导师会谈室、创业咖啡馆、创业典型展示大厅等装修豪华,但主要供外地人员参观用,平常并没有人过来,造成资源的极大浪费。

第四,政府服务理念的滞后。农民工返乡创办企业要辗转多个部门,办理多项手续。而返乡创业人员由于多年在外打拼,对家乡政策不甚了解，对如何办证、需提供哪些资料、走访哪些部门等都知之不多、知之不解。企业从开户申请到正式投产运转，中间难免会遇到“审批部门多、办证时间长、收费项目多”等问题，导致农民工“业未创、心先疲”。另外，在创办企业时缺乏第三方中介机构为他们提供技术指导和信息服务，从而加大了创业风险。

Y县某制衣公司的郑宏宗，在外地制衣厂学习技术后返乡创业。他先是经营家庭作坊式的服装加工，后来有了三个分厂。用他的话说：“刚开始创业时，政府表现得非常积极，但说到实际困难，比如工厂前面的这条路，我们希望政府帮忙修一下，工作人员虽然答应回去研究，但一直没有下文。”“后来我们提出自己修路，但是审批手续却一拖再拖。而企业是拖不起的，企业必须讲效率。”

第三节 “三位一体”政策扶持格局的形成

想要圆农民工的企业家梦，就需要直接面对和解决困难。对于农民工返乡创业推进策略，本书从内部和外部两个层面展开讨论。

一、内强素质：加大创业教育“锐”支持

在访谈中，很多创业者表示，创业虽然需要国家扶持，但是创业更多的是自己的事，如果本身解决创业问题的能力有限，即使有再多的外部资源也成功不了。

（一）教育引导农民工正确认识创业

第一，正确认识什么是创业。那些认为农民工不该冒险创业的观点，其实是将创业和投资的概念相混淆。创业的发生，往往是因为自己发现了一个赚钱的“点”，而此时却不一定有钱。如果本身很有钱，那就不叫“创业”，而叫“投资”。我们所熟知的企业家，大多是白手起家。因此，农民工即使资本量小，但只要在干中学，也可以成为创业者。第二，重视农民工返乡创业的价值。农民工返乡创业的动机有两类：一类是为了就业而创业；另一类是通过创业实现个人梦想和社会价值。在Y县调研中，为就业而创业的农民工自己寻找就业机会，减轻了政府的负担；为实现个

人梦想和社会价值而创业的农民工，吸收了大量难以外出打工、五六十岁的本地农民，延续了他们产业工人的生命，也带来收入的增加。因此，无论何种动机的创业，都有其重要的存在合理性和价值。

（二）教育锻造农民工“草根”创业者特质

1.心怀创业梦想

正是因为心怀创业梦想，所以农民工在外出打工时塑造出三种品质：沉得住气，即面对困难与挫折时不抱怨；弯得下腰，即遇人能良好沟通、真心结交；抬得起头，即看清周边的环境与自己未来的目标。在Y县，很多农民工正是具备了上述三种品质，才能在打工时有目的地不断积累经验、技能和人脉等资源，为创业打下良好的基础。

2.不断学习知识

调查中我们发现，大部分农民工只有初中甚至是小学文化水平，高中及以上文化程度所占比例较小。然而，农民工若想实现创业梦，就必须在创业前、中、后各期重视学习。Y县某牧业股份有限公司董事长张川风，原来仅有初中文凭，刚开始创业时“干中学”，后来读了中国人民大学的MBA，在学习中寻找创业灵感和企业可持续之道。

3.主动寻求突破

农民工若心怀创业梦想，就不应原地等待，期待他人的帮助，而应该主动出击，积极研究国家政策，弄懂、弄透政策的扶持方式、方法和方向，利用好“政策杠杆”。Y县某饲料加工企业老板王经理原本是县畜牧局的一名事业编制员工，离职打工一段时间后又返乡创业。创业之初为了用地审批、办理相关手续，他不断地去当地主管部门咨询，用他的话说：“我在政府部门待过，他们的工作人员也是人，你不能说让他们怎么做，人家就给你怎么做。你得腿勤、嘴甜。后来跑消防、气象等部门的次数多了，人家遇到极端天气、发现企业存在的安全隐患，都会及时发短信或打电话提醒你，人家也觉得你创业不容易。”

4.不畏创业风险

创业是一件摸着石头过河的事，前方永远是未知风险。面对创业失败风险，访谈对象的回答出乎我们的意料。华宝公司的董事长笑着说：“失败算什么，再干呗，我都尝试了十几个行业了。”蔬菜基地的老板刘强说:“我辞掉原本很不错的工作,投大血本干这个,就没想让它失败。”因此,有创业梦想的人,往往把成败抛之脑后,不给自己留后路,全力以赴。

(三)教育提升农民工创业模式“不草根”

1.体现一二三产业融合发展的创业模式

在Y县,一些返乡创业的农民工注重开发乡村、乡土、乡韵的潜在价值,采取“农业+旅游观光和体验游”的创业方式,取得了良好效果。未来应结合《关于支持返乡下乡人员创业创新 促进农村一二三产业融合发展的意见》(国办发〔2016〕84号),重点创办农业合作社、家庭农场、林场等新型农业经营主体,推进农业与旅游、教育、文化、养老等产业的深度融合,引领一二三产业融合发展。这里的产业融合不应是“1+2”“1+3”或“1+2+3”,而应是“1×2×3”,从而打造以农业为核心的第四、第五、第六产业。

2.借力“互联网+”的创业模式

在Y县,由淘宝大学、电商产业园等孵化带动的“互联网+”创业异军突起。未来应深度开发本地传统手工艺品、绿色农产品等特色优势资源,借“互联网+”发展现代商业。同时,顺应消费结构升级的市场需求,把小门面、小作坊升级为线上、线下特色店、连锁店、品牌店,走差异化创业之路。

3.对接龙头产业、龙头企业集群的创业模式

在Y县,一家省级农业产业化龙头企业的负责人张川风曾说:“我们曾经自费培训、指导当地的一些生猪养殖户,教他们早、中、晚让猪吃几成饱才能出栏快。可是即使是中午管饭,他们也不愿来。要是能有专业养殖企业与我们主动对接,我们求之不得。”因此,农民工返乡创业,可以考虑融入当地的优势产业集群,成为产业链上的关键一环。这样上下游企业能够合作建立营销渠道,打造特色品牌,分散市场风险。

4.与原有打工企业相合作的创业模式

在Y县,陈岚的制衣公司、刘强的果蔬种植专业合作社,与他(她)们原先打工的北京公司建立了紧密的合作关系。在业务上,企业承接了外地公司的部分订单;在技术上,建厂、员工技术培训等由外地公司提供指导;在销售上,实现了输出地产品与输入地市场的有机嫁接;在创业资金

上，部分也由外地公司提供。刘强投资 2000 多万元建设的蔬菜大棚，其中有近一半的资金由北京的企业出资。因此，农民工返乡创业时，应顺应产业转移的趋势和潮流，将自身创业企业打造成与行业大公司、大企业相协同、协作的平台，甚至不脱离原有企业，而是在企业内部创业。

5.夫妻或家庭共同创业模式

创业离不开妻儿老小的支持。在 Y 县，制衣公司的郑宏宗、农业科技公司的仲新都是与妻子一起创业，有的甚至是“全家总动员”。强调这样的创业模式，并不是否认创业时可以有其他合作伙伴，而是要重视夫妻共同体的作用。

二、完善政策：强化政策体系“硬”支持

(一)把国家政策推向田间地头

对农民工返乡创业国家扶持政策的宣传，不能仅仅停留在国家红头文件、社会主流媒体、地方宣传部门、相关业务单位的层面，而是应该走出办公室、放下电话和鼠标，主动走向田间地头，送国家政策“下乡”，把国家政策真正送到返乡创业农民工的手中、脑中、心中。

(二)实现国家政策的“菜单化”

所谓国家政策的“菜单化”，就是将已有的国家政策扶持体系，按照其涉及的内容，分门别类、逐条细化地加以整理成册，利用新媒体技术实现政策的“菜单化”。在每一项扶持内容上，都应该明确具体负责的部门、科室和联系人，涉及多个部门的，则明确牵头部门和办事流程。更进一步地，可以根据每个农民工的创业模式为其量身打造“定制菜单”，即针对他们的创业，提出最优化的政策扶持设计。

(三)瞄准农民工返乡创业的政策需求“痛点”

现有的国家政策有的着眼于当下，有的着眼于将来，有的贯穿创业始终。当我们问到返乡创业农民工最需要的国家政策时，Y 县某种兔养殖场杨站奇说，他最需要资金扶持，因为“创业就是活在当下，就是在当下还能活着”。而某饲料厂郑于锋的回答则更直接，他认为创业是自己的事，“政府只要能公平对待我们，找他们贷款的时候不歧视我们就行了。其实大家的创业环境都是一样的，能不能活下来，还得看自己”。

那么，到底有哪些国家政策是农民工急需的呢？在访谈之前，我们认为应该是财政支持、定向减税和降费、降低返乡创业门槛等。然而，对Y县22位返乡创业农民工的访谈结果显示，他们最需要的是金融服务、用地指标和价格、农村基础设施改善等（见表4-2）。

表4-2 返乡农民工对国家政策的需求层级

	国家政策内容	具体需求
1	强化金融服务	创业信贷支持
		创业投资类基金
		创新贷款方式（无抵押、担保贷款等）
		重点服务农民工创业的金融组织
2	用地指标和价格	协助征用土地、降低征地价格
3	改善农村基础设施	农村水、电、路、通信等基础设施
		农村物流基础设施
		互联网创业基础设施
4	加大财政支持	创业项目配套资金扶持
		创业贷款财政贴息
		创业孵化园区入驻补贴
		涉农创业各类补贴
5	定向减税和降费	取消工商管理、行政事业性收费
		小型微利企业所得税优惠
		小微企业增值税和营业税优惠
		小微企业免征政府性基金
6	降低返乡创业门槛	推行联合审批、一站式服务
		简化审批和办事手续，清理收费项目

这就表明：农民工返乡创业想要的政策扶持，不是国家能无偿给予他们多少优惠或好处，而是想要一种良好的创业生态，即在创业时能够贷到

款、用到地,有高质量的农村公共服务。政府只需提供一个宽松的创业环境,让创业者有机会施展自己的理想抱负即可。也正是在这个意义上,降低返乡创业门槛反而显得最不重要。因为,只要返乡农民工决定创业,再高的门槛他们都会试图跨越。

三、优化环境:提升地方服务“软”支持

(一)从服务主体来讲,要多部门协同提供服务

农民工返乡创业涉及人力资源和社会保障局、乡镇企业和中小企业管理局、扶贫办、农业局、工商局、国土局等多个政府部门。各有关部门要把支持农民工返乡创业纳入自己的职责范围,建立分工明确、相互协调的工作机制。具体而言,要做好以下几点:

第一,多部门协同创建农民工返乡创业服务中心,为创业新手在证照办理、土地征用、税费优惠等方面提供一个窗口的“一站式”服务,或多个窗口的“一条龙”服务。第二,多部门协同并联合高校、职业院校、社会教育机构等资源,构建农民工返乡创业职业技能培训和创业经营管理教育体系,有效破解返乡农民工的创业技能瓶颈、创业知识瓶颈、经营管理瓶颈等。第三,多部门协同编制以本土资源为依托的创业项目目录,引导农民工返乡创业的方向和项目,顺应一二三产业融合发展的创业趋势。第四,多部门协同设立农民工返乡创业扶持基金、投资基金等。

(二)从服务对象来讲,既要扶强也要扶弱

在前述返乡创业的农民工类型中,相对而言,第一、二类的创业大多是小微企业、初创企业,力量较为薄弱,往往为政府所忽视;第三、四类的创业往往投资规模大、带动就业能力强,政府重视程度高。今后,地方政府在执行国家政策的过程中,要使不同类型的创业都能享受“政策红利”,避免出现“选择性扶持”,助推创业企业从小到大、从弱到强。

(三)从服务内容来讲,要细化落实已有国家政策

在Y县访谈过程中,我们一直在思索:地方政府该为农民工返乡创业做些什么?直到访谈结束,我们才慢慢意识到,地方政府最应该做的,就是细化落实已有的国家政策。这是因为,现有的国家政策往往是宏观指导性的,在国家政策与农民工返乡创业之间,地方政府要将宏观的政策予以细

化并执行，从而真正发挥承上启下的作用。正因如此，地方政府应结合农民工返乡创业的政策需求层次，有序、全面、充分落实已有国家政策。

当务之急，应该加快落实金融、用地、财政、减税降费等国家政策。从中期发展来看，应该重点解决创业门槛过高、农村基础设施较差的问题。从长期可持续来看，要统筹考虑社保、住房、教育、医疗等公共服务制度改革，不断缩小城乡差距。而在落实国家政策的过程中，地方政府要加快"调适"自身行为，有效回应农民工返乡创业政策需求，及时纠正和追责政策执行中的各类行为偏差。

(四)从服务方式来讲，要建立新型政商关系

习近平总书记曾指出，新型政商关系就是"亲""清"两个字。因此，地方政府应坦荡真诚地与返乡创业农民工进行交流，掏真心、用真力、谋真招，持之以恒地推动创业服务体系建设，切实解决农民工创业过程中遇到的困难和问题。同时，严厉惩治那些"吃、拿、卡、要"的以权谋私、权力寻租行为，以风清气正赢得返乡创业农民工的内心尊重。

第五章　创业知识的角色：媒体报道与返乡创业行为关系调节

农民工返乡创业被诺贝尔经济学奖得主埃德蒙德·菲尔普斯称为“中国经济新引擎”①。为不断扩大农民工返乡创业规模，落实中央“稳就业保就业”民生保障部署，《国务院办公厅关于支持农民工等人员返乡创业的意见》(国办发〔2015〕47号)、《关于推动返乡入乡创业高质量发展的意见》(发改就业〔2020〕104号)等系列文件先后指出要“做好宣传引导工作”，针对农民工对扶持政策“不了解、不知晓”的问题，加强媒体宣传和报道，提升其返乡创业积极性、主动性。各类媒体纷纷响应和跟进，农民工返乡创业典型人物、案例故事、扶持政策等相关报道逐渐从边缘地位上升到主流新闻位置。

媒体是社会环境的重要组成部分，公众对问题重要性的认知往往是新闻媒体对这些问题进行密集报道的结果。② 媒体反映社会的文化、规范和价值观等，当媒体强调一个话题时，接收信息的公众会认为这个话题很重要，从而对特定问题和行为予以更多关注。③ 尽管目前有各种各样

---

① 张国.新引擎释放新动力：大众创业　万众创新[N].中国青年报，2015-03-06(001).

② Iyengar S. Television News and Issue Salience: A Reexamination of the Agenda-setting Hypothesis[J]. American Politics Quarterly, 1979, 7(4): 395-416.

③ Rindova V P, Pollock T G, Hayward M L A. Celebrity Firms: The Social Construction of Market Popularity[J]. Academy of Management Review, 2006, 31(1): 50-71.

获取信息的替代来源，但新闻媒体仍是大多数人获取外部信息的主要途径，而其中的电视、网络、报纸、杂志等又是农民工获取信息的主要途径。[①]

然而，已有研究虽然论证了媒体报道对企业家精神的社会建构意义[②]，指出媒体报道对于企业获得声誉、资源以及绩效等具有不可忽视的影响力[③]，对于证券市场收益率和投资者乐观情绪具有显著正向推动作用[④]，但关于媒体报道对农民工返乡创业意愿和行为影响的议程设置效果研究不足，更缺乏对议程设置效果干扰因素的探讨，有关媒体报道与创业关系的研究尚有很大的未知空间亟待探索。[⑤] 为改善上述研究缺口，本书基于议程设置理论和计划行为理论，运用问卷调查方法和结构方程模型，以返乡创业意愿为中介变量，创业知识和风险倾向为调节变量，构建了一个有调节的中介效应模型，实证研究媒体报道倾向对农民工返乡创业的影响效果，进而为政府决策部门和大众媒体提供管理和操作建议。

第一节　理论基础与研究假设

一、理论基础

议程设置是指大众传播媒介对某些问题的强调，并为公众的想法制定议程，从而传播知识和信息。议程设置理论的核心命题是新闻要素的突出程度影响着这些要素在公众中的突出程度，媒体报道所强调的重点

---

① 王学勤，刘勇.浙江省农民工的信息行为分析与服务对策研究[J].图书馆，2014(1)：88-91.

② Nicholson L ，Anderson A R . News and Nuances of the Entrepreneurial Myth and Metaphor：Linguistic Games in Entrepreneurial Sense-making and Sense-giving[J]. Entrepreneurship Theory & Practice，2010，29(2)：153-172.

③ Pollock T G，Rindova V P. Media Legitimation Effects in the Market for Initial Public Offerings[J]. Academy of Management Journal，2003，46(5)：631-642.

④ 尹海员，王盼盼.媒体报道、市场收益与投资者情绪——基于新闻分析视角[J].软科学，2015(7)：136-139.

⑤ Radu M，Collot R R. The Social Representation of Entrepreneurs in the French Press[J]. International Small Business Journal，2008，26(3)：259-298.

跟公众所认为的重要议题，存在强且正向的关系。[①] 媒体议程设置效果既存在于政治传播领域，也存在于商业传播领域。[②] 媒体通过议程设置、曝光和宣传，使人们更好地接受和理解创业精神，认同企业家及其日常行为。[③] 议程设置可以帮助人们了解媒体报道与创业之间的关系，更好地评估媒体话语对潜在创业者的影响。[④]

计划行为理论是创业意愿研究中应用最广泛的理论。该理论认为，创业意愿是人们从事创业活动的一种主观倾向，也是产生创业行为的基础和前提。一个人的创业意愿往往受到多方面因素的影响，如家庭背景和个人因素[⑤]、创业环境和创业风险感知[⑥]、自我感知创造力[⑦]、创业教育[⑧]、人口统计学变量（年龄、性别、收入、受教育年限等）等。

二、研究假设

（一）媒体报道与返乡创业意愿

议程设置理论认为，媒体报道的企业新闻并非单纯反映企业活动，也影响公众对企业以及与企业相关的人、事、物的认知与态度。透过媒体报

---

① McCombs M E, Shaw D. The Agenda-setting Function of the Mass Media[J]. Public Opinion Quarterly, 1972, 36(2): 813-824.

② Carroll C E, McCombs M. Agenda-setting Effects of Business News on the Public's Images and Opinions about Major Corporations[J]. Corporate Reputation Review, 2003, 6(1): 36-46.

③ Swedberg R. Entrepreneurship: The Social Science View[M]. Oxford: Oxford University Press, 2000.

④ Ajzen I. The Theory of Planned Behaviour: Reactions and Reflections[J]. Psychology & Health, 2011, 26(9): 1113-1127.

⑤ Goyanes M. Factors Affecting the Entrepreneurial Intention of Students Pursuing Journalism and Media Studies: Evidence from Spain[J]. International Journal on Media Management, 2015, 17(2):109-126.

⑥ González A L, Jaén I, Topa G, Moriano J. University Environment and Entrepreneurial Intention: The Mediating Role of the Components of the Theory of Planned Behaviour [J]. International Journal of Social Psychology, 2019, 34(1):137-167.

⑦ Laguía A, Moriano J A, Gorgievski M J. A Psychosocial Study of Self-perceived Creativity and Entrepreneurial Intentions in a Sample of University Students[J]. Thinking Skills and Creativity, 2019, 31: 44-57.

⑧ Bae T J, Qian S, Miao C, Fiet J Q. The Relationship between Entrepreneurship Education and Entrepreneurial Intentions: A Meta-analytic Review[J]. Entrepreneurship Theory and Practice, 2014, 38 (2):217-254.

道对创业行为社会存在正当性、创业家形象正面性、创业功能正向性的认可,营造了有利于创业的舆论环境。随着媒体曝光度和报道正面倾向的增强,公众能更好地预测创业企业的发展前景,增进各利益相关者对创业的了解和认知。[①] 根据议程设置理论的观点,媒体对返乡创业报道越倾向于正面(负面)时,透过议程设置效果,农民工就越可能对返乡创业持有正面(负面)态度。因此,提出假设 H1:

H1:媒体对返乡创业的报道倾向正向显著影响农民工返乡创业意愿。

(二)返乡创业意愿与返乡创业行为

创业行为是指一个人不仅有创业的意愿,还有针对意愿的具体活动,比如撰写商业计划、组建创业团队、购买或租赁设施和设备等。[②] 返乡创业意愿是对返乡创业的一种心理认知,而认知先于行为,并能够对行为选择作出解释。[③] 根据计划行为理论,农民工返乡创业意愿会激发返乡创业行为。因此,提出假设 H2:

H2:农民工的返乡创业意愿对其返乡创业行为产生正向显著影响。

(三)返乡创业意愿的中介作用

创业意愿的产生受个人看法和主观态度的影响,而媒体报道会影响人们的创业态度。媒体的创业报道能让农民工更多地关注、了解和认识创业,从而对创业产生更多思考,为返乡创业意愿的产生建立基础。

已有研究表明,拥有较强创业意愿的人更有可能实际参与创业。[④]

---

① 罗炜,何顶,洪莉莎,常国珍.媒体报道可以预测创业企业的发展前景吗?[J].金融研究,2017(8):177-191.

② McGee J E, Peterson M, Mueller S L, Sequeira J M. Entrepreneurial Self-efficacy: Refining the Measure[J]. Entrepreneurship Theory and Practice, 2009, 33(4): 965-988.

③ Mitchell R K, Buseniz L W, Lant T, McDougall P P, Morse E A, Smith J B. Toward a Theory of Entrepreneurial Cognition: Rethinking the People Side of Entrepreneurship Research[J]. Entrepreneurship Theory and Practice, 2002,27(2): 93-104.

④ Kautonen T, Van Gelderen M, Tornikoski E T. Predicting Entrepreneurial Behaviour: A Test of the Theory of Planned Behavior[J]. Applied Economics, 2013, 45(6): 697-707.

有学者检验了创业意愿在创业自我效能与创业行为间的中介作用。[①] 创业意愿是产生创业行为的必要条件,影响创业意愿的因素也会通过创业意愿间接影响创业行为。[②] 这就表明,媒体报道倾向可以通过激发人们的创业意愿使潜在创业者最终走向创业。由此可以推测,媒体报道倾向、返乡创业意愿与返乡创业行为之间可能存在内在逻辑关系。媒体的正面报道能够提升农民工的返乡创业意愿,而返乡创业意愿越强烈,越有可能转化成返乡创业行为。因此,提出假设 H3 和假设 H4:

H3:媒体报道倾向对农民工返乡创业行为有正向显著影响。

H4:农民工返乡创业意愿在媒体报道倾向与返乡创业行为之间起中介作用。

(四)创业知识的调节作用

虽然媒体报道的议题与议题属性对公众的认知、态度以及行为具有影响力,但一些文献指出,媒体的议程设置效果还会受到个人知识的影响:一方面,创业知识有助于对机会的识别和利用,激发创业意愿进而产生创业行为[③];另一方面,创业知识能够使人们认识创业的风险和价值,让创业者对自身所处的内外部环境有更加清醒的认识。[④] 这就意味着,若公众对媒体相关议题有直接的个人经验与知识,那么对媒体报道信息的依赖度会降低,媒体议程设置的影响效果将减弱。[⑤] 具体而言,相对于创业知识与经验缺乏的农民工,创业知识与经验丰富的农民工的返乡创业意愿较不易受媒体报道倾向的影响,反之亦然。与此同时,在农民工具

① Mwiya B M K, Wang Y, Kaulungombe B, Kayekesi M. Exploring Entrepreneurial Intention's Mediating Role in the Relationship between Self-efficacy and Nascent Behaviour: Evidence from Zambia Africa[J]. Journal of Small Business and Enterprise Development, 2019, 26(4): 466-485.

② 郦浩,杜涵,罗婧.创业行为与创业意愿影响因素实证研究[J].科技进步与对策,2015(1):76-82.

③ Politis D. The Process of Entrepreneurial Learning: A Conceptual Framework [J]. Entrepreneurship Theory and Practice, 2005, 29(4):399-424.

④ Roxas B. Effects of Entrepreneurial Knowledge on Entrepreneurial Intentions: A Longitudinal Study of Selected Southeast Asian Business Students[J]. Journal of Education and Work, 2014, 27(4): 432-453.

⑤ Tsfati Yariv. Does Audience Skepticism of the Media Matter in Agenda Setting? [J]. Journal of Broadcasting & Electronic Media, 2003, 47(2):157-176.

有一定返乡创业意愿的前提下,创业知识与经验丰富的农民工更有可能产生返乡创业行为。因此,提出以下假设:

H5a:创业知识负向调节媒体报道倾向与返乡创业意愿之间的关系。

H5b:创业知识正向调节返乡创业意愿与返乡创业行为之间的关系。

(五)风险倾向的调节作用

意愿是行为的前提,但意愿只有在满足一定条件时才能预测行为①,那些有创业意愿的人考虑风险因素后不一定产生创业行为。承担风险是创业行为的一个基本要素,而个体具有承担或规避特定风险的倾向。②风险倾向会影响潜在企业家建立新企业的决定,意即风险倾向会影响农民工返乡创业行为。

创业过程是风险决策过程,刚开始创业的人更愿意承担风险,对风险有更高的容忍度。③ 对风险的厌恶程度越低,个体就越容易发现更好的商业机会,越容易产生创业行为。具体而言,高风险倾向的农民工更愿意实施具有风险的返乡创业行为,也更容易受到媒体创业报道的影响,反之亦然。因此,提出以下假设:

H6a:风险倾向正向调节媒体报道倾向与返乡创业意愿之间的关系。

H6b:风险倾向正向调节农民工返乡创业意愿与返乡创业行为之间的关系。

(六)有调节的中介模型

在上述假设的基础上,本书进一步验证有调节的中介模型。概言之,返乡创业意愿在媒体报道倾向对返乡创业行为影响中起中介作用,此中介效应的大小会受到创业知识和风险倾向的影响。当农民工的创业知识丰富时,媒体报道倾向通过返乡创业意愿对返乡创业行为的影响较强;反之,当农民工的创业知识缺乏时,媒体报道倾向通过返乡创业意愿对返乡

---

① Ajzen I. From Intentions to Actions: A Theory of Planned Behavior. in Kuhl J Beckman. Action Control: From Cognition to Behavior[M]. Heidelberg: Springer, 1985:11-39.

② Sitkin S B, Pablo A L. Reconceptualizing the Determinants of Risk Behavior[J]. Academy of Management Review, 1992, 17(1): 9-39.

③ Bird B. Implementing Entrepreneurial Ideas: The Case for Intentions[J]. Academy of Management Review, 1988, 13(3): 442-454.

创业行为的影响会减弱。同样,农民工风险倾向越高,媒体报道倾向通过返乡创业意愿对返乡创业行为的影响越强;反之,当农民工风险倾向较低时,媒体报道倾向通过返乡创业意愿对返乡创业行为的影响会越弱。因此,提出以下假设:

H7a:创业知识调节农民工返乡创业意愿在媒体报道倾向和返乡创业行为之间发挥中介作用。相比于创业知识缺乏的农民工,创业知识丰富的农民工的返乡创业意愿在媒体报道倾向与返乡创业行为之间的中介作用更强。

H7b:风险倾向调节农民工返乡创业意愿在媒体报道倾向和返乡创业行为之间发挥中介作用。相比于低风险倾向的农民工,高风险倾向的农民工的返乡创业意愿在媒体报道倾向与返乡创业行为之间的中介作用更强。

第二节 研究框架与研究方法

一、研究框架

本部分通过探讨媒体报道倾向、返乡创业意愿、返乡创业行为、创业知识和风险倾向这5个变量之间的关系,研究媒体报道倾向如何影响农民工返乡创业行为。通过对相关文献的梳理,提出本部分的理论模型,如图5-1所示:

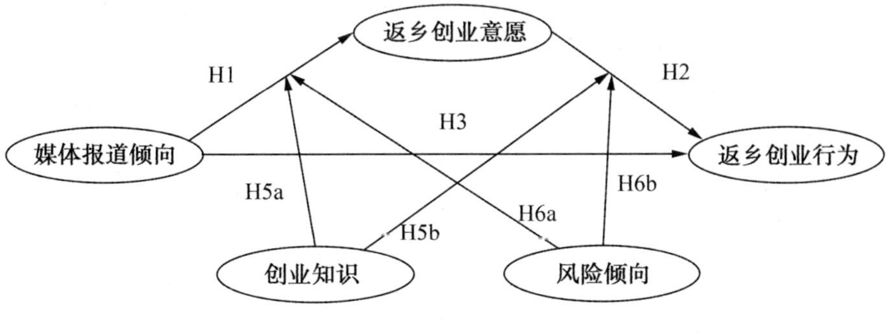

图 5-1 研究的理论模型

二、变量的选取与问卷设计

本部分调查问卷中，媒体报道倾向、返乡创业意愿、返乡创业行为、创业知识、风险倾向5个潜变量的测量题项均使用李克特五点量表，1～5依次代表“非常不同意”“不同意”“不确定”“同意”“非常同意”。具体如附录3所示。

（一）媒体报道倾向

媒体报道倾向是指媒体倾向于从正面对返乡创业进行相关报道。变量的测量参考全球创业观察（Global Entrepreneurship Monitor）调查中的相关问卷题项，设计了4个题项：在媒体上我经常看到返乡创业的故事；在媒体上我经常看到返乡创业成功典型的报道；在媒体上我经常看到对返乡创业优惠政策的宣传；我会经常关注媒体有关返乡创业政策的报道。该量表的Cronbach's α系数为0.855。

（二）返乡创业意愿

返乡创业意愿是农民工对自身是否从事返乡创业活动的一种主观倾向和期望。变量的测量根据弗朗西斯科·里南（Francisco Linan）[①]的量表，设计了4个题项：我的生涯目标就是成为一名创业者；我会尽全力来开创自己的公司；我非常认真地考虑过返乡创业这个问题；我决心在未来返乡创建一个企业。该量表的Cronbach's α系数为0.924。

（三）返乡创业行为

返乡创业行为是农民工返乡创业意愿付诸实践的过程。变量的测量根据麦金泰尔等[②]的量表，设计了4个题项：我已经在一个返乡创业项目上投入了大量的时间；我已经对某个返乡创业项目进行了投资；我已经找到了实施这个返乡创业项目的合伙人；我已经确定了公司名称、产品经营范围，并进行了公司和商标注册。该量表的Cronbach's α系数为0.924。

---

① Linan F, Chen Y W. Development and Cross-cultural Application of a Specific Instrument to Measure Entrepreneurial Intentions [J]. Entrepreneurship Theory & Practice, 2009, 33(3): 593-617.

② Farmer S M, Yao X, Mcintyre K K. The Behavioral Impact of Entrepreneur Identity Aspiration and Prior Entrepreneurial Experience[J]. Entrepreneurship Theory and Practice, 2011, 35(2):245-273.

（四）创业知识

创业知识代表了创业者识别和利用机会的潜在能力，包括产品知识、市场知识、组织知识、财务知识等。① 变量的测量根据徐占东等②的量表，设计了4个题项：我已经掌握了与创业相关的政策与法律知识；我已经掌握了创业所需的营销、财务等运营管理知识；我从实践（打工经历、创业经历等）中获得了一些创业知识、技能和经验；我从实践（打工经历、创业经历等）中捕捉到了新的商业机会。该量表的 Cronbach's α 系数为 0.900。

（五）风险倾向

风险倾向是个体对于冒险或保守行为的一种态度趋向。③ 变量的测量根据赵好（Zhao Hao）④和帕可·阿曼达（Paço Aminda）等⑤的量表，设计了3个题项：我喜欢做不确定和冒险的事情；如果回报足够高，我愿意冒很大的风险；我不介意在不确定的情况下创业，只要对我来说有合理的收益可能性。该量表的 Cronbach's α 系数为 0.819。

三、研究方法与样本量估算

借助 AMOS 21.0 和 SPSS 19.0 软件对样本数据进行统计处理，利用结构方程模型（SEM）和层次回归法进行数据分析和模型验证。参数估计采用最大似然估计法，一般来说，样本量达到 100～400 时可以使用该方法。⑥ 本部分有效样本 216 个，符合 SEM 分析的样本量要求。

---

① Widding L. Building Entrepreneurial Knowledge Reservoirs[J]. Journal of Small Business and Enterprise Development, 2005, 12 (4): 595-615.

② 徐占东，梅强，陈天旻，于泽聪.创业知识与大学生新创企业绩效：创业学习的多重中介作用[J].工业工程与管理，2018(3)：177-183.

③ Forlani D, Mullins J W. Perceived Risks and Choices in Entrepreneurs' New Venture Decisions[J]. Journal of Business Venturing, 2000, 15(4):305-322.

④ Zhao H, Seibert S E, Hills G E. The Mediating Role of Self-efficacy in the Development of Entrepreneurial Intentions[J]. Journal of Applied Psychology, 2005, 90(6): 1265-1272.

⑤ Paço A, Ferreira M, Raposo M, Rodrigues R G, Dinis A. Entrepreneurial Intentions: Is Education Enough? [J]. International Entrepreneurship and Management Journal, 2013, 11(1): 57-75.

⑥ Ding L, Velicer W, Harlow L. Effects of Estimation Methods, Number of Indicators Per Factor and Improper Solutions on Structural Equation Modeling Fit Indices[J]. Structural Equation Modeling a Multidisciplinary Journal, 1995, 2(2): 119-143.

四、数据收集与样本分布

首先进行预调查，以了解问卷的题项设计能否有效地衡量各潜变量，即是否具有信度和效度。然后，根据预调查结果进一步对问卷题项进行修改，形成正式问卷。在预调查中，主要通过Cronbach's α系数和验证性因子分析检验量表的信度和效度。选用Cronbach's α系数大于0.7的潜变量和各题项的因子载荷大于0.5的题项。预调查共收回50份问卷，数据分析结果显示各潜变量的Cronbach's α系数均大于0.7，说明量表的内部一致性较好；然后根据验证性因子分析的结果删除因子载荷小于0.5的题项，形成正式问卷并进行发放。

本部分以S省R市2019年9～12月份组织的三期返乡农民工创业培训班为契机，采用问卷和半结构化访谈方式收集数据，共发放330份问卷，收回243份，其中无效问卷27份，有效问卷216份，有效回收率为65.45％。样本描述性统计见表5-1，其中男性占54.63％，女性占45.37％；年龄多在25～44周岁，占样本总量的71.75％；受教育程度多为初、高中水平，占样本总量的73.15％；个人月收入大多为2000～8000元，占样本总量的79.62％。

表5-1　样本描述性统计

	类别	样本数量	样本占比(％)
性别	男	118	54.63
	女	98	45.37
年龄	24岁以下	38	17.59
	25～34岁	86	39.81
	35～44岁	69	31.94
	45岁以上	23	10.65

续表

	类别	样本数量	样本占比(%)
受教育程度	小学	11	5.09
	初中	61	28.24
	高中(或中专)	97	44.91
	大专及以上	47	21.76
个人月收入	2000 元及以下	14	6.48
	2001～5000 元	102	47.22
	5001～8000 元	70	32.40
	8001 元及以上	30	13.89

第三节　数据分析与假设验证

在分析结构模型之前,应先对测量模型进行验证性因子分析(CFA),以确保测量模型正确地反映研究的潜变量。如果测量模型配适度可接受,则进行 SEM 分析。本部分分别对 5 个潜变量进行验证性因素分析。

一、共同方法偏差检验

采用 Harman 单因子检验法对 5 个变量的共同方法偏差进行检验,结果表明(见表 5-2),单因子模型拟合较差,而五因子模型拟合较好。在五因子模型的基础上,加入一个共同方法因子构成六因子模型,结果显示,增加一个共同因子后,模型无法拟合。因此,本部分数据不存在严重的共同方法偏差问题。

表 5-2 变量的区分效度及共同方法偏差检验结果

	χ^2	df	TLI	CFI	$RMSEA$	$SRMR$	模型比较检验		
1.基准模型(五因子)	248.675	142	0.960	0.967	0.059	0.051	模型比较	$\Delta\chi^2$	Δdf
2.四因子模型一	334.513	146	0.931	0.941	0.077	0.055	2 vs 1	85.838***	4
3.四因子模型二	414.243	146	0.902	0.916	0.092	0.058	3 vs 1	165.568***	4
4.三因子模型一	426.174	149	0.900	0.913	0.093	0.062	4 vs 1	177.499***	7
5.三因子模型二	523.346	149	0.866	0.883	0.108	0.061	5 vs 1	274.671***	7
6.三因子模型三	429.486	149	0.899	0.912	0.094	0.062	6 vs 1	180.811***	7
7.二因子模型	599.307	151	0.841	0.860	0.118	0.066	7 vs 1	350.632***	9
8.单因子模型	859.112	152	0.751	0.779	0.147	0.092	8 vs 1	610.437***	10
9.六因子模型	模型无法拟合								

注：***为 $P<0.001$；基准模型(五因子)：媒体报道倾向(FF1)、返乡创业意愿(FF2)、返乡创业行为(FF3)、创业知识(FF4)、风险倾向(FF5)；四因子模型一：FFI、FF2、FF3＋FF4、FF5；四因子模型二：FF1、FF2＋FF4、FF3、FF5；三因子模型一：FF1、FF2、FF3＋FF4＋FF5；三因子模型二：FF1、FF2＋FF3＋FF4、FF5；三因子模型三：FF1、FF2＋FF5、FF3＋FF4；二因子模型一：FF1、FF2＋FF3＋FF4＋FF5；单因子模型：FF1、FF2、FF3、FF4、FF5 合并为一个因子；六因子模型：在基准模型基础上添加一个共同方法因子。

二、信度与效度检验

组合信度(CR)表示潜变量的内部一致性，CR 值越高表示潜变量的内部一致性越高，0.7 是可以接受的门槛；平均方差抽取值(AVE)越高，则表示潜变量有越高的收敛效度。根据表 5-3，各潜变量的 CR 值大于 0.7，AVE 值大于 0.5，达到了可接受的信度、效度水平。使用模型比较的方法评估变量之间的区分效度。前文表 5-2 的结果显示，与另外八个模型相比，五因子模型对数据的拟合效果最好($\chi^2=248.675$，$df=142$，$\chi^2/df=1.751$，$TLI=0.960$，$CFI=0.967$，$RMSEA=0.059$，$SRMR=0.051$)，说明量表有良好的区分效度。在模型适配度方面，当 $\chi^2/df<3$，*RMSEA*、*SRMR* 值小于 0.08，*TLI*、*CFI* 值大于 0.9 时，模型可以接受。验证性因子分析结果表明，测量模型与数据拟合较好，拟合指标达到理想水平，可以进行 SEM 分析。

表 5-3　收敛效度

潜变量	题项	参数显著性估计				因子载荷量	题目信度	组合信度	收敛效度
		Unstd	*S.E.*	*t-value*	*P*	*Std.*	*SMC*	*CR*	*AVE*
媒体报道倾向	X_{11}	1				0.693	0.480	0.858	0.602
	X_{12}	1.231	0.126	9.747	* * *	0.743	0.552		
	X_{13}	1.369	0.129	10.644	* * *	0.837	0.701		
	X_{14}	1.348	0.129	10.428	* * *	0.822	0.676		
返乡创业意愿	X_{21}	1				0.916	0.839	0.927	0.762
	X_{22}	0.949	0.049	19.181	* * *	0.863	0.745		
	X_{23}	0.976	0.045	21.480	* * *	0.907	0.823		
	X_{24}	0.924	0.058	16.038	* * *	0.800	0.640		
返乡创业行为	X_{31}	1				0.884	0.781	0.925	0.755
	X_{32}	0.947	0.049	19.237	* * *	0.899	0.808		
	X_{33}	0.914	0.057	15.936	* * *	0.818	0.669		
	X_{34}	0.932	0.052	17.907	* * *	0.873	0.762		
创业知识	X_{41}	1				0.855	0.731	0.900	0.693
	X_{42}	1.006	0.060	16.848	* * *	0.872	0.760		
	X_{43}	0.948	0.069	13.824	* * *	0.783	0.613		
	X_{44}	0.960	0.066	14.626	* * *	0.818	0.669		

续表

潜变量	题项	参数显著性估计				因子载荷量	题目信度	组合信度	收敛效度
		Unstd	*S.E.*	*t-value*	*P*	*Std.*	*SMC*	*CR*	*AVE*
风险倾向	X_{51}	1				0.787	0.619	0.819	0.603
	X_{52}	1.066	0.092	11.565	* * *	0.841	0.707		
	X_{53}	0.813	0.083	9.847	* * *	0.696	0.484		

注：* * * 为 $P<0.001$。

三、描述性统计

采用皮尔森相关系数检验各变量间的关系。表 5-4 显示，媒体报道倾向、返乡创业意愿、返乡创业行为、创业知识、风险倾向两两之间均显著正相关，与本部分提出的假设方向相同。相关性分析结果为变量间的关系假设提供了初始证据。

表 5-4　描述性统计

潜变量	*M*	*S.D.*	1	2	3	4	5
媒体报道倾向	3.262	0.854	1				
返乡创业意愿	2.894	1.235	0.536***	1			
返乡创业行为	2.105	1.142	0.481***	0.807***	1		
创业知识	2.567	1.121	0.409***	0.804***	0.873***	1	
风险倾向	3.015	1.018	0.405***	0.744***	0.715***	0.743***	1

注：* * * 为 $P<0.001$。

四、假设检验

本部分通过层次回归分析对主效应、中介效应、调节效应进行检验。在检验假设前，先将性别、年龄、受教育程度、个人月收入作为控制变量放入回归分析,然后再分别将媒体报道倾向、返乡创业意愿和返乡创业行为放入回归分析(见表 5-5)。

(一)主效应的检验

表 5-5 中模型 6 的结果显示,媒体报道倾向对农民工返乡创业意愿产生正向显著影响($\beta=0.689, P<0.001$),故假设 H1 成立,表明媒体能够通过正面报道来影响农民工返乡创业意愿,从而为加强媒体宣传和引导提供了证据支持。表 5-5 中模型 3 的结果显示,农民工返乡创业意愿对返乡创业行为产生正向显著影响($\beta=0.692, P<0.001$),故假设 H2 成立,表明农民工返乡创业意愿能够很好地预测返乡创业行为。

(二)中介效应的检验

本部分根据肯尼(Kenny)等[①]介绍的检验中介效应的 4 个步骤,检验模型是否满足中介效应的 4 个条件:(1)自变量与因变量显著相关;(2)自变量与中介变量显著相关;(3)控制自变量后,中介变量与因变量显著相关;(4)如果自变量对因变量的效应变小,表示是部分中介效应;如果自变量对因变量的效应不再显著,表示是完全中介效应。第一步:根据表 5-5 中的模型 2 所示,媒体报道倾向正向显著影响农民工返乡创业行为($\beta=0.562, P<0.001$),假设 H3 成立。第二步在前文检验假设 H1 时得到支持,即媒体报道倾向与返乡创业意愿显著正相关。通过层次回归分析检验第三步和第四步,即将返乡创业行为作为因变量,将自变量依次放入回归分析的顺序是:(1)控制变量;(2)媒体报道倾向;(3)返乡创业意愿。表 5-5 中模型 4 的结果表明,返乡创业意愿对返乡创业行为产生正向显著影响($\beta=0.652, P<0.001$),媒体报道倾向对返乡创业行为无显著影响($\beta=0.112, P>0.05$)。以上分析表明,返乡创业意愿在媒体报道倾向与返乡创业行为中起完全中介作用,故假设 H4 成立。概言之,媒体报道倾向能够通过返乡创业意愿间接影响返乡创业行为。

---

① Kenny D A, Kashy D A, Bolger N. Data Analysis in Social Psychology. in Gilbert D T, Fiske S T, Lindzey G.(eds).The Handbook of Social Psychology[M]. New York: McGraw-Hill, 1998: 233-265.

表 5-5　返乡创业意愿中介效应的回归分析

变量	返乡创业行为			返乡创业意愿		
	模型 1	模型 2	模型 3	模型 4	模型 5	模型 6
第一步：控制变量						
性别	−0.439**	−0.326*	−0.008	−0.010	−0.622***	−0.484***
年龄	−0.153	−0.079	−0.172**	−0.102*	0.027	0.118
受教育程度	−0.192	−0.146	−0.121	−0.116	−0.103	−0.046
个人月收入	0.169	0.143	0.057	0.058	0.162	0.130
第二步：媒体报道倾向		0.562***		0.112		0.689***
第三步：返乡创业意愿			0.692***	0.652***		
F	4.371**	13.815***	58.613***	49.660***	4.371***	13.815***
R^2	0.077	0.248	0.583	0.588	0.077	0.248
调整 R^2	0.059	0.230	0.573	0.576	0.059	0.230

注：*为 $P<0.05$；**为 $P<0.01$；***为 $P<0.001$。

（三）调节效应的检验

根据温忠麟等[①]提出的调节效应检验方法，先检验创业知识和风险倾向对媒体报道倾向与返乡创业意愿之间关系的调节。首先放入控制变量，其次将返乡创业意愿作为因变量，媒体报道倾向、创业知识、风险倾向以及媒体报道倾向与创业知识的乘积项、媒体报道倾向与风险倾向的乘积项作为预测变量依次放入回归分析。结果如表 5-6 模型 8 所示，创业知识负向调节媒体报道倾向与返乡创业意愿之间的关系（$\beta=-0.169$，$P<0.01$），假设 H5a 成立。风险倾向正向调节媒体报道倾向与返乡创业意愿之间的关系（$\beta=0.127$，$P<0.05$），假设 H6a 成立。然后检验创业知

① 温忠麟，刘红云，侯杰泰．调节效应和中介效应分析[M]．教育科学出版社，2012.

识和风险倾向对返乡创业意愿与返乡创业行为之间关系的调节。首先放入控制变量,其次将返乡创业行为作为因变量,返乡创业意愿、创业知识、风险倾向以及返乡创业意愿与创业知识的乘积项、返乡创业意愿与风险倾向的乘积项作为预测变量依次放入回归分析。结果如表 5-6 模型 3 所示,创业知识正向调节返乡创业意愿与返乡创业行为之间的关系($\beta=0.109, P<0.01$),假设 H5b 成立。风险倾向正向调节返乡创业意愿与返乡创业行为之间的关系($\beta=0.092, P<0.05$),假设 H6b 成立。

(四)有调节的中介效应的检验

根据温忠麟等[①]的观点,如果满足以下 4 个条件则表明有调节的中介效应存在:(1)在农民工返乡创业行为对媒体报道倾向、创业知识与风险倾向的回归中,检验媒体报道倾向对农民工返乡创业行为的影响是否显著;(2)在农民工返乡创业意愿对媒体报道倾向、创业知识和风险倾向的回归中,检验媒体报道倾向对农民工返乡创业意愿的影响是否显著;(3)在农民工返乡创业行为对媒体报道倾向、创业知识、风险倾向和返乡创业意愿的回归中,检验农民工返乡创业意愿在媒体报道倾向与返乡创业行为间的中介效应是否显著;(4)在农民工返乡创业行为对媒体报道倾向、创业知识、风险倾向、返乡创业意愿、返乡创业意愿与创业知识乘积项、返乡创业意愿与风险倾向乘积项的回归中,检验媒体报道倾向与创业知识乘积项和媒体报道倾向与风险倾向乘积项的效应是否显著。以上检验步骤依次对应表 5-6 中模型 4、模型 7、模型 5 和模型 6。检验结果如表 5-6所示:在模型 4 中,媒体报道倾向对农民工返乡创业行为影响显著($\beta=0.191, P<0.01$);在模型 7 中,媒体报道倾向对农民工返乡创业意愿影响显著($\beta=0.306, P<0.001$);在模型 5 中,返乡创业意愿在媒体报道倾向与返乡创业行为之间的中介效应显著($\beta=0.265, P<0.001$);在模型 6 中,媒体报道倾向与创业知识乘积项的效应显著($\beta=0.133, P<0.05$),媒体报道倾向与风险倾向乘积项的效应显著($\beta=0.110, P<0.05$)。以上结果表明,创业知识和风险倾向对返乡创业意愿的中介效应存在调节作用,假设 H7a 和 H7b 成立。

① 温忠麟,刘红云,侯杰泰.调节效应和中介效应分析[M].教育科学出版社,2012.

表 5-6　创业知识与风险倾向调节作用的回归分析

	返乡创业行为						返乡创业意愿	
	模型 1	模型 2	模型 3	模型 4	模型 5	模型 6	模型 7	模型 8
第一步:控制变量								
性别	−0.439**	−0.007	−0.004	−0.074	−0.009	−0.059	−0.246*	−0.232*
年龄	−0.153	−0.043	−0.052	0.033	−0.028	−0.056	0.230***	0.256***
受教育程度	−0.192	−0.011	−0.039	0.022	−0.006	−0.050	0.103	0.109
个人月收入	0.169	0.027	0.013	0.031	0.029	0.062	0.006	0.017
第二步:主效应								
媒体报道倾向				0.191**	0.110	0.118*	0.306***	0.314***
创业知识		0.494***	0.416***	0.640***	0.496***	0.427***	0.544***	0.553***
风险倾向		0.103	0.101	0.184**	0.099	0.063	0.322***	0.330***
返乡创业意愿		0.303***	0.332***		0.265***	0.293***		
第三步:调节效应								
创业知识×媒体报道倾向						0.133*		−0.169**
风险倾向×媒体报道倾向						0.110*		0.127*
创业知识×返乡创业意愿			0.109**					

续表

	返乡创业行为						返乡创业意愿	
	模型 1	模型 2	模型 3	模型 4	模型 5	模型 6	模型 7	模型 8
风险倾向×返乡创业意愿			0.092*					
F	4.371**	67.266***	64.608***	61.070***	59.951***	59.390***	64.846***	52.654***
R^2	0.077	0.694	0.738	0.673	0.699	0.743	0.686	0.697
调整 R^2	0.059	0.683	0.727	0.662	0.687	0.731	0.675	0.684

注：* 为 $P<0.05$；* * 为 $P<0.01$；* * * 为 $P<0.001$。

运用贺氏开发的 PROCESS 3.4 进一步验证有调节的中介模型。通过分析农民工不同的创业知识水平和风险倾向下,媒体报道倾向通过返乡创业意愿对返乡创业行为产生的间接效应的显著性,验证创业知识和风险倾向对中介效应的调节作用。通过 Bootstrap 法重复 5000 次抽样,建立 95%的偏差校正置信区间,若置信区间不包含 0,则说明相应的效应显著。检验结果如表 5-7 所示:当农民工创业知识缺乏时(均值减一个标准差),媒体报道倾向通过返乡创业意愿对返乡创业行为的间接效应不显著,$\beta=0.032$,95%的偏差校正 Bootstrap 置信区间为(−0.009,0.076),包含 0;当农民工创业知识丰富时(均值加一个标准差),媒体报道倾向通过返乡创业意愿对返乡创业行为的间接效应显著,$\beta=0.141$,95%的偏差校正 Bootstrap 置信区间为(0.029,0.290),不包含 0,说明创业知识丰富的农民工比创业知识缺乏的农民工返乡创业意愿在媒体报道倾向与返乡创业行为之间的中介作用更强,假设 H7a 得到进一步验证。当农民工是低风险倾向时(均值减一个标准差),媒体报道倾向通过返乡创业意愿对返乡创业行为的间接效应不显著,$\beta=0.045$,95%的偏差校正 Bootstrap 置信区间为(−0.007,0.106),包含 0;当农民工是高风险倾向时(均值加一个标准差),媒体报道倾向通过返乡创业意愿对返乡创业行为的间接效应显著,$\beta=0.146$,95%的偏差校正 Bootstrap 置信区间为(0.058,0.250),不包含 0,说明高风险倾向的农民工比低风险倾向的农民工返乡创业意愿在媒体报道倾向与返乡创业行为之间的中介作用更强,假设 H7b 得到进一步验证。

表 5-7 Bootstrap 方法在不同调节变量水平上的中介效应及 95%的置信区间

	间接效应	标准误差	下限	上限
创业知识缺乏(均值−1 标准差)	0.032	0.021	−0.009	0.076
创业知识丰富(均值+1 标准差)	0.141	0.067	0.029	0.290
低风险倾向(均值−1 标准差)	0.045	0.029	−0.007	0.106
高风险倾向(均值+1 标准差)	0.146	0.049	0.058	0.250

第四节　结论与建议

本部分基于议程设置理论，实证分析了媒体创业报道对农民工返乡创业的影响，主要结论包括：第一，媒体创业报道正向显著影响农民工返乡创业意愿和返乡创业行为，返乡创业意愿在媒体创业报道与返乡创业行为的关系中起中介效应。第二，创业知识负向调节媒体创业报道与返乡创业意愿间的关系，正向调节返乡创业意愿与返乡创业行为间的关系，并且调节返乡创业意愿在媒体创业报道与返乡创业行为间的中介效应。一方面，创业知识减弱了媒体创业报道对农民工返乡创业意愿的影响，当农民工拥有一定的创业知识时，返乡创业意愿的产生受外界因素的影响就会变小，反之则较易受媒体创业报道的影响。另一方面，在农民工具有一定返乡创业意愿的前提下，创业知识越丰富越可能产生返乡创业行为，返乡创业意愿的中介效应也就越强。第三，风险倾向正向调节媒体创业报道与返乡创业意愿、返乡创业意愿与返乡创业行为间的关系，并且调节返乡创业意愿在媒体创业报道与返乡创业行为间的中介效应。农民工风险倾向越高，媒体创业报道与返乡创业意愿之间的关系就越强，返乡创业意愿就越有可能转化为实际的返乡创业行为，返乡创业意愿的中介效应也就越强。

本部分的理论贡献主要有三点：第一，有助于拓展研究范畴，发展农民工返乡创业媒体议程设置效应成为高度聚焦的研究领域。已有研究聚焦于创业后阶段，即探讨媒体如何报道创业家以及商业报道对企业经营的影响。本部分则关注创业前阶段，即研究媒体创业报道在鼓励农民工返乡创业上的议程设置效应。这有助于弥补已有研究缺口，进一步丰富现有研究成果。第二，有助于推动研究范式转换，完善现有理论分析模型。已有研究大多把农民工返乡创业意愿作为因变量，在探讨外部宏观影响因素时，鲜少把媒体创业报道作为自变量。本部分则把返乡创业意愿作为中介变量，考察“媒体创业报道—返乡创业意愿—返乡创业行为”

之间的因果关系，不仅验证了意愿对行为的预测能力①，而且进一步深化了理论分析框架。第三，有助于厘清媒体议程设置效应的影响因素。尽管已有研究指出商业传播领域存在议程设置效应，但并未深入揭示影响这一效应的诸多因素。本部分以返乡农民工为研究对象，考虑创业知识和风险倾向的调节效应，有助于提升研究解释力度，孕育多领域研究共识。

当前，如何提升农民工返乡创业规模和质量是考验实务界的重大民生议题。本部分对此有如下启示：第一，充分重视媒体创业报道的议程设置效应。媒体创业报道有助于激发农民工返乡创业意愿，进而产生返乡创业行为。因此，要精准定位报道选题，结合脱贫攻坚、乡村振兴、城乡融合等国家战略设置议题；精准构筑报道内容，讲好返乡创业典型故事以感染人，深入梳理可复制可移植的返乡创业经验模式以引导人；精准把握不同媒介影响维度，不断挖掘媒介融合所产生的时空优势，形成各级、各类媒体的议程设置叠加效应。第二，坚持分类、靶向引导，实现媒体创业报道的精确传播。媒体创业报道的议程设置效应受到创业知识的调节。因此，针对创业知识与经验缺乏的返乡农民工，媒体应突出报道的及时性和信息量，重点对返乡创业培训、新型职业农民培训、农民创业大赛等各类创业培训与竞赛进行宣传、报道和推送，分享、展示和传播返乡创业经验、项目和商机，形成返乡创业新生计模式认同；针对创业知识与经验丰富的返乡农民工，媒体应突出报道实用性和实践导向，重点报道中小微企业注册和证照办理流程、财税信贷扶持政策、一二三产业融合趋势下新产业新业态创业"切入口"等，助推返乡创业意愿转化为实际行为。第三，突出问题导向，强调媒体报道的客观性。风险倾向会增强媒体创业报道的议程设置效应。对此，针对低风险倾向农民工，媒体应深度解读返乡创业政策红利，着重在"城乡空转"风险的政策应对上设置议程，舆论引导返乡创业扶持政策的完善，减轻农民工返乡创业风险恐惧；针对高风险倾向农民工，媒体除了正面宣传，还应专业性剖析市场波动、行业饱和等风险，调查

---

① Kruegerjr N F, Reilly M D, Carsrud A L. Competing Models of Entrepreneurial Intentions [J]. Journal of Business Venturing, 2000,15 (5):411-432.

揭示返乡创业中的痛点、堵点和盲点，让农民工勇于实践返乡创业梦想的同时，树立风险防范意识和应对机制。

当然，本部分尚有一些不足。部分变量如返乡创业意愿的量表是经成熟量表改编而来，但有些变量如媒体创业报道仍缺乏成熟量表，还需要在今后加以完善；对返乡创业行为的测量，主要从创业机会发现与利用的角度，停留在创业的准备或初始阶段，缺乏对返乡创业行为的纵贯性考察，未来可以从动态的角度深化讨论；在媒体创业报道的测量方面，主要测量了媒体对返乡创业的正面报道，未来可针对不同报道媒介、题材、内容和基调等，展开议程设置效应显著度差异探讨，从而丰富和完善媒体创业报道的议程设置效应研究。

第六章　创业知识缺乏的陷阱：返乡农民工创业的“隧道风险”

现阶段，许多农民工输出地的地方政府部门制定了一系列扶持农民工返乡创业的政策措施，纷纷在审批、信贷、税收、用地、收费、信息等方面给予返乡农民工创业最大的支持。然而，已有文献在从国家总体性的角度论证返乡农民工“创业”的意义、意愿的同时，却较少从“农民工”主体性的角度，剖析这一群体的天然脆弱性，揭示其面临创业风险的凛冽性和不可逆性，以及出现上述问题的根本原因。概括而言，返乡农民工创业给理论界和实务界以无限的希望和想象。然而，当前对返乡农民工创业作用和意愿的研究接近饱和，有必要从其自身特征出发，深入探讨创业知识缺乏可能带来的创业风险。

第一节　返乡农民工创业的“隧道风险”

一、农民工具有天然脆弱性

从城市带回见识、技术、资金的返乡农民工创业群体初具雏形便承载了学界的无限期待。厉以宁认为，这一“城归”新型群体的出现，意味着中国农村正在涌现世界上最大的“新人口红利”，农民工将成为一个经济史上的名词。[①] 胡俊波认为，发展农民工返乡创业，能够缓解农村青壮年劳动力大量外出务工所产生的空巢老人、留守儿童等各种农村治理问题。[②] 然而，贺雪峰却认为，在整个中国已进入买方市场、小规模产业创业几无发展空间、农民工抗风险能力较弱的情况下，地方政府和媒体鼓励农民工返乡创业，只会加剧返乡创业农民工在有限农村市场内的竞争，增加他们创业失败的比例。只有越来越多的农民工在城市有稳定的就业和收入，能体面地生活下来时，才可能既无农民工返乡问题，又无农民工创业问题。[③]

上述两类截然相反的观点颇具代表性。一些学者认为，应大力鼓励农民工返乡创业。从宏观战略来看，随着党的十九大报告中乡村振兴战略的实施，以及与这一战略相适应的城乡融合体制机制的建立，农村将成为返乡农民工安居乐业的家园。[④] 从微观个体来看，与此不同，另一些学者则认为应适度鼓励与引导农民工返乡创业。[⑤] 这是因为，尽管农民工在城市打拼多年，但他们大多依然是“候鸟”“边缘人”或“半城市化人”[⑥]，在返乡创业机会识别和创业项目选择、创业资源获得、创业项目实施等各阶段都面临自身创业知识的束缚，并且由于这一群体的天然脆弱性，其面临的创业风险将更加残酷和不可逆。[⑦]

二、复制城市：返乡农民工创业的隧道风险

在《稀缺：我们是如何陷入贫穷与忙碌的》一书中，塞德希尔·穆来纳森指出，人们总是将关注点放在稀缺（Scarcity）上，思想总是围着稀缺打转，所以就没有那么多精力投入人生中的其他事物上。当稀缺俘获大脑

---

① 厉以宁.农民工、新人口红利与人力资本革命[J].改革，2018(6)：5-12.

② 胡俊波.农民工返乡创业面临的障碍与对策[J].宏观经济管理，2012(10)：51-52.

③ 贺雪峰.农民工返乡创业风险大[J].中国老区建设，2011(7)：28.

④ 徐祥临.新时代城乡关系与推进之路——习近平总书记“城乡融合发展”思想的历史性贡献[J].国家治理，2018(14)：18-21.

⑤ 李国和，曹宗平.农民工返乡创业面临的多重风险与防控策略探究——基于适度鼓励与引导的视角[J].改革与战略，2018(2)：159-162.

⑥ 徐增阳，古琴.农民工市民化：政府责任与公共服务创新[J].华南师范大学学报(社会科学版)，2010(1)：5-9.

⑦ 谢廷廷，王志恒.农民工返乡创业风险调查[J].决策，2016(7)：40-41.

时，人们的注意力会集中在紧急的事情上，并将其他事物排除在外。这种专注一方面让人们获得"专注红利"，另一方面由于"目标抑制"的作用，专注也会导致隧道效应(Tunnel Effect)，让人们的视野变窄，从而付出沉重代价。

隧道效应也叫"隧道视野"，是一种人类心理现象，意指一个人的思维脉络不够宽广，有如身处隧道之中，只能看到前后非常狭窄的视野，无法看到隧道尽头的路径，无法对当前的环境和处境作出正确的判断，也无法意识到事物未来的发展趋势，只能透过隧道的孔洞看清少量物体，而无视隧道外的一切。就像摄影技术一样，照相机将景物装入框内，而框入一些东西就意味着其他景物被排除在外，隧道效应就是人们对这种体验的总结与融汇。

当人们陷入隧道效应时会产生如下问题：一是出现隧道心态，即不看未来而只专注眼前。人们会将重要但不紧急的事务置于隧道视野之外，不断放大眼前的稀缺问题，从当下脱离出来向前看的洞察力和前瞻性逐渐丧失，无法有效地规划未来。二是认知能力和执行控制力下降。稀缺会不断将人们吸入"隧道"的视野之中，形成大脑带宽(Bandwidth)负担，削弱人们获得信息、解决问题、进行逻辑推理的认知能力，以及管理自身计划、权衡决策利弊、抵制诱惑性冲动的执行控制力。三是形成"最后一公里"错觉。意识不到资源和寻常欲望之间的鸿沟，产生过分自信的心理，认为只要再多一点点资源，就能逃脱隧道。然而，最终结果却是在匆忙间用各项资源拼凑出一张凌乱的问题解决补丁图，而任何一个小的不稳定因素或突发事件都会将处于隧道出口边缘的人重新拉回隧道之中。

对农民工而言，离开农村到城市打工，就像进入了由城乡所构筑的无形隧道之中。进入隧道前，打工赚钱、增加收入是绝大多数农民工的首要目的。进入隧道后，他们或进入工厂、建筑工地当工人；或在城市开办小微企业、从事工商经营活动；或受城市居民家庭雇佣，成为保姆、月嫂等。在穿越隧道的过程中，农民工了解了一些市场经济的规则、认识了一些朋友、积蓄了一些钱，有些还掌握了一些手艺或技能。当身处隧道的农民工"见好就收"，决心退出隧道做"城归"返乡创业时，农民工面临的最大风险不是资金短缺——打工的积蓄可以成为他们返乡创业的经济资本[①],而是隧道效应下返乡创业的"隧道风险",即只是基于自身在"隧道"中所习得的技能、积累的知识、笃定的信念等去创业,很容易机械地把自己的城市体验复制到农村。

笔者访谈中曾遇到这样一个例子:阿豹是1992年出生,上完高中在家晃荡了2年左右的时间,后来2014年上半年去上海一家物流公司打工。这家物流公司位于上海嘉定区一个工业园区内。有一次阿豹送货到市中心区,送完之后在等待派货期间去了次超市,发现超市的门口围了一群人。出于好奇,阿豹就过去围观,一问人家,原来是用手机微信扫描公众号可以免费打印照片。阿豹返乡后一直琢磨这个事,后来顺着机器上的联系方式找到了南京的这家公司。原来,通过与商场协商,可以免费将机器放在商场的某个位置,然后利用免费打印照片的噱头,让大家关注公众号,每关注一个,南京的这家公司会付0.5元。阿豹想这个在老家没有,要是弄两台放在县里的购物超市旁边,每天就跟收租金一样有钱赚了。于是,阿豹以每台机器7500元的价格,一次性买了5台。可是真正运作时发现,商场不让免费放机器,而逛商场的以中老年人为主,打印照片的人很少,而且有时更新打印纸不及时,机器受损无法自修,最后阿豹只好把5台机器堆在家里了事。

第二节 "隧道风险"产生的主要原因

一、农民工没有真正融入城市

一些学者认为,农民工返乡创业有优势,理由是农民工在现代城市生活的体验提升了他们的现代性,打工成了返乡创业的"孵化器"[②],农民工

① 张军.农民工返乡创业与西部地区新农村建设之互动[J].学术交流,2009(9):134-136.

② 江立华、陈文超.创业实践与多元分析:返乡农民工创业研究述评[J].学习与实践,2010(7):114-120.

拥有打工城市所建立的朋友、同事关系等社会资本。① 然而，对于农民工而言，进城务工就像进入了一个长长的隧道，对城市的体验和发现极为有限，无法看到城市的整体面貌，更无法成为城市整体的有机组成部分。由于没有真正融入城市，在城市打工非但无法建构农民工的现代性或市民意识，反而强化了他们的身份内卷化效应。② 而物理生存空间的区隔、社会交往空间的分层、经济生产空间的窄化等使得农民工在经济、社会、文化和心理四个维度上都是"低质量"的城市融入③，很难建构起返乡创业所需要的社会关系网络。

首先，以户籍制度为基础的城乡二元结构把城市与乡村分离开来的同时，也限制了城乡人员之间的良性互动，农民工对城市的体验和发现较为有限。其次，对于在工厂上班的农民工来说，以工厂制度为管理手段的流水线生产机制将农民工紧紧束缚在生产机器上，无法有效链接城市生产要素。农民工所拥有的往往是军事化管理、轮班制作息、机械式流水线作业等工厂打工经验，视野所及的往往是作为"落脚之地"和"睡觉场所"的厂区宿舍和出租房屋。在这种情况下，农民工所能接触的生产要素就是机器，城市里的资金、技术、人才等产业要素很难与农民工链接、融合、共生，农民工无法看到城市的全貌。再次，以及时城市化和差序身份治理为特征的新式城市保护主义，让农民工无法成为城市的有机组成部分。美国学者弗里德曼认为，中国城市采取了"及时城市化"(Just in time Urbanization)的策略，即在适当的地方，引进适当的劳动力，农民工需要以高度的弹性和流动性来适应这种制度。④ 一些城市尤其是大城市，将农民工纳入了市民身份体制，但在制定相关政策时大都以"低起点、低标准"作为保障定位的原则。这种给予农民工部分市民身份和部分市民权利的制度安排，使得农民工始终无法成为城市整体的有机组成部分。最

---

① 张大维，郑永君.贫困风险约束：返乡农民工创业的发生机制——基于三个川北返乡农民工家庭的生计选择分析[J].河南大学学报(社会科学版)，2014(5)：39-45.

② 汪小红，朱力.失地农民身份认同及其分异——基于生命历程范式的解释[J].中州学刊，2014(4)：67-72.

③ 杨菊华.中国流动人口的社会融入研究[J].中国社会科学，2015(2)：61-79.

④ Friedman E. Just-in-time Urbanization? Managing Migration, Citizenship, and Schooling in the Chinese City[J]. Critical Sociology, 2017(2):1-16.

后,很多农民工将有限的可支配时间用于网络聊天和打游戏等娱乐消遣,无法利用网络资源突破自身视野局限,仿佛进入线上隧道。网络是人们了解世界、搜寻信息、在线学习的重要渠道,但是一些农民工在繁重的工作之余,往往将有限的休息时间用来打游戏,精神生活日益贫乏和娱乐化,难以真正融入城市休闲生活。[①]

二、忽视城乡关系演变大趋势

在当前全球城市化的进程中,多个城市与周边地区会共同构成一个关系密切的城市区域(City-region),而城市区域中的各组成单元的功能与特性则逐渐被重新界定。以功能为导向的城市区域范围超越了既有行政区域的边界,诸如运输规划、公共设施使用、环境资源利用、产业合作融合等问题,都在进行跨行政区界的整体性协调与管理。为强化全球及地方竞争力,区域内的不同地方政府、民间企业的整合已经被提上重要日程,借由共同合作来解决区域空间发展与社会经济问题已成为全球性趋势。

改革开放以来,中国的城乡关系经历了城乡差距、城乡一体化、城乡差异化等不同的阶段。改革开放初期,中国的城乡关系是一种城市与乡村的对照关系,表现最明显的是城乡差距。1953 年,中国开始限制农村劳动力、资本、土地等生产要素流动,城乡二元结构初步形成。1958 年,《中华人民共和国户口登记条例》出台,标志着城乡分割的二元户籍制度以法律的形式正式建立。长期实行的城乡二元体制格局,城市偏向的城乡发展战略,造成了城乡关系、工农关系严重失衡,农村处于普遍贫困状态。[②] 改革开放以来,在缩小城乡差距的过程中,逐步实现城乡一体化或城乡融合成为普遍共识。城乡一体化的本质是指相对发达的城市和相对落后的农村,打破相互分割的壁垒,逐步实现生产要素的合理流动和优化组合,促使生产力在城市和乡村之间合理分布,城乡经济和社会生活紧密

① 郑欣,高梦媛.媒介化体验:新生代农民工闲暇生活研究[J].山西大学学报(哲学社会科学版),2017(4):91-99.

② 谢志强,姜典航.城乡关系演变:历史轨迹及其基本特点[J].中共中央党校学报,2011(4):68-73.

结合与协调发展，逐步缩小直至消灭城乡之间的基本差别，实现城乡在政策上的平等、产业发展上的互补、国民待遇上的一致，从而使城市和乡村融为一体。进入新时代以来，学者们普遍意识到，缩小城乡差距、实现城乡一体化并不等于消除城乡差异。[①] 新型城镇化最重要的是要提高农村基本公共服务水平，使城乡之间实现平等。但是缩小城乡差距，并不意味着使乡村与城市完全相同，而是要保持城乡的功能差异。

综上所述，农民工返乡创业之所以复制城市，一个很重要的原因是对全球城市化进展的趋势认识不清，对中国城乡关系的演变大趋势把握不准，对一二三产业融合的未来景象预期不够。在城乡差距的视角下，城市有的或正在流行的东西，农村没有或正要兴起。然而，在城乡一体化建设推进的近几十年中，城乡之间消费品类型的绝对差异已经不存在，更关键的是，过去一二三产业之间的绝对边界也在逐渐消失，产业融合发展的趋势不可逆转。

三、过分膨胀的“虚荣资本”

创业是一种将行动（Action）具体化，并贴近市场需求的表现。由于创业过程中充满不确定性，因此创业者必须要在模糊与风险中作决定并采取行动。[②] 当不确定性越高时，害怕失败的心理层面就会越高，进而阻碍其从事创业活动。因此，在不确定情况下不利于采取创业行动，因为会产生迟疑、犹豫不决及拖延的情形。[③] 既然害怕失败是阻碍人们采取创业行动的关键要素，那么一个比较稳妥的办法是，仔细评估可能的风险与报酬，甚至透过一些实际的试误（例如推广试吃、试卖或是市场调查等）来了解可能必须付出的成本，做好创业评估阶段、创业准备阶段、创业营运阶段的缜密规划，从而提高创业成功的概率。

上述是正常创业者应有的心态。然而，一些返乡创业农民工却“虚荣

---

① 陈锡文.推进以人为核心的新型城镇化[J].理论学习，2016(1)：55.

② McMullen J S and Shepherd D A. Entrepreneurial Action and the Role of Uncertainty in the Theory of the Entrepreneur[J]. Academy of Management Review，2006，31(1)：132-152.

③ Casson M. The Entrepreneur：An Economic Theory[M]. Totowa，NJ：Barnes & Noble Books，1982.

资本”膨胀，返乡创业的目的就是要炫耀自己能把城市的东西带到农村去，在创业认知上出现了“达克效应”(Dunning-Kruger Effect)，即能力欠缺的人在欠考虑的决定的基础上得出错误结论，但是无法正确认识到自身的不足、辨别错误行为。这些能力欠缺者沉浸在自我营造的虚幻的优势之中，常常高估自己的能力水平，却无法客观评价他人的能力。①

大多数情况下，农民工返乡创业是从零开始、白手起家、从无到有，所能够承担的创业风险能力偏弱。然而，现实中一些农民工却热衷于在返乡创业时铺摊子、上大项目，采取重资产的创业模式，出现了“小船”无法调头的情况。

四、小农身份的创新抑制

创业最重要的是拥有创造新产品或提供新服务的能力。21世纪是知识经济时代，最重要的竞争因素便是创造力。创造力就是在既有事物中产生新结合的能力，而非以往所熟知的土地、劳动力、资本与企业能力等古典生产要素。创业家依靠创造力可以产生与众不同的全新想法，开创全新的事业，进而在商业的经营上获得成功。更进一步地，美国心理学家斯坦伯格提出了成功智能(Successful Intelligence)的概念，认为分析智能、创意智能和实践智能的综合是创业家的成功智能。分析智能是一种分析和解决问题的能力，可依据个人的背景知识与过去经验来作判断，包括记忆、认知、分析、评估及判断资讯的能力，其主要了解分析“存在何种问题”；创意智能是指产生新颖、高品质且适合所面对的任务的新点子的智能，是必须有的创造力；实践智能更像是默会知识(Tacit Knowledge)，透过每日的行动及经验而获得，在做中学及专业的直觉或本能积累中达成个人目标与绩效。②

① Kruger J & Dunning D. Unskilled and Unaware of It: How Difficulties in Recognizing One's Own Incompetence Lead to Inflated Self-assessments [J]. Journal of Personality and Social Psychology, 1999, 77(6):1121.

② Sternberg R J. Successful Intelligence as a Basis for Entrepreneurship [J]. Journal of Business Venturing, 2004, 19(2):189-201.

创业者往往是从过去的工作经验、技术技能、产业知识中寻找创业机会。① 专家指出，如果创业家具备实务经验，例如企业的开创、管理、经验，具备足够的商业教育背景，则创业绩效较佳。如果创业者能够从过去的实务经验中对产品的专业知识有足够的了解，则企业成长性较佳。② 阿迪奇维利等指出，事先所学或所知道的知识，如工作经验、个人经验、教育背景等，都会让人有不同的知识，而这些不同的知识累积，就是所谓的"先前知识"。创业家会发现，机会只有跟他有关的先前知识中才会被发现。③

上述文献表明，创造力和创业知识对创业者至关重要。然而，返乡创业的农民工大多并非科班出身，没有受过高等或职业教育，并非来自具有商业背景的家庭，所有的创业基础就是他们透过社会历练所累积的知识与能力。从创造力的角度来看，长期以来无约束、无协作、无交换的小农思维让一些农民工在心理素质上表现为求稳、怕变，形成很强的保守性，本能地排斥变革，缺乏主动进取精神，只要超过了旱涝保收、吃饱喝足、略有结余的目标，就会产生富有的感觉。从创业知识的积累来看，农民工的先期教育背景和后期打工经验都很难构筑创业所需的知识内容，有的甚至从过去一些中小学文化水平而创业成功的人身上，得出了"学历有害创业"的结论。国家统计局 2017 年的农民工监测调查报告显示，我国农民工总量近 2.9 亿人，其中未上过学的占 1%，小学文化程度的占 13%，初中文化程度的占 58.6%，高中文化程度的占 17.1%，大专及以上的占 10.3%。从事第二产业农民工的比重为 51.5%，第三产业农民工的比重为 48%。绝大多数从事第二产业的农民工在城市出卖劳动力，工作强度高，工作时间长，生活条件差，工作风险高，社会保障水平有限。第三产业中从事经营的农民工所从事的营生，基本上依靠自身和家庭劳动力组织

---

① Shane S and Venkataraman S. The Promise of Entrepreneurship as a Field of Research[J]. Academy of Management Review , 2000, 25(1):217-226.

② Jo H, Lee J . The Relationship between an Entrepreneur's Background and Performance in a New Venture[J]. Technovation, 1996, 16(4):161-171.

③ Ardichvili A, Cardozo R and Ray S. A Theory of Entrepreneurial Opportunity Identification and Development[J]. Journal of Business Venturing, 2003,18(1):105-123.

经营，几乎不需要技术、资金积累，入行门槛低。在上述情形下，农民工的创造力和创业知识都极为欠缺，这就让他们在返乡创业时信奉“拿来主义”，认为走模仿、复制城市的路子会更加便捷有利，在创业的组织形式上倾向于单干，合伙的较少，小农经济的单打独斗式创业占据主导。

第三节　超越“隧道风险”的创业知识学习

目前，作为提升返乡农民工创业能力的创业教育“锐”支持，已经和化解返乡创业痛点的扶持政策“硬”支持、疏通返乡创业堵点的优化服务“软”支持一起，塑造出“三位一体”的国家层面工作格局。但是，已有研究更多关注了后两者，对创业教育重视程度不够。

一、创业知识学习的两条路径

自主学习和创业教育是创业知识习得的两条路径。

第一是自主学习。自主学习又可以称为“干中学”(Learning by Doing)，就是在实践中学。通过“干中学”与“学中干”，人力资本水平会相应提高。农民工大多在13～17岁离开学校的正式教育，转而走向社会，自主学习成为其获取创业知识的主要路径。

自主学习有三种表现形式：一是先前工作经验的积累，即在创业开始前进行的创业学习，形成了先前经验或先验知识。先前经验是农民工在先前经历中获得各种知识、技能以及感性或理性观念的综合。先前经验的内涵十分丰富，包括专业知识和经验、管理经验、行业经验、市场经验等。从迁移理论视角出发，农民工在先前经历中学习到的知识和技能可能迁移到未来的创业情境中，从而生成和促进创业活动的开展。二是创业过程中的经验和知识积累，即在创业开始的时候进行的创业学习，常被称为“干中学”。返乡农民工往往是在新创企业开办后，才逐渐对存货、利润、市场、成长和规模等创业概念有了更深入的理解。随着对创业行业的不断熟悉，返乡农民工应对市场的能力、解决问题的能力、战略决策的能力得以提升，从而对企业绩效产生重要影响。三是创业失败后的经验学习。面对失败的挑战，一些返乡农民工将其视为增进知识和磨炼能力的机会，能够从失败分析中找到经营管理能力的不足、创业心态的不足、产业情境的掌握不足等内外部原因，从而提升个体的心理调适能力，修补过去创业知识的短板，使东山再起的事业避免再次落入失败困境。

第二是创业教育。创业教育在推动创业行为上扮演着举足轻重的角色，是返乡农民工学习创业知识的重要路径，是终身学习的主要表现形式。

目前，高等院校、职业院校依托学校的组织平台、健全的师资力量等，已经形成了多项重点工作领域。在创业教育课程、师资上，国家加快建设创业教育优质在线开放课程，建设专创融合特色示范课程，开展师资培训；在创业教育形式上，既有学校系统的创业教育课程，又有较为完善的创业实训实践基地和平台，还有国家层面连续举办的“互联网＋”大学生创新创业大赛，以及国家级大学生创新创业训练计划项目。然而，具体到返乡农民工创业教育领域，虽然从国家到地方都极为重视，但是在依托平台、师资力量、课程设置、方式方法等各方面都处在摸索阶段，还没有形成行之有效的操作模式。各地开展的短期创业教育培训虽然取得了一定成效，但是问题也非常突出。显然，创业教育这条返乡农民工创业知识学习的重要路径还有待进一步疏畅。如何有效发挥创业教育作为“撬动”返乡农民工持续创业的“支点性”关键作用，是理论界和实务界必须应对的当务之急和战略谋局。

二、推进创业教育的必要性

创业教育是补齐返乡农民工创业知识短板，避免创业陷入“隧道风险”的关键。具体来看，通过创业教育，能够有效推动或实现如下目标。

一是坚定人生目标和信念，丰富精神生活。一个对社会认知比较健全的人，他的眼界会比较开阔，会对社会各个阶层的生活状况有大致了解，明白自己该朝哪个方向努力。创业教育绝不是鼓吹返乡农民工创业，而是让其正确看待打工和创业的关系；创业教育的功能也绝不仅是知识传播，而是通过这样一种机制，把有理想有追求的返乡农民工聚合在一起，丰富其精神世界生活，避免其把闲暇时间消耗在麻将桌或赌桌上，避免其陷入传销、高额回报许诺的金融平台陷阱中，真正脚踏实地地干出一番事业。

二是形成健全的认知方式和思维方式。低学历、低文化知识水平往往会限制一个人的思考能力。进行创业教育的目的，不是单纯学习创业知识，而是让创业者学会思考，在日复一日的流水线作业和日常生活中保持清醒的自我意识和活力；创业教育不在于灌输知识，而在于培养农民工的学习能力，激发一个人的最大潜力和主观能动性，拥有自控力、适应性和选择权，避免受人忽悠、偏听偏信、盲目跟风或自以为是。

三是激发返乡农民工的创业潜能。缺乏创业的系统知识，容易造成对事物观察和认知的不全面，会使人秉持一些武断而顽固的观点，更糟糕的是，因为没有新知识，内心会对创业产生恐惧，从而拒绝变化。接受创业教育的过程实质是挖掘潜能的过程，通过建构系统的创业知识体系，能够加速形成农民工积极主动解决问题的能力，使农民工进一步学会批判性思考，能够客观辩证地认识和看待问题，自觉有效地搜索和获取创业知识和经验。

四是提高返乡农民工的创业警觉性和创业机会辨识能力。借助创业教育的知识启发，返乡农民工可以弥补自身经验和知识的不足，通过后天习得而掌握创业规律。

五是助力返乡农民工创业类型跃迁。农民工进城务工所从事的行业主要是家政服务、企业工厂流水线、小摊小贩等，在返乡创业时也往往根据之前经验将创业集中于商贸物流、居民服务等行业，创业类型主要为生存型创业。随着创业的持续，如何从低端复制的生存型创业向高质量高层次的发展型创业跃迁就成为棘手问题。所以，创业教育不同于创业扶持政策，仅解决返乡农民工初期面临的资金、技术、土地等创业资源稀缺问题是不够的，更要面向未来、面向可持续发展，着手解决返乡农民工的创业能力短板问题。

六是将返乡创业与反哺乡村、在地带动紧密结合起来，产生并输出社会价值。返乡农民工创业不仅具有个体经济意义，也具有化解乡村人才空心化、产业空心化，实现就业带动、减贫脱贫等多重社会意义，还具有提升乡村治理水平、改善乡村物理和精神面貌等重大的文化意义、国家基层治理意义。创业教育能够让返乡农民工充分意识到这些意义的存在，充分意识到返乡创业对自身经济实力、社会地位的拉升意义，在反哺乡村中实现个人价值。

第七章　返乡农民工创业教育政策供给、存在的问题及原因

党中央、国务院高度重视返乡农民工创业培训工作，早在2015年，《国务院办公厅关于支持农民工等人员返乡创业的意见》（国办发〔2015〕47号）就明确强调，要有针对性地确定培训项目，实施精准培训，提升返乡农民工创业能力。2016年，人力资源和社会保障部等五部门下发《关于实施农民工等人员返乡创业培训五年行动计划（2016～2020年）的通知》，指出创业培训以提升农民工等人员创业能力，促进其成功创业为根本目标。2020年年初，农业农村部办公厅、人力资源和社会保障部办公厅印发《扩大返乡留乡农民工就地就近就业规模实施方案》，提出打造专业化、规模化、制度化的创业培训。

第一节　改革开放以来农民工培训的阶段性变化

一些研究围绕时间维度，对农民工培训政策演化进行分析。例如，周小刚认为，农民工培训经历了自发式培训（1978～1984年）、以岗位为中心的就地转移培训（1985～1991年）、“道德教育＋职业技能式”培训（1992～1999年）、多层次培训（2000～2005年）、全面推进式培训（2006～

2010年)和内涵式培训(2011～2014年)六个基本阶段。[①] 一些研究围绕劳动力流动方向,把农民工培训分为三个阶段:县域内农村劳动力就地转移培训(1978～1990年)、跨地域流动的进城农民工培训(1991～2000年)、全面推进农民工培训(2001年以来)。[②] 在本书中,我们围绕生计模式嬗变来分析农民工培训的阶段性变化。

一、农民工职业技能培训

改革开放以来特别是加入世贸组织后,中国形成了“世界工厂”发展模式,数以亿计的农民涌入沿海发达地区和城市,开启了城市打工的生涯。这些农民往往并未经过职业或专业技能培训,在面向制造业、服务业、建筑业等领域就业时,普遍存在职业技能水平低的问题。为了适应“世界工厂”发展模式,从改革开放初期到进入新时代,实施农民工职业技能培训一直是党中央、国务院的重大战略部署,一直是农民工教育培训的主流。相关信息如表7-1所示。

表7-1　职业技能培训相关文件

	下发部门	文件名	主要内容
1988	国务院	《国家教委关于组织实施“燎原计划”的请示》	农村教育要逐渐把为农村转移劳动力提供必要的技术培训纳入工作任务之中
1994	国务院	《关于中国教育改革和发展纲要的实施意见》	各行业要建立从业人员在岗和转岗的培训制度,积极开展岗位培训
1997	共青团中央等	《关于实施社区“千校百万”外来务工青年培训计划的意见》	对35周岁以下,已经取得城市暂住证和流动就业证的外来务工青年开展实用性强的职业培训

① 周小刚.新生代农民工职业技能培训和创业教育模式研究[M].北京:经济科学出版社,2014:7.

② 张胜军.我国农民工培训政策的回顾与前瞻[J].职教论坛,2012(19):22-26.

续表

	下发部门	文件名	主要内容
1997	劳动部	《关于进一步做好组织民工有序流动工作意见》	面向农民工开展职业技能培训和职业道德教育，提高农民工素质和职业能力
2001	教育部	《关于中等职业学校面向农村进城务工人员开展职业教育与培训的通知》	强化了中等职业学校在提高进城务工人员职业技能方面的重要职责
2003	农业部等	《2003～2010年全国农民工培训规划》	开展引导性培训、职业技能培训和岗位培训，重点培训家政服务、餐饮、酒店、保健、建筑、制造等行业的职业技能
2004	农业部等	《关于组织实施农村劳动力转移培训阳光工程的通知》	政府通过提供培训补贴来激励农民参加职业技能培训，并将此称为“阳光工程”
2004	劳动和社会保障部	《关于实施星火职业技能远程培训的通知》	以远程培训为主要形式，对农村劳动力开展职业技能培训
2005	劳动和社会保障部	《关于进一步做好职业培训工作的意见》	实施农村劳动力技能就业计划，开展职业培训以实现转移就业
2006	国务院	《国务院关于解决农民工问题的若干意见》	对农民工职业技能培训和引导性培训、培训补贴、职业技能鉴定等作出规定
2007	国务院扶贫办	《关于在贫困地区实施“雨露计划”的意见》	通过职业技能培训，帮助青壮年贫困农民和贫困地区复原退伍士兵转移就业
2008	国务院	《国务院关于做好促进就业工作的通知》	给予职业培训补贴，对取得职业资格证书的，给予职业技能鉴定补贴

续表

	下发部门	文件名	主要内容
2008	教育部	《关于中等职业学校面向返乡农民工开展职业教育培训工作的紧急通知》	加强部门协调与合作，为返乡农民工接受职业教育培训提供支持和帮助
2009	人力资源和社会保障部等	《关于实施特别职业培训计划的通知》	对失去工作的返乡农民工开展实用技能培训
2010	国务院	《关于进一步做好农民工培训工作的指导意见》	对农民工培训项目规划、资金使用、培训质量、监督约束机制等作出新的规定
2011	人力资源和社会保障部等	《关于开展 2012 年春风行动的通知》	为各类有转移就业意愿的农村劳动者开展技能培训
2012	国务院	《关于批转促进就业规划(2011～2015 年)的通知》	统筹推动就业技能培训、岗位技能提升培训和创业培训，加快构建终身职业培训体系
2014	人力资源和社会保障部	《农民工职业技能提升计划——“春潮行动”实施方案》	大力开展就业技能培训、岗位技能提升培训、高技能人才培训和创业培训
2019	国务院	《关于印发职业技能提升行动方案(2019～2021 年)的通知》	持续实施农民工“春潮行动”，新生代农民工职业技能提升计划以及劳动预备培训、就业技能培训、职业技能提升培训等专项培训
2020	农业农村部等	《关于印发〈扩大返乡留乡农民工就地就近就业规模实施方案〉的通知》	实施返乡留乡职业技能提升行动，运用“互联网＋职业技能培训”模式，按照就业意向、区域特点和产业需求，开发一批特色专业和示范培训线上培训课程资源

续表

	下发部门	文件名	主要内容
2020	人力资源和社会保障部	《关于实施 2020 年职业技能提升攻坚行动的通知》	加大急需紧缺职业、先进制造业、战略性新兴产业、现代服务业以及人工智能、云计算、大数据等领域的各类职业技能培训

当前，政府各部门开展的农民工培训项目主要有：人力资源部门的“技能就业计划”培训项目、农业部门促进劳动力转移的“阳光工程”培训项目、科技部门“星火计划”职业技能远程培训项目。这些项目已经形成了品牌，有着较为明确的培训目标、培训对象、培训核心内容、培训时间、培训方式、培训激励政策、培训管理和实施方案等，推动了农民工培训规模的不断壮大。

经过改革开放以来的不断探索和完善，这些培训项目采取的培训模式主要有以下五种：一是委托模式，即政府委托各类职业学校、技工学校等进行常年培训，形成了制度化的培训机制；二是定点模式，即针对劳动力转移的方向，输出地和输入地两地政府部门联动，有针对性地进行职业技能培训；三是订单或联合模式，即政府、职业院校、技工学校等与企业联合培训，根据企业用工需求，实现培训和就业上岗一条龙；四是企业培训模式，即企业内部开展技能培训，或者将企业技能培训与减税降费或补贴连接起来；五是商业培训模式，即采取市场化的培训方式，政府给予适当补贴。

职业技能培训提升了农民工知识、技能以及表现出来的就业能力、岗位适应能力。通过不断提升自身的人力资本，农民工获得了更多的就业机会、职业选择权、工资收入和更高的经济地位，并且在此过程中加快了自身融入城市的步伐。

二、新型职业农民培训

“三农”问题是关系国计民生的根本性问题，一直是全党工作的“重中之重”。自 1982 年以来，“中央一号文件”成为中共中央、国务院重视农村问题的专有名词。随着新农村建设、乡村振兴战略等的相继实施，农村改变了过去民生凋敝、资源匮乏、基础设施落后、公共服务滞后等的负面形象，呈现出农业强、农村美、农民富的“历史性跨越”的景象。进城务工不再是农民的“唯一选项”或“首选项”，现代农业的从业者成为一种体面的、可以享受退休保障的“职业”。

相对于农民工这一具有“身份性”的词汇，新型职业农民更加强调农民从农的“职业”属性。新型职业农民作为实现乡村振兴、农业现代化发展的主体力量，对于应用新理念、新技术和新装备，发展新业态、新模式和新产业意义重大。为吸引更多的返乡农民工加入到新型职业农民队伍建设中来，实施有针对性的培训就成为关键举措。有关培训文件如表 7-2 所示。

表 7-2　新型职业农民培训文件

	下发部门	文件名	主要内容
2012	中共中央、国务院	《关于加快推进农业科技创新　持续增强农产品供给保障能力的若干意见》	大力培育新型职业农民，对未升学的农村高、初中毕业生免费提供农业技能培训
2012	农业部	《关于印发〈新型职业农民培育试点工作方案〉的通知》	引导和扶持新型职业农民发展，提高其综合素质、生产技能和经营能力，促进现代农业生产经营主体的快速形成
2014	农业部	《关于促进家庭农场发展的指导意见》	将家庭农场经营者纳入新型职业农民、农村实用人才、“阳光工程”等培育计划
2015	农业部	《现代青年农场主培养计划》	通过培训指导、创业孵化、认定管理、政策扶持和跟踪服务等系统培育，打造一支技能水平高、带动作用大的青年农场主队伍

续表

	下发部门	文件名	主要内容
2016	农业部	《关于新型职业农民培育试点工作的指导意见》	针对重点对象开展系统教育培训，结合认定和扶持，加快培养一批从事现代农业生产经营的新型职业农民
2016	国务院	《关于印发全国农业现代化规划（2016～2020年）的通知》	将新型职业农民培育纳入国家教育培训发展规划，鼓励农民采取“半农半读”等方式就近就地接受职业教育
2017	农业部	《关于印发〈“十三五”全国新型职业农民培育发展规划〉的通知》	选准对象、分类施策；创新机制、多措并举；规范认定、科学管理；跟踪服务、定向扶持；巩固基础，改善条件
2017	农业部	《全国新型职业农民培育工作绩效考核指标体系（试行）》	对培训教师、培训班组织和培训效果实行线上考核，考核结果将与任务资金安排、评优奖励挂钩
2018	农业部	《关于做好2018年新型职业农民培育工作的通知》	精准遴选培育对象；科学确定培育机构；创新形式推进分层分类培训；强化信息化手段应用；做好队伍管理与延伸服务
2018	农业部	《全国新型职业农民培育示范基地管理办法》	开展实际操作训练，实施现场教学，模拟承包经营、跟踪服务、政策咨询的实训基地，农民田间学校，创业孵化基地和综合类基地等
2020	农业农村部	《新型农业经营主体和服务主体高质量发展规划（2020～2022年）》	解决农业现代化过程中“谁来种地”的问题，依托“新型职业农民培育申报系统”“云上智农”等App（手机软件）实施精准培育

习近平总书记强调，要就地培育更多爱农业、懂技术、善经营的新型职业农民。目前，农业农村部针对生产经营型、专业技能型和社会服务型职业农民进行分类培训。在培训主体上突出农业科研院所、涉农院校、农技推广机构、农业企业、农民合作社或市场等，使其成为新型职业农民教育培训、实习实训和创业孵化的服务平台。

三、返乡农民工创业教育培训

近几年来，随着全球政治经济环境的变化，逆全球化趋势加剧，中美贸易摩擦骤起、纠纷不断，传统的“世界工厂”发展模式明显弱化，大量低技能、高年龄的第一代农民工逐渐失去就业岗位。同时，改革开放后的城镇化建设热潮中，吸纳大量农民工的基建领域、房地产领域在历经 40 多年的高速发展后，尤其是历经多次房地产政策调控后，逐渐进入平衡阶段，农民工吸纳力下降。更重要的，随着中国经济结构的调整，扩大内需成为中国构建新发展格局的战略基点，广大农村成为颇具潜力的消费市场、绿色有机食品生产基地、延展产业链和供应链的重要节点。在上述背景下，尽管进城务工仍是主流，但是越来越多的农民工从情感、理性和梦想出发，努力让乡村成为返乡创业的重要场域，成为实现“老板梦”的舞台和空间。有关培训文件如表 7-3 所示。

表 7-3　返乡农民工创业培训文件

	下发部门	文件名	主要内容
2003	国务院	《国务院办公厅关于加快推进再就业工作的通知》	要大力开展创业培训，结合项目开发、开业指导、小额贷款、税费减免、跟踪扶持，以创业促就业
2006	国务院	《国务院关于解决农民工问题的若干意见》	要引导和组织农民工自觉接受就业和创业培训，接受职业技术教育，提高科学技术文化水平，提高就业、创业能力

续表

	下发部门	文件名	主要内容
2008	国务院	《关于做好促进就业工作的通知》	加强创业意识教育，转变就业观念，营造鼓励自主创业的社会环境，使更多的劳动者成为创业者
2008	国务院	《国务院办公厅关于切实做好当前农民工工作的通知》	围绕回乡创业组织开展创业培训，提高农民工的自主创业能力
2010	国务院	《关于加强职业培训促进就业的意见》	依托有资质的教育培训机构，针对创业者特点和创业不同阶段的需求，开展多种形式的创业培训
2015	国务院	《国务院办公厅关于发展众创空间 推进大众创新创业的指导意见》	建立健全创业辅导制度，鼓励企业家、天使投资人和专家学者担任创业导师或组成辅导团队，支持社会力量举办创业沙龙、创业大讲堂、创业训练营等创业培训活动
2015	国务院	《关于进一步做好新形势下就业创业工作的意见》	利用各类创业培训资源，开发针对不同创业群体、创业活动不同阶段特点的创业培训项目，把创新创业课程纳入国民教育体系
2015	国务院	《国务院办公厅关于支持农民工等人员返乡创业的意见》	编制实施专项培训计划，开发有针对性的培训项目，加强创业师资队伍建设，采取培训机构面授、远程网络互动等方式有效开展创业培训，提高培训的可获得性，给予创业培训补贴
2016	国务院	《国务院办公厅关于支持返乡下乡人员创业促进农村一二三产业融合发展的意见》	实施农民工返乡创业培训五年行动计划、农村青年创业致富“领头雁”计划、贫困村创业致富带头人培训工程、农村妇女创业创新培训，让有创业和培训意愿的返乡人员接受培训

续表

	下发部门	文件名	主要内容
2019	人力资源和社会保障部等	《关于进一步推动返乡入乡创业工作的意见》	提升培训质量，落实培训补贴，将有培训需求的返乡入乡创业人员全部纳入创业培训范围
2020	发展改革委	《关于推动返乡入乡创业高质量发展的意见》	持续实施返乡入乡创业培训行动计划，对具有发展潜力和带头示范作用的返乡入乡创业人员，依托普通高校、职业院校（含技工院校）、优质培训机构、公共职业技能培训平台等开展创业能力提升培训，对培训给予补贴
2020	国务院	《国务院办公厅关于提升大众创业万众创新示范基地带动作用 进一步促改革稳就业强动能的实施意见》	重点围绕托育、养老、家政、乡村旅游等领域，组织有条件的企业、区域示范基地与互联网平台企业联合开展创业培训

从上述文件可以看出，自 2003 年以来，国务院就开始重视返乡农民工的创业教育培训。及至 2015 年，国务院首次明确提出将创业课程纳入国民教育体系，从而开启了返乡农民工创业教育作为终身教育的新范式。与农民工职业技能培训、新型职业农民培训相比，返乡创业培训还是一个探索中的新事物，还需要不断加以完善。

第二节　返乡农民工创业教育实践中的问题

当前，全国范围内的返乡农民工创业教育在某种程度上取得了一定成绩，各地也涌现出一些典型做法并积累了一定经验，但是也面临或暴露出一些亟待解决的问题。

一、创业教育的社会认知偏差

从为什么要培训的角度看，存在创业教育的社会认知偏差。职业技能培训可以依据农民工从事的职业分类进行细化，比如围绕家政服务、餐饮、酒店、保健、建筑、制造等行业的从业技能开展技能和岗位培训。新型职业农民培训可以依据生产经营型、专业技能型和社会服务型农民的职业化技能要求来展开培训。但是对于创业教育而言，不仅要解决返乡农民工创业意愿的问题，还要解决创业过程中的问题，既是一种技术或能力的培训，又是一种艺术化的培训。从这个意义出发，有的学者认为“创业是实践，不能教”，这种观点将创业过程视为复杂混沌的“黑箱”，认为创业是环境逼迫下的偶发行为，其成功与否纯粹是机缘巧合，根本无法通过创业教育来清晰诠释。有的认为“创业教育是解决就业问题的权宜之计”，创业教育是在金融危机、失业潮等现实环境下的应对策略，实施创业教育的动机是为了提升自主创业率，从而降低失业率。有的认为“创业教育助长创业跟风”，一些学者担心在创业教育的诱导下，大量具有天然脆弱性的农民工可能会盲目卷入有着诸多风险点的创业热潮，是一种“飞蛾扑火”。还有的认为“创业是大学生、商业精英或城里人的事”，农村缺乏创业的环境和条件，农民工创业容易陷入既无法在城里安身又难以在农村立命的境地。当对创业教育的功能、效果和目标等方面的认知不清甚至存在认知冲突时，人们就容易怀疑创业教育的出发点，导致创业教育应有的价值大打折扣。

二、创业教育面临对象寻找难

从谁来接受教育的角度看，创业教育面临对象寻找难问题。职业技能培训、新型职业农民培训因相关主管部门明确，统计数据较为完整，所以在对象寻找方面相对容易。但是对返乡农民工进行创业教育则较为困难。

首先，返乡农民工创业教育的主动参与意识较低。大多数返乡农民工在13～17岁辍学进城打工，学校教育的缺失导致与创业相关的重要元素流失，比如视野狭窄、缺乏远见和开拓性等。过去从事餐饮、物流等技术含量不高行业的返乡农民工，从一个个技能要求比较单一的行业转向技能要求相对多元的创业领域，短期内觉得不知道该学什么、学了有什么用，从而不愿意付出时间、精力和物质成本。

其次，具有高度流动性预期的返乡农民工对创业教育项目缺乏必要兴趣。改革开放以来，农民工进城务工是主流，返乡创业是“非主流”，甚至容易被贴上“融城失败者”的标签，从而对离乡进城、城乡往返的打工生存模式产生了严重路径依赖。在农民工看来，返乡创业是在打工无法维继时的一种随机性、过渡性选择，所从事的创业以生存型为主，一旦外部环境趋好或创业面临风险，那么秉持损失最小化的原则，创业的“小船”将随时“调头”，从而再次进城打工，以获取相对稳定的收入。因此，一些返乡农民工虽然创业，但是并未思考如何做大做强，对耗费时间多、见效慢的创业教育不感兴趣。

最后，命令式、签到式的强制参与导致创业教育“上热下冷”。由于找不到或很少有人参与，组织机构在数量考核压力下，往往强制村主任、村会计、妇女主任等参加，使得创业教育异化为“走过场”。在授课过程中，学员手机来电的巨大音量、毫不回避的接打电话、彼此间窃窃私语，甚或抽烟、吵架等不良现象时有发生，大多是因为其不具有强烈的学习意愿而难以专注于课堂教学。

三、创业教育内容实用性不足

从具体教育什么的角度看，创业教育内容实用性不足。围绕农民工岗位或从事行业的职业技能培训、新型职业农民培训的内容相对具体，但返乡农民工创业教育往往缺乏即学即用性，需要结合实践予以消化吸收。常见的问题主要有以下几个方面。

首先，脱离返乡农民工的生活背景、知识背景，抽离应用场景，创业教育成了“空对空”。创业教育内容不考虑农民工的年龄、性别、技能、文化程度和创业兴趣，缺乏针对性、适应性。例如，相较于男性创业，女性创业的决策过程会更加复杂，应该考虑适合女性的创业产业或类型。另外，不同年龄阶段的返乡农民工对创业的认识和准备不同，当前多数创业教育以新生代农民工为主，忽略了针对中老年人的创业产业或类型培训。一些创业教育过于“理论化、抽象化”，“草根”创业者往往“听不懂、学不会、用不上”，严重打击了学习的积极性。

其次，无法为返乡农民工准确定位创业的产业切入点。农村一二三产业融合发展是返乡农民工面临的“风口”和必须识别的趋势。然而，现有的创业教育内容往往偏向技术、技能培训，延续了职业技能培训的思路，虽然有助于已经创业的返乡农民工，但却无法塑造有返乡创业意愿农民工所需的大局观、趋势观和事业观。例如，厨师培训原来是为了农民上岗就业，但创业教育试图将培训厨师作为创业的条件，鲜少提及当前餐馆、连锁饭店或小吃摊创业的产业环境和风口导向。有的创业课程异化为培训者的自我宣传、业务推介或谋利手段，对乡村振兴背景下农村产业再造机理缺乏深刻认识和阐释，难以为返乡农民工创业“第一里路”提供信念、智慧、启发与行进方向，也难以为返乡农民工适应现代产业体系、完善利益联结机制、创新商业模式、拓展创业发展空间等提供必要的理论支持。这是创业教育“无用论”产生的最主要原因。创业教育只给了返乡农民工创业的一个大概轮廓或者局部技术，但返乡农民工希望政府或相关机构的创业教育是一幅创业“地图”，成为其创业的“指南针”。

最后，在返乡农民工创业教育具体该教什么、怎么教等问题上，理论界和实务界均缺乏统一意见或标准化操作，致使大量的创业教育在目标和内容上虚化、随意性大，虽然美其名曰“嵌入式知识模块”，但却难以有效地为返乡农民工建构创业知识体系。这些创业教育内容“放之四海而皆准”，没有指向返乡农民工，也没有围绕返乡农民工的“主体诉求”——用创业教育需求来优化创业教育内容。甚至一些不做调查的组织方或培训师用“虚假”的需求来遮蔽“真实”的需求，在此过程中，返乡农民工被逐渐边缘化，甚或被剥夺了话语权，组织方或培训师成为主角，返乡农民工则成为创业教育实施中的“他者”。

四、创业教育供给机制不健全

从如何提供的角度看，创业教育供给机制不健全。主要表现为以下几个方面。

首先，政府部门间的合力供给机制不健全。政府部门是创业教育的

"组织化"行动者，但是又往往围绕自身职能开展创业教育培训，资源供给呈现出"碎片化"状态，难以形成合力。在《国务院办公厅关于印发进一步做好新形势下就业创业工作重点任务分工方案的通知》中，与返乡农民工创业有关的任务——"支持农民工返乡创业，发展新型农业经营主体，落实定向减税和普遍性降费政策；依托存量资源整合创建一批农民工返乡创业园；依托基层就业和社会保障服务设施等公共平台，提供创业指导和服务；支持农民网上创业"，以及"加强农民工输出输入地劳务对接，加强对转移就业农民工的跟踪服务"——分别由人力资源和社会保障部、农业农村部、发展改革委、财政部、住房和城乡建设部、商务部、人民银行、税务总局、共青团中央、全国妇联、全国总工会和省级人民政府来承担。可见，返乡农民工创业教育资源分散于众多部门。政府部门提供的创业教育"大餐"虽然极为丰盛和诱人，但返乡农民工却不易窥见资源全貌。在"餐"找人的过程中，极大的可能是有的返乡农民工被"多餐"，而有的却处于"饥饿"状态，造成资源配置的错位、缺位，没有起到应有的积极作用。

其次，政府与社会间的协力供给机制不健全。在长期探索中，职业技能培训、新型职业农民培训已经形成了较为稳定的培训模式，形成了较为完善的协力供给体系。社会组织、公益志愿组织、企业等是创业教育供给的多元主体，但是，这些社会性创业教育机构大多处于资源"蛰伏"状态。这些主体原先专注于职业技能、岗位技能、农业技术等方面的培训，在创业教育上虽有潜力但无法瞬时转化。另外，政府部门缺乏与这些主体的有机协同，这些主体囿于信息不对称、资金投入不足、创业教育的外部性等问题，对创业教育的参与积极性并不高。

最后，制度化的长效供给机制不健全。创业教育在实施空间和实施时间上缺乏整体性、系统性考量。实践中，创业教育在师资、机构、人员、场地等方面存在临时拼凑、短期化、间断性、运动式等突出问题。何时、何地、何人、如何开展创业教育往往凭借主管或主办机构的一纸通知，主要以完成部门年度考核任务为导向，创业教育服务的整体性功能不强，无法形成长期参与预期。另外，职业技能培训、新型职业农民培训已有相对制度化的培训机制，可以实现培训师的多次参与、授课内容的重复使用。但是，创业教育所要"教"的却不是一种单一的技能，在内容上涵盖了多个学科，具有较强的艺术性，想要教好需要花费大量时间和精力去制作课程。但是，由于缺乏制度化的供给机制和供给平台，培训师、培训课面临"用后即丢""一次性消耗"的问题，由此出现同一个 PPT"到处讲"的问题。

五、创业教育追踪服务性不够

从实施全过程来看，创业教育的追踪服务性不够，主要表现为：创业教育的课堂效果评估不够、创业教育的实践成果转化率不足、创业教育的后期帮扶不到位等问题。

首先，重课堂组织轻课堂评估问题突出。不可否认的是，相关部门对创业教育课堂的组织非常重视，红色横幅、开班仪式、领导讲话、现场拍照、新闻报道等是常规流程。不过，重视课堂组织形式的背后，往往忽视了课堂效果的评估。一方面，对授课教师缺乏评估，该教师是否符合课程定位并达到相关要求并没有确切的指标；另一方面，对听课的返乡农民工缺乏评估，学员是否在听课后掌握了相关知识要点还没有科学评价指标。课堂的宣传效果和实际效果之间并不完全一致，无法更深入地改进课堂教学效果。

其次，重培训人数轻实践转化的问题突出。大多数的创业教育课程以课堂教学为主，分期分批次进行，每一个批次都是不同的学员。这种创业教育注重开办的期次、场次、培训的人数、学员的多样性等指标，但却无法进一步助力创业实践转化率和创业质量提升率。因为，学员学习属于"流水线模式"，课程结束即结业。相关部门难以对上一次创业教育的成果转化情况进行科学评估。这种以培训规模为导向的创业教育，看似成果丰硕，但对大多数返乡农民工而言无异于"蜻蜓点水"，创业教育在多大程度上激发了创业意愿、生发了创业行为、带来了创业类型跃迁、实现了创业质量升级等关键问题仍模糊不清。

最后，重讲课轻帮扶的问题突出。返乡农民工与在校学生不同，面临生存或养家的巨大压力，课堂所获得的知识实质上很难直接解决他们面临的问题。通过创业教育的实施发现创业的"种子选手"和"潜力股"理应是创业教育的深层次意义所在。但是，当前的创业教育往往以"教育"为主，核心的路径依然是学校教育的"套路"，即试图用教师自己的知识去

“武装”返乡农民工的头脑。政府机构、创业教育教师、返乡农民工等多元主体之间的网络结构仍旧十分松散，缺乏“一对一”的后续帮扶跟进。诸多返乡农民工既不知道政府组织方的联系方式（只统计参加培训的返乡农民工的联系方式），也记不住培训教师的名字（一些培训教师害怕被“叨扰”而不留联系方式），对创业过程中遇到的问题无法“即时”链接到有信息或能力的化解者，造成培训效果的“失效”。

第三节　返乡农民工创业教育存在问题的原因

当前创业培训工作存在的各种突出问题，究其原因，主要有以下三个方面。

一、直接原因

对创业培训的规律认识不深是制约创业培训实效的直接原因。认识是行动的先导，认识不到位则行动效果欠佳。当前，对为什么要进行创业培训、创业培训应该培训什么、如何进行创业培训等关键问题尚未彻底厘清；对创业培训与职业培训、技能培训、就业培训、创业教育等不同概念之间的内在联系和区别还有待进一步深化；对社会上存在的一些创业培训理解偏差、认识误区等还需要及时地予以澄清和纠偏。

二、主要原因

对培训需求掌握不充分是创业培训难以对症下药的主要原因。农民工群体具有特殊性，不考虑其创业培训实际需求的工作方法注定效果不彰。返乡农民工作为一个群体，对创业知识和创业培训有着强烈渴望和迫切愿望，但具体到单独个体则不尽然。现有创业培训在返乡农民工分层、分化问题上把握不深；对培训收益宣传得多，对返乡农民工参加培训可能产生的成本及负担考虑得少；对创业扶持政策讲得多，对创业风险讲得少，针对不同创业类型的创业前阶段、创业阶段、创业成长阶段的过程性知识讲得更少。

三、根本原因

创业培训工作的落实机制不健全是导致工作被动的根本原因。机制创新是确保创业培训工作高效落实的法宝。当前，创业培训工作缺乏系统思维、整合意识、协同机制和路径规划，存在多头管理、各自为战的问题，导致一些部门争夺资源、推诿责任。一些地方在落实工作上看似“轰轰烈烈”，但实际却是“应付性”居多、挑简单“选择性”为主。

第八章　返乡农民工创业教育教学效果影响因素研究

当前，针对返乡农民工的创业教育已经形成了“市级—县级—乡镇级”的分层教育体系，呈现出服务类、技术类、岗位类等专项创业教育与企业管理、企业经营和企业创新等综合性创业教育相协同的多领域、多层次创业教育格局。针对返乡农民工的创业教育成为深入推进新时代成人教育范式转型升级、构建成人课堂教育新生态的关键举措，也被给予厚望，如何取得良好的教学效果是政府、返乡农民工等各方最为关心的重大问题。

在已有研究中，一些学者指出了在返乡农民工创业教育过程中教学效果存在的问题，但是却没有进一步厘清教学效果的影响因素。因此，本部分基于对S省R市274份问卷调查数据，运用结构方程模型进行实证分析，试图找到学员课堂因素、教师自身因素和客观因素之间的关系，从而有针对性地改进创业教育教学效果。

第一节　研究基础及假设

一、研究基础

以“教学效果”为题名，限定北大核心期刊、CSSCI核心期刊数据库，在CNKI文献库中共检索出1060篇文章。这些文献探讨了从小学到大学、从线下到线上、从职业院校到本科院校、从具体课程到某种教学模式的教学效果，但是鲜见以返乡农民工为对象，探讨返乡农民工创业教育教学效果问题。

进一步缩小文献查询范围，以“创业教育效果”为题名，在所有数据库中进行检索，共有 40 篇文章。在评价指标方面，沈超红等认为，当前用“大学毕业生创业比率”这一指标来评价创业教育的效果是错误的，因为创业教育具有“时滞效应”[①]。李明章对大学生进行的问卷调查结果反映，创业意向和创业胜任力可以有效衡量大学生创业教育效果。[②] 李旭辉等人从系统观点出发，从创业教育环境、创业教育投入、创业教育产出三方面构建了效果评价指标体系，并通过非线性加权法对指标赋权。[③] 肖娥芳以某高校为例，对创业教育效果进行测度，分别在教育前、教育中、教育后三个环节设计测量指标，以层次分析法进行综合指标评价。[④] 文学舟等人则以某大学工商管理专业为例，运用结构方程模型实证分析了教师教学水平、学生学习行为、教学环境等对教学效果的影响。[⑤]

上述研究虽然形成了良好的文献基础，但是由于研究多以高职院校、本科院校的创业教育为对象，所以未能明确反映返乡农民工创业教育效果影响因素。已有研究较多探讨了教师层面的因素，对学员因素和客观因素虽有涉及但研究的深度不够，也缺少将教师因素、学员因素和客观因素整合起来以阐明各因素内在关系的实证性研究。因此，本部分基于已有研究基础，运用结构方程模型，系统考察教师因素、学员因素和客观因素与教学效果的关系，进一步深化现有研究，完善理论分析框架并为教师创业教育实践提供有益参考。

---

① 沈超红，谭平.国外创业教育效果评价的有效性分析[J].创新与创业教育，2010(2)：3-7.

② 李明章，代吉林.我国大学创业教育效果评价——基于创业意向及创业胜任力的实证研究[J].国家教育行政学院学报，2011(5)：79-85.

③ 李旭辉，胡笑梅，汪鑫.高校创新创业教育效果评价体系研究——基于群组 G1 法的分析[J].教育发展研究，2016(21)：29-36.

④ 肖娥芳.地方高校创新创业教育效果测度分析——以湖北工程学院为例[J].科教导刊(下旬)，2020(3)：179-181.

⑤ 文学舟，梅强，关云素.高校本科专业教学效果影响因素实证研究[J].高校教育管理，2019(1)：104-112.

二、研究假设

李红等人注意到，教师在课堂中扮演何种角色、采用何种教学方法，往往依赖于他们对学生的观察和了解，只有以学生为中心，才能最大限度地发挥学生的主观能动性，使课堂教学效果最优。[①] 陈勤认为，学生的状态和课上表现会影响教师的教学内容、方法、态度。[②] 霍燕实证研究了学生与教师关怀之间的关系，证明学生学习投入度、学习兴趣显著影响教师关怀行为。[③] 基于上述讨论，提出如下假设：

H1：学员因素对教师因素产生显著影响。

丁钢认为，高校教师作为知识的传授者、课堂的主导者，扮演着重要角色。[④] 邱莉认为，高校教师的教学行为与态度、责任心、教学水平、教学情绪等直接影响教学效果。[⑤] 杜海霞认为，要想取得好的教学效果，首要的是教学内容和进程安排要合理，教学手段要根据上课内容和特点精心选择，教案编制和讲稿要内容充实、重难点突出。[⑥] 另一些研究则认为教师的口语表达很重要。刘淑春认为教师讲课语言和台词是否口语化，整堂课声音是否有力度，音调是否抑扬顿挫，情绪是否有感染力等影响教学效果。[⑦] 基于上述讨论，提出如下假设：

H2：教师因素对教学效果产生显著影响。

董志峰等人认为，教学的软硬件支持、教学资源的可获得性和使用的充分性等影响教学效果。[⑧] 于梦君等人认为，多媒体环境影响教学效果，教学媒体在教学过程中能够传递信息，实现信息共享，选择、运用合适的

---

① 李红，郝春东，张旭.教师教学效能感与学生自我效能感研究[J].教师教育研究，2000(3)：44-48.

② 陈勤，曾凡才，杜曦.青年教师课堂教学比赛成绩分析[J].时珍国医国药，2007(9)：2262-2263.

③ 霍燕.学生参与影响教师关怀行为的调查研究[D].华东师范大学，2018.

④ 丁钢.基于技术的教学：如何重新定位教师角色[J].现代远程教育研究，2017(3)：44-49.

⑤ 邱莉.教师课堂情绪对教学效果影响的实验研究[J].教育研究与实验，2014(1)：72-76.

⑥ 杜海霞.谈青年教师参加讲课比赛的基本准备工作和应注意的问题[J].教育教学论坛，2016(41)：32-34.

⑦ 刘淑春.论高校青年教师教学基本功比赛[J].中国林业教育，2011(5)：41-43.

⑧ 董志峰.普通本科院校教学质量管理：内部环境视角[J].高校教育管理，2013(1)：81-85.

教学媒体可以增强教学效果。① 王德才认为，教学过程中的物理环境，如教学场所、教学设施、座位编排及自然条件等，为教学活动提供了前提条件，对教学效果产生影响。② 基于上述讨论，提出如下假设：

H3：客观因素对教学效果产生显著影响。

黄庭培等人认为，课堂中学生的机械互动、浅层次互动、形式化互动、情感缺乏互动可能削弱教师作为互动引导者、组织者和实施者的角色，导致课堂教学效果和质量下降。③ 杨晓峰认为，学生评教机制能够促进教师全身心投入教学，不断改进教学方法，丰富教学内容，进而提高教学质量。④ 韩丽等人认为，利用视频监控系统的智能化技术进行多姿态人脸监测和面部表情识别，将及时获取学生的学习情绪变化，帮助教师准确地掌握学生状态，从而改进教学效果。⑤ 由于现有文献很少将教师因素作为中介变量，因此现有研究还不能言之有据地回答：教师因素是否是连接学员因素与教学效果之间关系的中介变量？但是我们知道，“教学相长”是一种良性循环，学员在课堂上的不同表现往往会影响到教师，进而增进或削弱教学效果。基于上述讨论，提出如下假设：

H4：教师因素在学员因素和教学效果之间的关系中起中介作用。

综上所述，本部分具体的理论框架如图 8-1 所示。

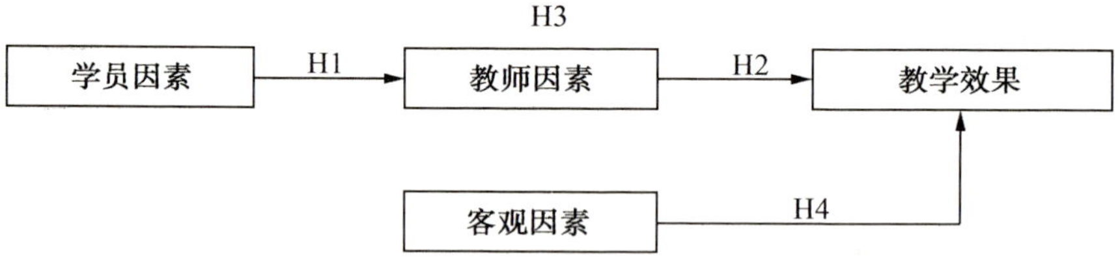

图 8-1　研究架构

① 于梦君，张熹.多媒体环境中课堂教学效果影响因素识别与分析[J].软件导刊，2019(12)：280-284.

② 王德才.教学环境与教学效果的关系探究[J].小学教学研究，2009(1)：56-57.

③ 黄庭培，郑秋梅，李世宝.教师和学生的课堂行为互动及优化策略[J].教育理论与实践，2016(32)：54-56.

④ 杨晓峰.“学生评教”机制对高校思政课教学质量的影响[J].北京教育(高教)，2020(6)：48-51.

⑤ 韩丽，李洋，周子佳，宋沛轩.课堂环境中基于面部表情的教学效果分析[J].现代远程教育研究，2017(4)：97-103.

第二节　研究设计

一、研究对象

本部分主要采用固定点拦截调查法、微信群网络调查法进行随机调查，调查时间为 2018 年 4 月 1 日至 2019 年 1 月 8 日，调查对象为参加 S 省 R 市 W 县、J 县、D 区举办的创业教育课程的返乡农民工。调查问卷期间，三地分别举办了为期 2 天、共 2 轮的“农村电商与返乡创业”课程培训。利用此时机，共发放问卷 300 份，剔除无效问卷后，共收回有效问卷 274 份，有效回收率为 91.3%。

二、研究工具

参考已有文献中的相关量表，将研究的问题设计成调查问卷（见附录 4）。此问卷分为五部分：“学员基本信息”“学员因素”“教师因素”“客观因素”“教学效果”，共计 23 个题项。其中第一部分作为背景变量，主要内容包括性别、年龄、创业年限和学历水平。后四部分均采用李克特(Likert)五级量表测量，用 1～5 表示“非常不同意”至“非常同意”，分数越高代表认可度越高。

三、问卷的信度和效度

信度检验一般采用 Cronbach's α 系数，α 系数在 0.8 以上表示信度非常理想，在 0.7～0.8 表示可以接受。由表 8-1 可知，教师因素量表和总量表在 0.8 以上，学生因素量表、客观因素量表和教师效果量表在 0.7 以上，结果表明此量表信度合格，内部一致性较好。效度检验一般看 KMO 和 Bartlett 值，由表 8-1 可知，所有分量表和总量表的 KMO 值均大于 0.7，且 Bartlett 球形检验结果的显著性水平都为 0，说明此量表的效度良好。综上所述，此调查问卷合格，可用于此次调查研究。

表 8-1　量表信度、效度检验

	观测变量	KMO/Bartlett	Cronbach's α 系数
学员因素	学员对授课知识了解程度(A_1)	KMO=0.759 Bartlett=265.755 (sig.=0.000)	0.754
	学员课上的积极配合程度(A_2)		
	学员对授课知识的思考能力(A_3)		
	学员对授课教师的喜爱程度(A_4)		
教师因素	授课选题贴近学员生活且比较熟悉(B_1)	KMO=0.890 Bartlett=722.088 (sig.=0.000)	0.851
	教案设计生动有趣、逻辑清晰、内容充实(B_2)		
	教学方式现代化、引起学员兴趣(B_3)		
	教师上课仪容仪态优雅得体(B_4)		
	教师参加培训动机强、态度端正(B_5)		
	教师授课经验丰富(B_6)		
	教师临场表现力(B_7)		
客观因素	组织方、周边熟人对教学重视程度(C_1)	KMO=0.706 Bartlett=262.486 (sig.=0.000)	0.739
	教学现场设备齐全、环境舒适(C_2)		
	教学组织和实施方案科学合理(C_3)		
	创造学员间互相帮助、交流的友好氛围(C_4)		
教学效果	创业课程加强了我的创业动机(D_1)	KMO=0.760 Bartlett=291.431 (sig.=0.000)	0.764
	透过学习积累了创业知识(D_2)		
	创业课程有助于我的创业规划(D_3)		
	创业课程有助于我的生涯规划(D_4)		

第三节　研究结果与分析

一、样本的基本特征

对量表的第一部分，即“学员基本信息”4 个变量进行统计，结果如表 8-2 所示。在“性别”方面，男女学员比例接近 4∶1，男性明显多于女性。在“年龄”方面，31～35 岁的青年学员人数最多，有 132 人，其次是 36～40 岁的学员，有 84 人。在“创业年限”方面，创业 1～3 年的学员最多，有 121 人；其次是尚未创业或处在规划当中的学员，有 96 人；4～6 年的学员有 47 人；6 年以上的创业者最少，有 10 人。在“学历水平”方面，人数最多的是小学及以下学历，有 107 人；其次是初中学历，有 95 人；大专及以上学历的人数最少，有 14 人。

表 8-2　样本的基本特征

	分类	数量	比例
性别	男	218	57.7%
	女	56	42.3%
年龄	30 岁以下	11	4.0%
	31～35 岁	132	48.2%
	36～40 岁	84	30.7%
	41～45 岁	47	17.1%
创业年限	0 年	96	35.0%
	1～3 年	121	44.2%
	4～6 年	47	17.1%
	6 年以上	10	3.7%
学历水平	小学及以下学历	107	39.1%
	初中学历	95	34.7%
	高中学历	58	21.1%
	大专及以上学历	14	5.1%

二、变量描述性统计分析

对问卷后四部分的19个变量进行描述性统计分析，结果如表8-3所示：每项得分均值为3.6～4，处于3～4之间，即处于“有点同意”和“同意”之间，说明大多数学员都同意教师因素、学员因素和客观因素对教学效果产生影响，且差距不大。

在“学员因素”中，学员对课程内容的掌握和对知识的思考能力决定了是否能积极配合教师，对教师的认可程度也影响着互动效果的好坏。在“教师因素”中，授课选题、教案设计、教学方式非常重要，它决定了整堂课的质量；教师的仪容仪态和语言专业程度也会影响评委的印象；教师的心态和经验会使教师临场反应不同，起着支持作用。在“客观因素”中，组织方、周边熟人的支持和重视程度影响教学效果；授课环境影响教师状态，授课方式和交流效果会对教师产生不同的教学影响。在“教学效果”方面，创业课程有助于形成创业规划是一项重要的指标，反映了学员是否能够从整体上把握创业；创业知识的积累也非常重要，意味着学习真正有所收获，对学员的创业生涯有一定帮助。

表8-3　变量描述性统计

	观测变量	均值	标准差
学员因素	学员对授课知识了解程度(A_1)	3.877	1.105
	学员课上的积极配合程度(A_2)	3.903	0.918
	学员对授课知识的思考能力(A_3)	3.813	1.023
	学员对授课教师的喜爱程度(A_4)	3.664	0.956
教师因素	授课选题贴近学员生活且比较熟悉(B_1)	3.925	0.929
	教案设计生动有趣、逻辑清晰、内容充实(B_2)	3.917	0.931

续表

	观测变量	均值	标准差
教师因素	教学方式现代化、引起学员兴趣(B_3)	3.827	1.022
	教师上课仪容仪态优雅得体(B_4)	3.773	0.907
	教师参加培训动机强、态度端正(B_5)	3.627	1.044
	教师授课经验丰富(B_6)	3.943	0.896
	教师临场表现力(B_7)	3.823	0.956
客观因素	组织方、周边熟人对教学重视程度(C_1)	3.733	1.134
	教学现场设备齐全、环境舒适(C_2)	3.947	0.938
	教学组织和实施方案科学合理(C_3)	3.842	0.923
	学员之间互相帮助、交流的友好氛围(C_4)	3.723	0.924
教学效果	创业课程加强了我的创业动机(D_1)	3.831	0.917
	透过学习积累了创业知识(D_2)	3.867	0.934
	创业课程有助于我的创业规划(D_3)	3.914	1.119
	创业课程有助于我的生涯规划(D_4)	3.647	0.905

三、结构方程模型分析

通过建立结构方程模型，分析学员因素、教师因素和客观因素对教学效果的影响参数，结果如图 8-2 所示（$*$ 为 $P<0.05$，$**$ 为 $P<0.01$）。

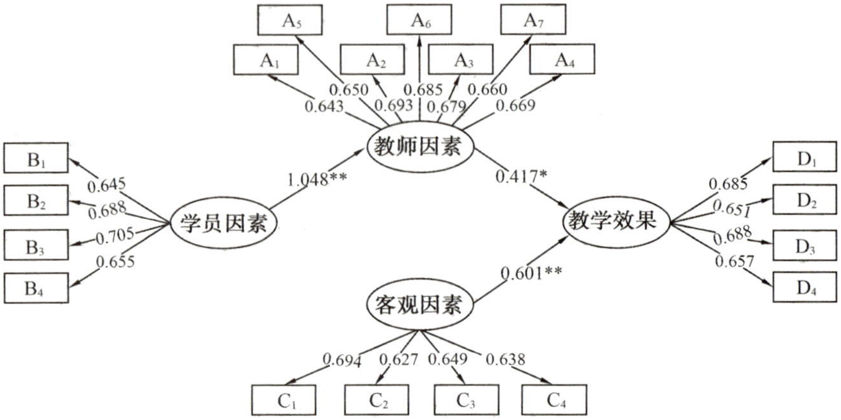

图 8-2　结构方程模型

学员因素对教师因素产生影响的标准化参数值为 1.048，呈现出 0.01（$Z=10.230$，$P<0.01$）水平的显著性，因此假设 H1 成立，即学员因素会对教师因素产生显著正向影响。教师因素对教学效果产生影响的标准化参数为 0.417，呈现出 0.05（$Z=2.014$，$P<0.05$）水平的显著性，因此假设 H2 成立，即教师因素对教学效果产生显著正向影响。客观因素对教学效果产生影响的标准化参数为 0.601，呈现出 0.01（$Z=2.851$，$P<0.01$）水平的显著性，因此假设 H3 成立，即客观因素对教学效果产生显著正向影响。模型各参数具体如表 8-4 所示。

表 8-4　模型参数表

x		y	标准化路径系数	Z	$S.E.$	P
学员因素	→	教师因素	1.048**	10.230	0.099	0.000
教师因素	→	教学效果	0.417*	2.014	0.216	0.044
客观因素	→	教学效果	0.601**	2.851	0.203	0.004

注：* 为 $P<0.05$，* * 为 $P<0.01$。

对于假设 H4 教师因素的中介效应检验，使用 Bootstrap 抽样检验法，抽样次数为 5000 次，检验原理是看 $a\times b$ 是否呈现出显著性，结果如表 8-5 所示。

表 8-5　效应分析过程汇总

效应	项	*Effect*	*S.E.*	*T*	*P*	*LLCI*	*ULCI*
直接效应	学员因素→教学效果(c’)	0.294**	0.059	4.972	0.000	0.178	0.410
间接效应	学员因素→教师因素(a)	0.812**	0.028	29.197	0.000	0.758	0.867
	教师因素→教学效果(b)	0.603**	0.063	9.625	0.000	0.758	0.867
总效应	学员因素→教学效果(c)	0.784**	0.034	22.780	0.000	0.717	0.852

注:*LLCI* 指估计值 95%区间下限,*ULCI* 指估计值 95%区间上限;* 为 $P<0.05$,** 为 $P<0.01$。

从总效应来看,学员因素对教学效果的总效应在 0.01 的水平上显著($T=22.780$,$P=0.000<0.01$);从直接效应来看,学员因素对教学效果在 0.01 的水平上显著($T=4.972$,$P=0.000<0.01$),说明学员因素对教学效果具有直接效应。效应分析过程汇总列出数学模型中的 a 和 b 值,即 a 表示自变量对中介变量的影响值,b 表示中介变量对因变量的影响值。间接效应分析结果如表 8-6 所示。

表 8-6　间接效应分析

项	*Effect*	Boot *S.E.*	Boot*LLCI*	Boot*ULCI*	*Z*	*P*
学员因素→教师因素→教学效果	0.490**	0.067	0.361	0.629	7.271	0.000

注:Boot*LLCI* 指 Bootstrap 抽样 95%区间下限,Boot*ULCI* 指 Bootstrap 抽样 95%区间上限;* 为 $P<0.05$,** 为 $P<0.01$。

表 8-6 中学员因素→教师因素→教学效果的回归系数值为 0.490,该值为 $a\times b=0.812\times0.603$ 的结果。结果显示:$a\times b$ 检验系数值 95%区间并不包括数字 0(95%*CI*:0.361~0.629),说明学员因素首先对教师因

素产生影响，然后通过教师因素再去影响教学效果，故假设 H4 成立，即教师因素在学员因素和教学效果之间起中介作用。

第四节　结论与建议

一是学员课堂表现会通过教师对教学效果产生显著影响。研究结果表明，学员课堂表现会影响教师的表现，进而影响教学效果。相关研究也曾注意到，学生的配合、支持、投入会影响课堂上教师的感受和表现，进而影响课堂教学效果。[①] 实证研究结果显示，不能一味地从学员满意度的角度来评价教学效果，也应该把学员表现纳入评价体系中。具体而言，若学员能够积极配合教师，课堂互动时给予教师正面反馈，则教师会据此不断优化教学安排和讲课节奏，拥有好的教学心态和现场自信。此外，如果学员对教师认可度高，喜爱教师的为人或上课方式，那么将会主动配合教师，在短期内形成师生配合。

在创业教育课堂讲授过程中，学员常见的问题有：上课不遵守纪律、手机铃声太大、频繁接打电话、不与教师互动等。考虑学员因素，提出如下建议：首先，学员应当重视课堂学习，端正课堂学习态度，遵守课堂秩序和纪律，做到不迟到、不早退，积极进行课堂自我管理，形成良好课堂氛围。其次，鼓励学员积极配合教师完成教学任务，评价课堂教学效果，反馈教师教学不足，指出希望教师改进之处，让教师深入反思如何以“学员为中心”开展课堂教学设计。最后，学员在创业学习中可以多做功课，熟悉教学 PPT 或讲义，促成“教学相长”良性循环。学员也可讲述自己的创业故事，为教师积累教学互动素材、提炼教学重点难点亮点、优化教学环节设计提供良好课堂氛围，实现创业教育场景化。

二是教师表现对教学效果产生显著影响。研究结果表明，教师表现直接影响教学效果。有研究指出，教师的讲课技巧、教学方法与手段对教

① 曹霞，姚利民，黄书真.论教师、学生、学校因素对高校课堂有效教学的影响[J].大学教育科学，2012(1)：25-31.

学效果有影响。[①] 本部分进一步证实：首先，教师教学内容和实施过程，如授课选题、课堂设计、教学方式和手段等决定课堂质量，是展现教师教学能力和水平的主体部分，对教学效果产生直接而重要的影响。其次，教师上课时的教态仪表、语言风格和肢体动作也很重要。教态是否优雅得体，语言是否清晰、流畅和生动，声音是否抑扬顿挫、有感染力等，都体现了教师的整体气质，是学员形成主观印象的依据。最后，教师授课动机强、态度端正、教学特色鲜明、培训经验丰富、能够应对紧张和突发情况等都会正面影响教学效果。

在创业教育课堂讲授过程中，教师常见的问题有：课程内容过于抽象、脱离返乡农民工创业实际；教学设计过于粗糙，无法提供新知识和新理念，不注重课堂互动，只顾自说自话；无法应对突发状况，导致课堂秩序混乱等。考虑教师因素，提出如下建议：首先，要优化教学内容和过程。最重要的是授课选题应该贴近学员生活，吸引学生兴趣和注意力；课堂设计要生动有趣、流畅完整，考虑学员学情和身心特点，设置合理而精彩的环节和问答形式；教学方式体现技术性，如使用多媒体、动画、音乐等，将抽象的内容具体化，提升课堂表现力、感染力。其次，要注重语言教态。教师上课应着装舒适、打扮素雅，语言要专业、简练、精准、突出重点、符合教师身份。最后，教师授课要端正态度、认真对待、积极准备、考虑周全；平时要多与社会接触，增强服务社会的能力和水平；要有意识地锻炼课堂心智，遇到突发事件临危不乱、有效解决问题。

三是客观因素对教学效果产生显著影响。已有研究认为，组织方的重视与支持是提高教师教学效果的保障。[②] 本部分亦证实：客观因素会影响教学效果。首先，组织方对创业教育教学活动越支持，就会越重视授课教师的挑选，从而避免出现“应付式”工作现象。其次，授课现场设备齐全、教学工具使用无故障、环境舒适等会让教师专注授课本身。最后，教学组织和实施方案科学、合理，形成充分的交流互动，避免“满堂灌”等，对

---

① 蔡先晖.对“新进教师说课比赛”问题的思考与对策[J].中国多媒体与网络教学学报(上旬刊),2020(5):71-72.

② 苏卫锋.反思、分享与提升——参加物理基础课程(实验)青年教师讲课比赛有感[J].物理实验,2020(3):23-26.

教学效果有影响。

在创业教育过程中,客观环境常见的问题有:地点选择随意、教学工具缺乏、教学组织和实施方案不合理导致学员怨言较多,组织方以行政命令的方式强制村主任和村会计等无关人员参与,致使课堂气氛沉闷等。考虑客观因素,提出如下建议:首先,组织方要精心准备,避免仓促组织、应付式组织,应体现组织和实施方案的科学性、合理性,做好相关配套服务,避免生成组织效率低下的负面印象。其次,要精心设置授课现场,确保多媒体正常使用、硬件设施完备和温度、灯光、空气流通等适宜,避免客观因素对教学效果的负面影响。最后,要避免行政命令式强制参与,真正找到有接受创业教育意愿的返乡农民工。

当然,本部分还存在一些不足需要改进。第一,受客观条件的限制,问卷仅在S省L市三地举办的创业培训班上发放,样本量相对较小,样本的代表性有待增强。未来可进一步增大样本数量,提高样本的代表性。第二,本部分相关概念的测量参考了其他研究中的量表,后续研究可丰富量表内容、提升量表质量,进一步夯实研究结论。第三,在不同层面上,影响教学效果的因素较多,本部分仅考察了关键变量,后续研究可以纳入更多情境因素,进一步完善现有理论模型,不断增强模型的解释力。第四,本部分只关注了课堂教学,没有讨论实训教学、参观教学、现场教学等方面,未来可进一步拓展研究范围,夯实研究结论。

第九章　返乡农民工“线下—线上”学习转换行为影响因素研究

在前文文献综述过程中，一些学者建议要构建基于网络学习的农民工创业教育平台，增强课程资源的可视化、交互性、动态化和人性化。他们认为基于网络的创业教育有助于返乡农民工有针对性地、及时地获取创业信息。

然而，这样的建议越普遍就越让人疑惑：在线下创业教育教学效果不彰的情况下，线上创业教育的引入对返乡农民工而言是一个好的对策吗？如果我们针对返乡农民工大规模开展在线创业教育，那么应该注意哪些问题呢？已有研究对这些疑问没有给予很好的回答。随着近年来大规模在线开放课程在世界范围内迅速兴起，尤其在当前在线学习常态化情形下，如何正确看待返乡农民工创业教育的在线化，是当前理论界和实务界亟待解决的重要议题。

事实上，在线学习作为一种教育新常态，正在重塑传统教与学的模式。[①] 过去诸多研究对线下课堂教学进行批判，认为课堂已衍变为独尊“工具技术理性”的知识权威场，所衍生的“控制性教学”遮蔽了教育价

---

① 刘述，单举芝.在线学习平台视频教学交互环境现状与未来发展[J].中国电化教育，2019(3)：104-109.

值。[①] 后续研究则进一步指出，在线学习的跨时空信息传播模式正带来一场场景革命，教室这项“重资产”在互联网时代变成了一种可携带、可移动的“轻资产”，未来的大学都将成为“实体校园＋在线教室”的混合式组织。[②] 近来的研究则侧重于实证分析在线学习效果影响因素，认为个人因素（自我效能感、社交能力、感知任务价值）和外部环境（教师支持服务、课程质量、技术平台质量的易用性）将影响学生在线学习满意度。[③]

上述研究对线下和在线学习的“光谱”两端给予了广泛关注，但是大多隔着一层互联网，对线下向在线学习的转换过程缺乏应有重视，对线下学习的相关因素如何影响返乡农民工“线下—在线”之间的转换意愿与转换行为更是缺少理论回应。实际上，当学习者选择在线学习时，并非是在线学习的接受行为，而是线下学习向在线学习的转换行为。已有研究更多的是将两者视为互补关系，但实际上两者具有一定替代性，这种转换需要权衡在线和线下学习的利弊，从而作出合适的选择。[④] 由于已有研究对这一转换过程的“黑箱”知之甚少，因此，本部分纳入线下学习关系惯性和满意度两个调节变量，运用结构方程模型探究返乡农民工“线下—在线”学习的转换意愿与转换行为影响因素，为协助实务界思考如何推动在线创业教育的发展提供理论依据。

---

① 王婷，徐继存，王爱菊.改革开放四十年我国课堂教学研究的回顾与反思[J].教育学报，2018(1)：27-34.

② 郭文革.再论在线学习的灵活性：教室将变成一种“轻”资产[J].中国远程教育，2017(1)：15-19.

③ Lin Y M, Lin G Y, Laffey J M. Building a Social and Motivational Framework for Understanding Satisfaction in On-line Learning[J]. Journal of Educational Computing Research, 2008(1):1-27.

④ Gal-ezer J, Lupo D. Integrating Internet Tools into Traditional CS Distance Education: Students' Attitudes[J]. Computers & Education, 2002, 38(4):319-329.

第一节　理论基础与研究假设

一、理论基础

本部分的理论基础为技术接受模型(Technology Acceptance Model，TAM)和计划行为理论(Theory of Planned Behavior，TPB)。TAM 模型提出对计算机广泛接受的两个决定性因素：感知有用性和感知易用性。后来，TAM 被广泛用于网上用户的态度，例如以网络银行、亚马逊或 ERP 系统的使用为研究对象，研究使用意愿和使用行为的影响因素。

TPB 是阿杰恩和菲什宾共同提出的理论，认为人的行为是经过深思熟虑的计划的结果。该理论有五个要素：态度、主观规范、知觉行为控制、行为意向和行为。阿杰恩认为，人的行为意向受三个因素的影响：一是个人态度；二是主观规范；三是知觉行为控制。2002 年，阿杰恩对过去行为对后继行为的余效影响进行了研究，认为余效影响确实存在，即某人对过去所尝试的行为或产品的经验，决定他是否继续该行为或使用该产品。①

二、研究假设

(一)转换意愿与转换行为的关系

TPB 理论认为，意愿是个人采取某项特定行为的主观概率判定，行为则是个人采取的实际行动，意愿被用来预测随后的行为。使用意愿是指在条件允许的情况下，用户预计自己在将来对在线学习的使用情况。②使用行为是指用户采纳一项特殊的信息技术用以完成任务的行为，即用户现阶段使用在线学习的行为。③ 结合以上讨论，本书认为，转换意愿是

---

① Ajzen I. Residual Effects of Past on Later Behavior: Habituation and Reasoned Action Perspectives[J]. Personality and Social Psychology Review, 2002(6):107-122.

② 赵英，杨阁，罗萱.大学生对 MOOC 接受与使用行为的调查研究[J].中国远程教育，2015(8):37-44.

③ Davis F D. Perceived Usefulness, Perceived Ease of Use, and User Acceptance of Information Technology[J]. MIS Quarterly, 1989(3):319-340.

学习者想要从线下转到在线学习的主观意愿，转换行为是学习者选择在线学习替代线下学习以完成学习任务的行为。TAM 主要应用于在线学习使用意愿与使用行为的研究①，这虽然与本书所探讨的转换意愿与转换行为在内涵上有差异，但 TPB 理论指出意愿和实际行为之间存在高度相关性。② 故有理由相信，当学习者从线下学习到在线学习的转换意愿越高时，越有可能转化为实际的行为。因此，提出以下假设：

H1：学习者线下到在线学习的转换意愿对转换行为有正向显著影响。

（二）感知有用性、感知易用性与转换意愿的关系

TAM 是针对使用者对新技术的接受与使用行为的一般化理论，近年来被广泛用于在线学习平台质量的研究。有专家指出，计算机自我效能感、兼容性、感知有用性、感知易用性对青少年在线学习意愿具有正向显著影响。③ 另一些实证研究表明，TAM 理论为研究使用者对网络科技产品的接受度提供了理论基础。④ 感知有用性是用户相信使用一个特定的系统可以提高他或她的工作表现的程度⑤，意即有用性可以帮助用户改进工作性能并提高工作效率。⑥ 感知易用性是用户认为使用信息技术不需要体力或脑力劳动的程度。⑦ 如果个体觉得某产品很容易使用，就

---

① Venkatesh V. Determinants of Perceived Ease of Use: Integrating Control, Intrinsic Motivation, and Emotion into the Technology Acceptance Model[J]. Information System Research, 2000, 11(4): 342-365.

② 钟丽霞，胡钦太，胡小勇等.在线课程资源动态生成与应用的影响因素研究[J].现代教育技术，2019(6)：83-89.

③ Tung F C, Chang S C. Exploring Adolescents' Intentions Regarding the Online Learning Courses in Taiwan[J]. Cyber Psychology & Behavior, 2007, 10(5): 729-730.

④ Barclay C, Donalds C, Osei-bryson K M. Investigating Critical Success Factors in Online Learning Environments in Higher Education Systems in the Caribbean[J]. Information Technology for Development, 2018, 24(3):582-611.

⑤ Davis F D. Perceived Usefulness, Perceived Ease of Use, and User Acceptance of Information Technology[J]. MIS Quarterly, 1989(3):319-340.

⑥ Venkatesh V. Determinants of Perceived Ease of Use: Integrating Control, Intrinsic Motivation, and Emotion into the Technology Acceptance Model[J]. Information System Research, 2000, 11(4): 342-365.

⑦ Davis F D. Perceived Usefulness, Perceived Ease of Use, and User Acceptance of Information Technology[J]. MIS Quarterly, 1989(3):319-340.

可能会高度评价它，并产生更多使用倾向。[①] 感知有用性、感知易用性对在线学习的使用意愿和行为具有显著正向影响，且感知有用性还受到感知易用性的影响。[②] 感知易用性与使用意愿显著相关，也会通过感知有用性间接影响使用意愿。[③] 因此，提出以下假设：

H2：感知有用性正向显著影响学习者线下到在线学习的转换意愿；

H3：感知易用性正向显著影响学习者线下到在线学习的转换意愿；

H4：感知易用性正向显著影响感知有用性。

（三）计算机自我效能感与感知易用性、转换意愿的关系

自我效能感是指个体对自己是否有能力完成某一行为的信念程度。[④] 社会认知理论认为，自我效能感影响人们在困难面前的态度和行为表现，在教育研究中具有重要地位。[⑤] 研究认为，计算机自我效能感是个人对自身计算机相关知识及技能掌握程度的认知，会影响学生使用在线学习的意愿，计算机自我效能感较低的学习者可能无法完全投入在线学习系统进行学习。[⑥] 也有研究指出，计算机自我效能感通过感知易用性间接决定学习者对在线学习的使用意愿。[⑦] 因此，提出以下假设：

H5：计算机自我效能感正向显著影响学习者线下到在线学习的转换意愿；

---

① Toft M D, Schuitema G, Thogersen J. Responsible Technology Acceptance: Model Development and Application to Consumer Acceptance of Smart Grid Technology[J]. Applied Energy, 2014,134: 392-400.

② Davis F D. Perceived Usefulness, Perceived Ease of Use, and User Acceptance of Information Technology[J]. MIS Quarterly, 1989(3):319-340.

③ Chang S C, Tung F C. An Empirical Investigation of Students' Behavioural Intentions to Use the Online Learning Course Websites[J]. British Journal of Educational Technology, 2008,39(1):71-83.

④ Chu T H, Chen Y Y. With Good We Become Good: Understanding E-learning Adoption by Theory of Planned Behavior and Group Influences[J]. Computers and Education, 2016,92-93: 37-52.

⑤ Lee W, Lee M J, BONG M. Testing Interest and Self-efficacy as Predictors of Academic Self-regulation and Achievement[J]. Contemporary Educational Psychology, 2014,39(2): 86-99.

⑥ Shi J, Chen Z, Tian M. Internet Self-efficacy, the Need for Cognition, and Sensation Seeking as Predictors of Problematic Use of the Internet[J]. Cyberpsychology, Behavior, and Social Networking, 2011,14(4):213-234.

⑦ Venkatesh V, Morris M G, Davis G B, et al. User Acceptance of Information Technology: Toward a Unified View[J]. MIS Quarterly, 2003,27(3): 425-478.

H6：计算机自我效能感正向显著影响感知易用性。

（四）感知风险与转换意愿的关系

感知风险是指顾客在购买商品或服务时感知到的风险或在商品使用过程中可能造成的潜在损失，是影响消费者决策的一个重要因素。① 有研究表明，感知风险会抑制用户对网络技术产品的使用意愿。② 作为互联网技术发展的产物，在线学习存在使用风险。用户使用在线学习时，不可避免地需要提供某些个人信息，从而面临个人信息未经允许被使用、被黑客窃取身份信息等隐私或安全风险。感知风险的存在，将会影响学习者从线下到在线学习的转换意愿。因此，提出以下假设：

H7：感知风险负向显著影响学习者从线下到在线学习的转换意愿。

（五）线下学习关系惯性和满意度的调节效应

习惯会导致人们延续某一行为，甚至会干扰对新行为的采用，当习惯很强时就会形成关系惯性。关系惯性是指顾客在某种条件下，宁愿存留在现有交易关系中，而不主动寻求其他渠道的心态。在这种心态模式下，顾客缺乏考虑替代品的动机。关系惯性越强，持续使用意愿对持续使用行为的预测能力就越弱。③ 当学习者对线下学习具有较高的关系惯性时，线下向在线学习的转换意愿对转换行为的影响可能就较低。因此，提出以下假设：

H8：线下学习关系惯性越强，则线下向在线学习的转换意愿对转换行为的影响越弱。

满意度是产品或服务体验的理想结果，是影响意愿与行为的主要因素。研究发现，顾客的总体满意度越高，则推荐倾向越高、转换意愿越

① Mitchell V. Consumer Perceived Risk: Conceptualizations and Models[J]. European Journal of Marketing, 1999, 33(1/2):163-195.

② 任荣，司文涛.移动支付系统构建特征与用户使用意愿的关系研究——基于用户移动支付经验的调节作用[J].东岳论丛，2018(11):181-190.

③ Limayem M, Hirt S G, Cheung C M K. How Habit Limits the Predictive Power of Intention: The Case of Information Systems Continuance[J]. Management Information Systems Quarterly, 2007,31(4):705 -737.

低。① 在线下转换到线上消费的过程中，线下不满意的顾客更能意识到转换的好处，比满意的顾客更有可能做出转换行为。② 在学习情境中，学习满意度不仅显示了学生享受学习的快乐程度，还评估学习结果的有效性。当学习者对线下学习的满意度越高时，即便在线学习变得日益重要与流行，学习者仍旧会有抗拒改变的心态③，从而弱化转换意愿对转换行为的影响。因此，提出以下假设：

H9：线下学习满意度越高，则线下向在线学习的转换意愿对转换行为的影响越弱。

通过梳理相关文献，本部分的理论框架如图 9-1 所示：

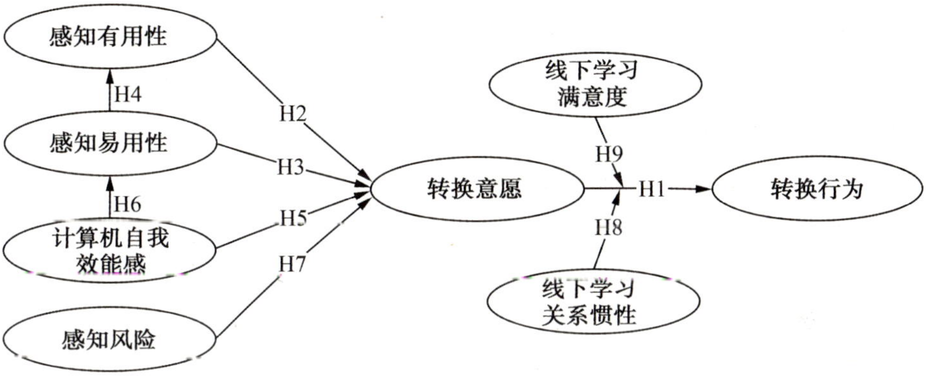

图 9-1 本部分的理论框架

① Bedi M. An Integrated Framework for Service Quality, Customer Satisfaction and Behavioral Responses in Indian Banking Industry: A Comparison of Public and Private Sector Banks [J]. Journal of Services Research, 2010,10(1):157-172.

② Jones M A, David L M B, Beatty S E. Switching Barriers and Repurchase Intentions in Service[J]. Journal of Retailing, 2000, 76(2): 259-274.

③ Allen M, Bourhis J, Burrell N, et al. Comparing Student Satisfaction with Distance Education to Traditional Classrooms in Higher Education: A Meta-analysis[J]. American Journal of Distance Education, 2002,16(2):83-97.

第二节　研究过程与结果

一、问卷设计

首先，本部分所有问卷题目依据相关量表设计，以确保其具有内容效度。然后，进行问卷的预调查，以了解问卷题目设计能否有效地衡量其所对应的潜变量，即是否具有信度和效度。最后，根据预调查结果对问卷题目进行修正，形成正式问卷。在预调查中，主要选用 Cronbach's α 系数大于 0.7 的潜变量和因子载荷量大于 0.5 的题目。预调查共回收 200 份问卷，各潜变量的 Cronbach's α 系数均大于 0.7，说明量表具有较高的信度；根据验证性因子分析，删掉因子载荷量小于 0.5 的题目，形成正式问卷（详细问卷见附录 5）。

正式问卷包括感知有用性、感知易用性、计算机自我效能感、感知风险、线下学习关系惯性、线下学习满意度、线下向在线学习转换意愿、线下向在线学习转换行为、个人基本信息 9 个部分。采用 Likert 五点量表法进行衡量，量表中的 1～5 分别代表“非常不同意”“不同意”“不确定”“同意”“非常同意”。

（一）感知有用性测量

本部分参照文卡泰什等人[①]的量表，设计了 5 个题目：在线学习很方便，可以更好地满足我的学习需求；在线学习可以提高我的学习效率；在线学习可以提高我的学习成绩；在线学习方式对我的学习很有用，可以为我提供完整的学习信息；在线学习可以帮我节约更多时间。

（二）感知易用性测量

本部分参照文卡泰什等人的量表，设计了 5 个题目，经过预调查剔除了因子载荷小于 0.5 的“我认为在线学习平台/网站等提供的信息很容易理解”题目，最终保留 4 个题目：我可以很快学会使用在线平台/网站等进

① Venkatesh V, Davis F D. A Model of the Antecedents of Perceived Ease of Use: Development and Test[J]. Decision Sciences, 1996, 27(3):451-481.

行在线学习；在线学习时，学习过程中的互动不需要耗费我太多的精力和时间；我认为在线学习平台/网站等很容易使用，可以用它进行学习或做其他事情；我认为在线学习平台/网站等的界面和布局清晰易懂、操作简单。

（三）计算机自我效能感测量

本部分主要参照约翰逊[①]和蒋苏超等[②]的量表，设计了4个题目：即使没有其他人的帮助我也能操作计算机的各项功能；即使经验不多，我也能了解计算机呈现的各种信息；若看过他人使用，我就懂得如何使用计算机；我相信我能熟练地使用计算机进行在线学习。

（四）感知风险测量

本部分参照阿尔达斯-曼扎诺等人[③]的量表，设计了5个题目，经过预调查剔除了因子载荷小于0.5的“我担心我的个人信息被盗，会对我产生影响”题目，最终保留4个题目：我认为在线学习平台/网站等没有对我的隐私给予足够关注，我的个人信息可能会被泄露；我认为在线学习平台/网站等可能会未经我同意将我的个人信息提供给其他人；在线学习平台/网站会在未经我同意的情况下发送电子邮件或短信广告等；我认为在线学习平台/网站等没有足够的机制来确保我的信息安全。

（五）线下学习关系惯性测量

本部分参照安德森等人[④]的量表，设计了4个题目：我已经习惯了通过线下课堂进行学习；我认为从线下课堂学习转到在线学习很麻烦；没有其他理由，我会继续线下课堂学习；目前，线下课堂的授课模式我

---

① Johnson R D. An Empirical Investigation of Sources of Application-specific Computer-self-efficacy and Mediators of the Efficacy-performance Relationship[J]. International Journal of Human-Computer Studies, 2005, 62(6):737-758.

② Chang S C, Tung F C. An Empirical Investigation of Students' Behavioural Intentions to Use the Online Learning Course Websites[J]. British Journal of Educational Technology, 2008, 39(1):71-83.

③ Aldas-manzano J, Ruiz-mafe C, Sanz-blas S, et al. Internet Banking Loyalty: Evaluating the Role of Trust, Satisfaction, Perceived Risk and Frequency of Use[J]. The Service Industries Journal, 2011, 31(7):1165-1190.

④ Anderson R E, Srinivasan S S. E-satisfaction and E-loyalty: A Contingency Framework[J]. Psychology and Marketing, 2003, 20(2): 123-138.

已经很习惯。

（六）线下学习满意度测量

本部分主要参照英格丽[①]和华金等[②]的量表，设计了 4 个题目：我认为继续采用线下课堂学习的决定是正确的；我觉得目前的线下课堂学习没有什么不好；根据过去采用线下课堂学习的所有经验，我感到非常满意；总体来说，我对线下课堂授课模式/学习方式感到很满意。

（七）线下向在线学习转换意愿测量

本部分主要参照戴维斯[③]和蒋苏超等[④]的量表，设计了4 个题目：我会推荐其他人从线下学习转到在线学习；我打算将多门课程从线下课堂转移到在线平台/网站等进行学习；如果我想要学习的课程有在线课程，我打算用在线学习取代线下学习；如果我能够使用在线学习，我打算从线下学习转换到在线学习。

（八）线下向在线学习转换行为测量

本部分参照戴维斯的量表，设计了 3 个题目：对于一些课程，我逐渐从线下学习转到在线学习；相比课堂学习，我不经常使用在线学习（反向题）；因为在线学习的存在，我已逐渐减少使用线下课堂进行学习。

（九）控制变量

本部分主要将性别、年龄、创业年限、所属行业、使用在线学习时间等基本信息作为控制变量。

二、数据收集与样本分布

本部分调查时间为 2017 年 5～7 月。S 省 R 市的创业大学于2017 年

① Ingrid F. An Index Method for Measurement of Customer Satisfaction[J]. The TQM Magazine, 2004, 16(1): 57-66.

② Joaquin A M, Carla R M, Silvia S B, et al. Internet Banking Loyalty: Evaluating the Role of Trust, Satisfaction, Perceived Risk and Frequency of Use[J]. The Service Industries Journal, 2011, 31(7): 1165-1190.

③ Davis F D. Perceived Usefulness, Perceived Ease of Use, and User Acceptance of Information Technology[J]. MIS Quarterly, 1989(3):319-340.

④ Chang S C, Tung F C. An Empirical Investigation of Students' Behavioural Intentions to Use the Online Learning Course Websites[J]. British Journal of Educational Technology, 2008,39(1):71-83.

5～7 月举办了 4 期创业培训班，共有约 600 名返乡农民工接受培训。通过与培训组织方协调，采取现场发放问卷的形式，共发放 400 份问卷，收回 386 份，根据反向题删除 32 份无效问卷，有效问卷共 354 份，有效回收率为 88.5%。其中，将性别、年龄、创业年限、所属行业、使用在线学习时间作为问卷的基本信息。在被调查对象中，男性占 59.24%，女性占 40.76%。年龄主要集中在 30～50 岁，占 91.53%。在创业年限分布上，小于 1 年的占 32.49%，1～3 年的占 31.36%，4～6 年的占 19.21%，6 年以上的占 16.95%。在所述行业分布上，商贸物流占 33.90%，种植养殖占 40.39%，居民服务占 18.08%，加工制造占 7.63%。参与调查的返乡创业农民工中，75.27%的人从未用过在线学习，17.63%的人使用不超过 1 年，5.79%的人使用 1～3 年，只有 1.31%的人使用在线学习超过 3 年。具体信息如表 9-1 所示。

表 9-1　样本基本信息

性别	比例（%）	年龄（岁）	比例（%）	创业年限（年）	比例（%）	所属行业	比例（%）	在线学习时长	比例（%）
男	59.24	<30	6.21	<1	32.49	商贸物流	33.90	从未使用	75.27
女	40.76	30～50	91.53	1～3	31.36	种植养殖	40.39	<1 年	17.63
		>50	2.26	4～6	19.21	居民服务	18.08	1～3 年	5.79
				>6	16.95	加工制造	7.63	>3 年	1.31

三、实证分析结果

（一）共同方法偏差

采用 Harman 单因子检验法对 8 个变量的共同方法偏差进行检验，结果表明（见表 9-2）单因子模型拟合较差，而八因子模型拟合较好（$\chi^2/df=2.144$，$CFI=0.928$，$TLI=0.919$，$RMSEA=0.057$，$SRMR=0.047$）。进一步引入共同方法因子进行检验，即在八因子模型的基础上加入一个共同方法因子构成九因子模型。结果显示，增加共同因子后，模型拟合并未得到显著改善，*CFI*、*TLI* 的提高未超过 0.1，*RMSEA* 的降低未超过 0.05，说明尽管共同方法偏差可能存在，但对研究影响较小。[①] 因此，本部分数据不存在严重的共同方法偏差问题。

表 9-2　共同方法偏差

	χ^2	*df*	*TLI*	*CFI*	*RMSEA*	*SRMR*
1.基准模型(八因子)	934.866	436	0.919	0.928	0.057	0.047
2.单因子模型	5291.964	464	0.260	0.307	0.172	0.175
3.九因子模型	771.402	404	0.935	0.947	0.051	0.037

注：基准模型(八因子)即感知有用性(FF1)、感知易用性(FF2)、计算机自我效能感(FF3)、感知风险(FF4)、线下学习关系惯性(FF5)、线下学习满意度(FF6)、转换意愿(FF7)、转换行为(FF8)；单因子模型即 FF1、FF2、FF3、FF4、FF5、FF6、FF7、FF8 合并为一个因子；九因子模型即在基准模型基础上添加一个共同方法因子。

(二)信度和效度分析

首先，各潜变量的 Cronbach's α 值均大于 0.7，表明问卷具有较高的信度；KMO 值为 0.858，Bartlett 卡方值为 8019.159(*P*＝0.000)，表明该问卷具有较高的效度且量表可以进行因子分析。其次，验证性因子分析结果表明(见表 9-3)，各潜变量所对应测量题目的因子载荷量均达到 0.5 以上，说明潜变量对各测量题目有较强的解释力；各潜变量的组合信度(*CR*)均大于 0.7，表示各题目的内部一致性较好，对潜变量的测量具有一定的稳定性；平均方差抽取值(*AVE*)均高于 0.5，显示各潜变量具有收敛效度；所有潜变量 *AVE* 平方根均大于该潜变量所在行和列的相关系数(见表 9-4)。因此，本部分所采用的量表具有良好的区分效度。

① 温忠麟，黄彬彬，汤丹丹.问卷数据建模前传[J].心理科学，2018(1)：204-210.

表 9-3　结构模型的组合信度和收敛效度

	题目	因子载荷量	Cronbach's α 系数	组合信度	收敛效度
感知有用性	X_{11}	0.842	0.940	0.941	0.760
	X_{12}	0.911			
	X_{13}	0.915			
	X_{14}	0.880			
	X_{15}	0.807			
感知易用性	X_{21}	0.773	0.868	0.871	0.628
	X_{22}	0.754			
	X_{23}	0.845			
	X_{24}	0.793			
计算机自我效能感	X_{31}	0.838	0.846	0.848	0.587
	X_{32}	0.844			
	X_{33}	0.614			
	X_{34}	0.745			
感知风险	X_{41}	0.753	0.853	0.855	0.597
	X_{42}	0.828			
	X_{43}	0.780			
	X_{44}	0.725			
关系惯性	X_{51}	0.767	0.831	0.834	0.558
	X_{52}	0.699			
	X_{53}	0.720			
	X_{54}	0.798			
满意度	X_{61}	0.723	0.812	0.815	0.525
	X_{62}	0.688			
	X_{63}	0.714			
	X_{64}	0.770			

续表

	题目	因子载荷量	Cronbach's α 系数	组合信度	收敛效度
转换意愿	X_{71}	0.865	0.932	0.933	0.776
	X_{72}	0.888			
	X_{73}	0.878			
	X_{74}	0.892			
转换行为	X_{81}	0.698	0.818	0.821	0.607
	X_{82}	0.842			
	X_{83}	0.790			

表 9-4 变量的描述性统计与区分效度

	M	*S.D.*	1	2	3	4	5	6	7	8
1.感知有用性	4.038	0.839	0.872							
2.感知易用性	3.723	0.626	0.383***	0.792						
3.计算机自我效能感	3.263	0.759	0.028	0.258***	0.508					
4.感知风险	3.538	0.745	0.021	0.322***	0.193**	0.773				
5.关系惯性	2.290	0.783	−0.059	−0.274***	−0.222***	−0.372***	0.747			
6.满意度	2.389	0.696	−0.073	−0.216***	−0.448***	−0.133*	0.217**	0.725		
7.转换意愿	3.809	0.929	0.449***	0.271***	0.170**	−0.126*	−0.18**	−0.252***	0.881	
8.转换行为	3.116	0.856	0.266***	0.354***	0.421***	0.082	−0.217***	−0.493***	0.691***	0.779

注：* 为 $P<0.05$；* * 为 $P<0.01$；* * * 为 $P<0.001$；对角线为 *AVE* 平方根。

（三）结构方程模型分析

本部分借助 AMOS 21.0，采用最大似然法（ML）进行参数估计。一般来说，样本量在 100～400 时可以使用该方法。[①] 本部分有效样本数为 354 个，符合 ML 法估计的要求。模型各拟合指标分别为：$\chi^2/df=2.529$，$CFI=0.934$，$NFI=0.926$，$RMSEA=0.066$，$SRMR=0.077$，模型整体拟合较好。假设检验结果如表 9-5 所示。

首先，线下向在线学习的转换意愿对转换行为有正向显著影响（$\beta=0.700$，$P<0.001$），故假设 H1 成立。在线学习的感知有用性对学习者线下向在线学习的转换意愿产生正向显著影响（$\beta=0.385$，$P<0.001$），表明学习者对在线学习有用性的认同程度越高，则由线下转到在线学习的转换意愿就越高，故假设 H2 成立。在线学习的感知易用性对线下向在线学习的转换意愿产生正向显著影响（$\beta=0.138$，$P<0.05$），故假设 H3 成立。感知易用性对感知有用性有正向显著影响（$\beta=0.379$，$P<0.001$），故假设 H4 成立。

其次，计算机自我效能感对学习者线下向在线学习的转换意愿产生正向显著影响（$\beta-0.186$，$P<0.001$），表明学习者的计算机自我效能感对其转换意愿产生积极影响，故假设 H5 成立。计算机自我效能感对感知易用性有止向显著影响（$\beta=0.262$，$P<0.001$），学习者对自身使用计算机能力的感知可帮助其更容易地使用在线学习平台，故假设 H6 成立。感知风险对线下向在线学习转换意愿产生正向显著影响（$\beta=-0.199$，$P<0.001$），故假设 H7 成立。

① Ding L, Velicer W, Harlow L. Effects of Estimation Methods, Number of Indicators per Factor and Improper Solutions on Structural Equation Modeling Fit Indices[J]. Structural Equation Modeling: A Multidisciplinary Journal, 1995,2(2):119-143.

表 9-5 结构方程模型的路径系数

	B	β	S.E.	T	P
H1：转换意愿→转换行为	0.628	0.700	0.049	12.883	***
H2：感知有用性→转换意愿	0.446	0.385	0.064	6.927	***
H3：感知易用性→转换意愿	0.226	0.138	0.096	2.367	*
H4：感知易用性→感知有用性	0.536	0.379	0.083	6.464	***
H5：计算机自我效能感→转换意愿	0.258	0.186	0.077	3.336	***
H6：计算机自我效能感→感知易用性	0.222	0.262	0.052	4.235	***
H7：感知风险→转换意愿	−0.283	−0.199	0.076	−3.707	***

注：* 为 $P<0.05$；*** 为 $P<0.001$。

（四）线下学习关系惯性和满意度的调节效应检验

多群组比较分析可以检验两群体的路径系数是否存在显著差异，以判断变量是否存在调节效应。在线下学习关系惯性和满意度的调节效应验证上，将样本分为高关系惯性与低关系惯性、高满意度与低满意度两群体。根据表 9-6，在线下学习关系惯性的检验中，未设限制模型卡方值为 990.724，设限制模型卡方值为 995.195，两者卡方值之差 $\Delta\chi^2=4.471$ ($P<0.05$)。在线下学习满意度的检验中，未设限制模型卡方值为 913.381，设限制模型卡方值为 934.999，两者卡方值之差 $\Delta\chi^2=21.618$ ($P<0.001$)。同时两变量设限制模型卡方值均大于未设限制模型卡方值，故线下学习关系惯性和满意度对线下向在线学习转换意愿与转换行为之间的调节效应成立。其次，两群体在转换意愿与转换行为的路径上（如表 9-7 所示），低关系惯性群体的转换意愿对转换行为的路径系数($\beta=0.743$)

高于高关系惯性群体的转换意愿对转换行为的路径系数($\beta=0.684$)，表明学习者对线下学习的关系惯性越低，从线下向在线学习的转换意愿对转换行为的影响越强。换言之，在学习者具有一定转换意愿的前提下，线下学习关系惯性越强烈，将进一步减弱线下向在线学习转换意愿与转换行为之间的关系，故假设 H8 成立。低满意度群体的转换意愿对转换行为的路径系数($\beta=0.748$)，高于高满意度群体的转换意愿对转换行为的路径系数($\beta=0.665$)，表明学习者对线下学习的满意度越低，从线下向在线学习的转换意愿对转换行为的影响越强，意即学习者在具有一定转换意愿的前提下，线下学习满意度越高，则越弱化从线下向在线学习的转换行为，故假设 H9 成立。

表 9-6　线下学习关系惯性与满意度的调节效应检验

	模型	χ^2	df	$\Delta\chi^2$
关系惯性	未限制模型	990.724	488	4.471*
	路径系数设定相等模型 转换意愿→转换行为	995.195	489	
满意度	未限制模型	913.381	488	21.618***
	路径系数设定相等模型 转换意愿→转换行为	934.999	489	

注：* 为 $P<0.05$，*** 为 $P<0.001$。

表 9-7　线下学习关系惯性与满意度对路径系数的调节效应检验

	线下学习关系惯性		线下学习满意度	
	低($n=187$)	高($n=167$)	低($n=176$)	高($n=178$)
转换意愿→转换行为	0.743***	0.684***	0.748***	0.665***

注：*** 为 $P<0.001$。

(五)背景因素的差异性分析

由于控制变量并非本部分关注的重点，故只采用方差分析对转换意愿、线下学习关系惯性与满意度在不同性别、年龄、创业年限、所属行业、在线学习时长的差异进行简单分析，结果如表 9-8 所示。转换意愿在所属行业方面存在差异，商贸物流行业的返乡农民工比种植养殖行业、加工制造行业有更强的转换意愿。线下学习关系惯性在所属行业和在线学习时长方面存在差异，居民服务行业、加工制造行业的线下学习关系惯性高于商贸物流和种植养殖行业；使用在线学习时间 3 年以上的返乡农民工关系惯性最弱。线下学习满意度在创业年限和所属行业方面存在差异，创业超过 6 年的返乡农民工线下学习满意度最高；种植养殖的线下学习满意度最高，居民服务次之，商贸物流最低。

表 9-8　背景变量的差异性分析

类别		转换意愿			线下学习关系惯性			线下学习满意度		
		M	*S.D.*	*F*	*M*	*S.D.*	*F*	*M*	*S.D.*	*F*
性别	男	3.712	0.995	2.681	2.283	0.825	0.023	2.418	0.660	0.421
	女	3.876	0.876		2.294	0.754		2.369	0.721	
年龄（岁）	<30	3.636	1.046	0.425	2.000	0.805	2.257	2.102	0.635	2.413
	30～50	3.822	0.924		2.316	0.775		2.403	0.687	
	>50	3.750	0.876		2.000	0.916		2.625	1.061	
创业年限（年）	<1	3.801	0.950	1.216	2.153	0.860	1.778	2.449	0.755	3.279*
	1～3	3.777	0.971		2.379	0.704		2.306	0.590	
	4～6	3.982	0.706		2.351	0.808		2.268	0.563	
	>6	3.680	1.026		2.285	0.739		2.596	0.870	
所属行业	商贸物流	4.015	0.842	4.988**	2.231	0.766	3.714*	2.229	0.691	3.461*
	种植养殖	3.650	0.961		2.196	0.771		2.498	0.665	
	居民服务	3.918	0.830		2.559	0.733		2.434	0.727	
	加工制造	3.472	1.134		2.407	0.912		2.417	0.710	

续表

类别		转换意愿			线下学习关系惯性			线下学习满意度		
		M	S.D.	F	M	S.D.	F	M	S.D.	F
在线学习时长	从未使用	3.807	0.900	0.932	2.293	0.822	2.820*	2.421	0.680	1.612
	<1 年	3.874	0.937		2.296	0.723		2.326	0.679	
	1～3 年	3.511	1.087		2.489	0.634		2.534	0.832	
	>3 年	3.781	1.145		1.563	0.496		2.000	0.876	

第三节　结论与建议

本部分探讨了学习者线下向在线学习的转换意愿，纳入线下学习关系惯性与满意度两个调节变量，验证了线下因素对在线学习转换意愿与转换行为关系的调节效应，总结如下：

一是感知有用性、感知易用性、计算机自我效能感、感知风险对转换意愿有显著影响。感知有用性、感知易用性和计算机自我效能感正向显著影响学习者从线下到线上学习的转换意愿，而感知风险则会阻碍学习者从线下到线上学习的转换意愿。这一研究结果与理论预期一致，廓清了线下向在线学习转换意愿的影响因素，进一步支持和丰富了已有研究，为后续研究提供参考。

感知易用性和感知有用性是学习者对在线学习工具或平台的主观评价。在线学习工具或平台要降低技术复杂性，让学习者感知到便捷易用，进而增强其感知有用性。在线学习的有用性不仅与技术有关，更与最终实施者教师有关。培训教师必须摒弃在线教学技术恐惧、心理排斥和形式主义等，增强在线教学设计能力、风格转变能力、信息技术能力和情绪管理能力，让学习者无论基于何种平台都能感知到在线学习的有用性。另外，学习者在认同上述在线学习转换收益的同时，若虑及在线学习可能衍生的转换成本（如耗时熟悉操作、系统设置困难、计算机水平有限、个人信息泄露风险等），则会削弱转换意愿。因此，应指导学习者应用好在线平台的各种功能，培养学习者利用信息技术开展知识建构的自主学习能力，构建对女性学习者、中老龄返乡者计算机自我效能感的辅助提升策略。对在线学习工具和平台加强行业监管，加快用户隐私保护的法律法规建设，提高云服务的安全性能，并通过宣传等方式降低学习者的风险感知。

二是转换意愿对转换行为有显著影响。学习者线下向在线学习的转换意愿正向显著影响其转换行为。TAM 和 TPB 理论均将意愿(Intention)和行为(Behavior)的关系同时纳入探讨。一项分析证明，使用意愿与使用行为这组变量是技术接受模型中关系最强的一组。本部分一方面以 TAM、TPB 的理论观点为基础，另一方面又注意到“使用意愿—使用行为”因果解释模型只能单独讨论线下学习或线上学习，从线下学习到在线学习不是继续使用关系而是转换关系，故探索构建“转换意愿—转换行为”解释模型。最终的验证结果与过去 TAM、TPB 理论使用意愿对使用行为的影响结果一致。这既增强了 TAM、TPB 的理论解释力，又意味着研究范式的转换：即使学习者对在线学习有“使用意愿”，也不一定从线下转换到在线学习，“转换意愿”可能是未来研究的重点。

三是线下学习关系惯性与满意度具有干扰效应。线下学习关系惯性与满意度在转换意愿与转换行为之间具有负向调节效应。这一研究结果验证了线下因素对转换意愿到实际行为的干扰作用，有助于从新的角度理解学习者对在线学习的实际使用行为，揭示线下向在线学习的转换过程机制。从本部分结论来看，过去线下学习的关系惯性与满意度经验，反而成为学习者从线下学习转换到在线学习的“绊脚石”。为降低线下学习关系惯性，培训教师应基于战略视野，提炼创业教育课程内容并精心设计 PPT，彰显在线教学的视觉冲击力优势，进而培养学习者的在线学习习惯。考虑到流量资费、返乡农民工的视听习惯问题，可以尝试音频在线教学，培养返乡农民工在线“听”课的习惯，解放创业者的双眼和双手。此外，以往研究虽然注意到在线学习满意度对在线学习使用意愿具有正向显著影响[①]，但却鲜少虑及如何让线下学习满意度成为增进在线学习转

---

① Lu Y F, Wang B, Lu Y B. Understanding Key Drivers of MOOC Satisfaction and Continuance Intention to Use[J]. Journal of Electronic Commerce Research, 2019, 20(2): 105-117.

换意愿的助力。有学者认为，如果线下授课效果很糟糕，那么慕课效果也会很糟糕[①]，因此应鼓励线下学习满意度高的创业教育授课教师开设在线课程；避免教师进行应付性在线教学或制造“僵尸型慕课”，提升在线授课质量，以免学习者降低在线学习转换意愿。

本部分还有改进之处。一是已有文献更多的是对高校在线学习进行探讨，鲜见以返乡农民工为研究对象，因此后续研究需要进一步跟进，夯实研究的结论。二是已有研究基于学习者的使用意愿和使用行为进行了相关讨论，但对转换意愿和转换行为的研究不足。本部分使用已有研究中使用意愿和使用行为的相关概念并加以修正，对转换意愿和转换行为进行界定，具有一定的理论支撑，但未来的研究还需要进一步强化转换意愿和转换行为的理论基础。三是本部分只在S省R市进行了调查，样本数据虽符合统计检验标准，但是也存在样本量不足的问题，后续研究需要进一步扩大采样范围，以更好地解释返乡农民工“线下—线上”学习转换意愿与转换行为间的关系。

---

① Baggaley J. MOOC Rampant[J]. Distance Education, 2013,34(3):368-378.

第十章　返乡农民工创业教育实际需求调查分析

当前，返乡农民工的创业教育还面临着一些问题，特别是创业教育对象寻找难、创业教育内容有用性不足且缺乏针对性、形式化严重等问题。因此，需要针对返乡农民工创业教育实践中的问题，开展返乡农民工创业教育实际需求的调查分析，找到返乡农民工的实际需求，并有针对性地开设一些实用性强的创业教育课程，对返乡农民工进行相应的创业教育培训。基于上述考虑，本章结合S省R市开展的相关创业教育培训工作，对参加培训的返乡农民工进行创业教育需求问卷调查（详细问卷见附录6），探讨创业教育需求现状，为进一步分析需求与供给之间的落差奠定基础。

第一节　调查设计及描述性统计

一、问卷设计

本部分采用问卷调查收集数据，以了解返乡农民工对创业教育培训的实际需求，并进一步对部分调查对象进行半结构化访谈。问卷形式包括单选和多选。问卷内容主要包括三个部分：第一部分为调查对象的基本信息，主要包括性别、年龄、文化程度、创业领域、创业年限、创业次数、参加创业教育培训的次数等；第二部分为创业教育培训需求，主要包括创业教育培训内容需求、培训形式需求、培训资源需求、培训频次、培训单次时长、培训地点等;第三部分为创业能力培训需求。

二、数据收集

调查对象为S省R市参加创业教育培训班的返乡农民工,调查时间为2019年3月11日到2019年6月28日,主要以现场发放问卷的形式进行调查。在培训负责人和培训教师的帮助下,调查人员现场向接受培训的人员发放问卷。共发放问卷350份,回收282份,剔除填写不完整的问卷,共获得有效问卷261份,有效回收率为74.57%。同时,为进一步了解返乡农民工对创业教育培训的实际需求,随机挑选一部分调查对象进行访谈。

三、调查对象基本信息分析

(一)被调查返乡农民工的性别构成

从被调查返乡农民工的性别构成来看(见表10-1):男性返乡农民工189人,占比72.41%;女性返乡农民工72人,占比27.59%。出现这一比例的原因有两个:一是根据国家统计局2019年农民工监测调查报告,在全部农民工中,男性占64.9%,女性占35.1%,其中,外出农民工中女性占30.7%,男性外出务工农民工的数量远大于女性农民工。[①] 二是受传统"男主外女主内"观念的影响,女性返乡农民工多担负着照顾家庭的责任。因此,返乡创业农民工中男性比例远高于女性,基本符合实际情况。

表10-1 被调查返乡农民工性别构成

	人数(人)	所占比例(%)
男	189	72.41
女	72	27.59

① 国家统计局.2019年农民工监测调查报告[EB/OL]. http://www.stats.gov.cn/tjsj/zxfb/202004/t20200430_1742724.html.

（二）被调查返乡农民工的年龄结构

从被调查返乡农民工的年龄构成来看（见表10-2）：调查对象在30岁及以下的50人，占比19.16%；31～40岁的103人，占比39.46%；41～50岁的85人，占比32.57%；51岁及以上的23人，占比8.81%。由此可见，返乡创业农民工以31～50岁的青壮年为主，占比达73.03%。返乡创业农民工呈年轻化走势，越来越多的年轻人愿意通过返乡创业实现自身价值。这是因为大多返乡创业农民工在30岁以前外出打工积累资金、技术，在具备一定实力后返乡创业；另外，青年农民工是乡村振兴、城乡融合、新农村建设的生力军，是“大众创业，万众创新”的实践者和重要推动者。

表10-2 被调查返乡农民工年龄构成

	人数（人）	所占比例（%）
30岁及以下	50	19.16
31～40岁	103	39.46
41～50岁	85	32.57
51岁及以上	23	8.81

（三）被调查返乡农民工的文化程度

从被调查返乡农民工的文化程度构成来看（见表10-3）：小学及以下的39人，占比14.94%；初中的102人，占比39.08%；高中或中专的94人，占比36.01%；大专及以上的26人，占比9.96%。返乡农民工受教育程度以高中及以下居多，占比高达90.03%，这说明返乡农民工的文化程度整体较低。农民工在长期外出务工的实践过程中，积累了一些资金、经验和技术，为返乡创业打下了坚实的基础，但要实现创业企业的长期稳定发展，不断适应经济社会发展的要求，还需要不断学习新知识、新技能，掌握新能力，提高自身整体素质。因此，亟须为返乡农民工开展一系列创业教育培训，丰富其创业知识，提升其职业技能、文化素养，进一步提升创业能力。

表 10-3 被调查返乡农民工的文化程度

	人数(人)	所占比例(%)
小学及以下	39	14.94
初中	102	39.08
高中或中专	94	36.01
大专及以上	26	9.96

(四)被调查返乡农民工的创业领域

从被调查返乡农民工的创业领域构成来看(见表 10-4):涉农领域创业(如规模化农业、家庭农场、农业合作社、特色经济作物种植、水产养殖等)为 83 人,占比 31.8%;加工制造业生产领域创业(如农产品加工、地方特色食品生产等)有 9 人,占比 3.45%;服务业创业(如餐饮、娱乐、农家乐、民宿、乡村旅游、农机服务等)有 44 人,占比 16.86%;交通运输业创业(如传统运输、生鲜农产品运输等)有 14 人,占比 5.36%;农村电商创业(如农产品电商、村淘、农村电商物流等)有 76 人,占比 29.12%;其他行业创业的有 35 人,占比 13.41%。返乡农民工创业领域呈多元化走势,涉及一二三产业及一二三产业融合领域。但返乡农民工的创业主要集中在涉农领域,受传统观念、农村资源、结构、环境特点等的影响,农业及其相关领域依然是农民工返乡创业的首要选择。但随着互联网、电子商务等信息技术的发展,"互联网+"创业迅速崛起,农村电商的发展加快了农村物流快递的普及,并进一步带动了农村特色旅游、乡村特色产业及特色农产品的发展。

表 10-4　被调查返乡农民工的创业领域

	人数(人)	所占比例(%)
涉农领域	83	31.80
加工制造业	9	3.45
服务业	44	16.86
交通运输业	14	5.36
农村电商	76	29.12
其他行业	35	13.41

(五)被调查返乡农民工的创业年限

从被调查返乡农民工的创业年限来看(见表 10-5):创业年限在 1 年及以下的 121 人,占比 46.36%;1～3 年的 86 人,占比 32.95%;3～5 年的 30 人,占比 11.49%;5 年以上的 24 人,占比 9.20%。返乡农民工的创业年限大多在 3 年以下,占比达 79.31%。在国家一系列返乡创业优惠政策的引导下,农民工开始返乡创业,创业初期的返乡农民工由于缺乏相应的创业知识和能力,更愿意参与创业教育培训,希望从培训中获得相关知识、技能,满足新创企业生存、发展的需求,进一步提高企业的市场竞争力。

表 10-5　被调查返乡农民工的创业年限

	人数(人)	所占比例(%)
1 年及以下	121	46.36
1～3 年(不包括 1 年)	86	32.95
3～5 年(不包括 3 年)	30	11.49
5 年以上	24	9.20

(六)被调查返乡农民工的创业次数

从被调查返乡农民工的创业次数来看(见表 10-6):创业次数为 1 次

的 227 人，占比 86.97%；2 次的 29 人，占比 11.11%；3 次的 5 人，占比 1.92%。调查对象大多是第一次创业。由于初次创业，对创业缺乏必要的了解，创业者希望通过创业教育、创业培训来获取更多的创业知识，提高创业成功率。

表 10-6　被调查返乡农民工的创业次数

	人数(人)	所占比例(%)
1 次	227	86.97
2 次	29	11.11
3 次及以上	5	1.92

(七)被调查返乡农民工参加创业教育培训次数

从被调查返乡农民工参加创业教育培训次数来看(见表 10-7)：培训次数为 1 次的 125 人，占 47.89%；2 次的 90 人，占比 34.48%；3 次的 21 人，占比 8.05%；4 次及以上的 25 人，占比 9.58%。由此可见，返乡农民工接受创业教育、创业培训的次数在 2 次及以下者居多，占参加培训人数的 82.37%。这说明返乡农民工接受创业教育、创业培训不足，接受创业教育、创业培训后缺少后续跟踪服务。多数返乡农民工有参加创业教育、创业培训的需求，但在接受一两次培训后就不再愿意继续参加培训，持续参加培训的人数极少，这可能是因为返乡农民工参加创业教育、创业培训后发现培训的内容无法满足其实际需求，创业教育培训未能形成有效的机制。

表 10-7　被调查返乡农民工参加创业教育培训次数

	人数(人)	所占比例(%)
1 次	125	47.89
2 次	90	34.48
3 次	21	8.05
4 次及以上	25	9.58

第二节 返乡农民工创业教育需求分析

一、创业教育培训内容

本书将创业教育培训的内容分为创业理论课程培训、创业实践技术培训、创业政策培训、经营品牌打造等方面。在创业教育培训内容的需求方面(见图 10-1),被调查返乡农民工选择实践技术培训的占比 68.20%,选择创业理论课程培训的占比 81.23%,选择创业政策培训的占比 72.41%,选择经营品牌打造培训的占比 42.15%。

返乡农民工对创业教育培训内容具有多样化需求,特别是对创业实践技术培训有强烈的需求,如种植技术、养殖技术、财务知识、销售知识、人员管理等方面的知识。这说明返乡农民工的创业领域侧重于农业领域,对创业教育培训的需求倾向于种植、养殖等实践性较强的技术领域。随着企业规模的增大,市场竞争的加剧,返乡农民工越来越意识到财务管理、人员管理、市场营销等的重要性,对企业经营管理方面的培训需求不断增加。

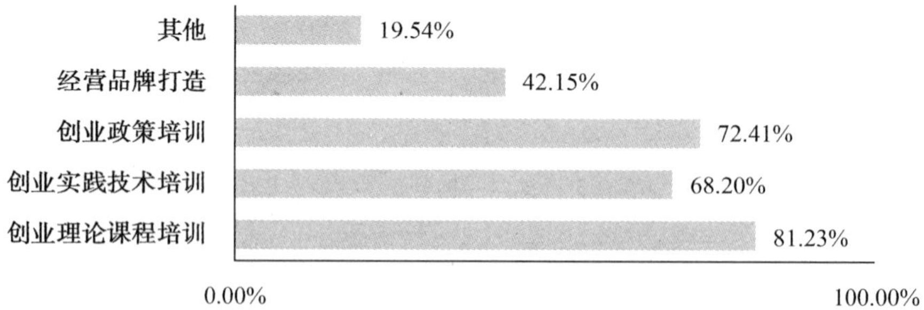

图 10-1 返乡农民工创业教育培训内容需求分析

(一)创业理论课程培训需求的调查分析

本书把创业教育相关理论课程分为创业基础课程、创业实训课程、商业基础课程、管理课程、财经法律课程、专业整合课程六大类。

其中,创业基础课程是指为培养创业者创业所需基本知识和能力的课程,例如创业及创业精神概念、创业过程、创业环境、创业资源、创业机会认识及创业特质等课程。

创业实训课程是指培养创业者创业能力所需的实务操作课程,例如创业计划书撰写与执行、创业机会搜寻和评估、创业投资决策、创业实务、模拟竞赛等课程。

商业基础课程是指为培养创业者创业能力所需的基础商业课程,例如关于经济、会计、营销、管理等商业基础知识。

管理课程是指为培养创业者创业能力所需的管理相关课程,例如企业经营与管理、产业竞争分析、创意创新管理、知识管理、公司经营决策等。

财经法律课程是指培养创业者有关创业的法律知识的课程,例如创业财务、风险管理、创业资金筹募、智慧财产权、专利权、商事法、创业相关法规等。

专业整合课程是指专业领域与创业的整合课程,例如依据农业、服务业等不同领域的特性所开设的专业课程。

在创业教育相关理论课程的培训需求方面,返乡农民工对管理课程和专业整合课程的需求最大。调查数据显示(见图 10-2),返乡农民工对专业整合课程的需求最大,占比 71.26%,其次是创业实训课程,占比 62.45%。除此之外,选择管理课程和财经法律课程的返乡农民工也较多,分别占比 49.04%、52.49%。

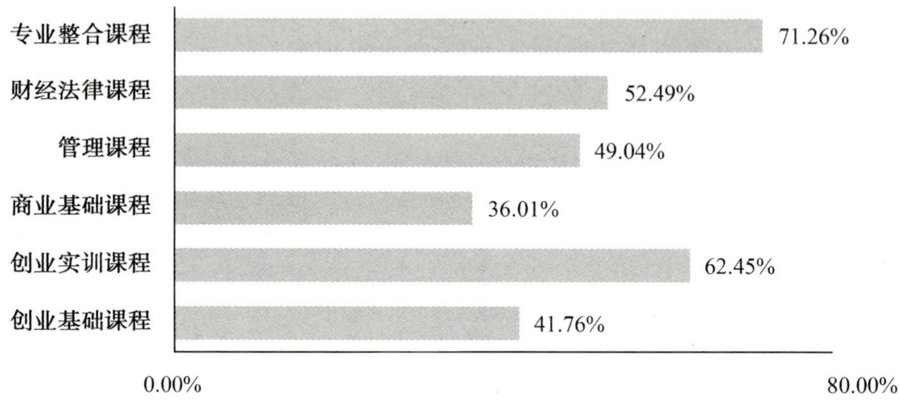

图 10-2　返乡农民工创业教育相关课程需求分析

（二）创业实践中实用技术类培训需求的调查分析

为了便于分析，本书把返乡农民工技术类培训分为专业技术和管理技术。专业技术是指在创业、生产实践中需要的技术知识，如瓜果蔬菜粮棉油等种植技术、家禽家畜水产等养殖技术、计算机使用、餐饮服务、民宿文化、农机维修保养、电商建立与运营等。管理技术是指在创业、生产实践中需要的管理知识，如财务知识、经营管理知识、销售知识、制度和法律知识、人员管理知识、地方环境知识等。

调查数据显示（见图 10-3）：在专业技术的需求方面，计算机使用、电商的建立与运营方面培训需求最大，占比分别为 39.46％、37.93％，其他方面的技术培训需求相对较低。这可能是由于返乡农民工创业领域比较分散，所需要的专业技术知识不一致，进一步导致培训需求分散；而计算机使用、电商的建立与运营可以应用到多种创业领域，使这方面的培训需求较大。在管理技术方面，对财务知识、经营管理知识、销售知识、制度和法律知识、人员管理知识方面的培训需求差别不大，占比在 20％～30％。

随着创业企业的不断发展，规模不断扩大，越来越需要规范化的企业管理，这就需要创业者不断学习各种管理知识，以具备多方面的管理技能。

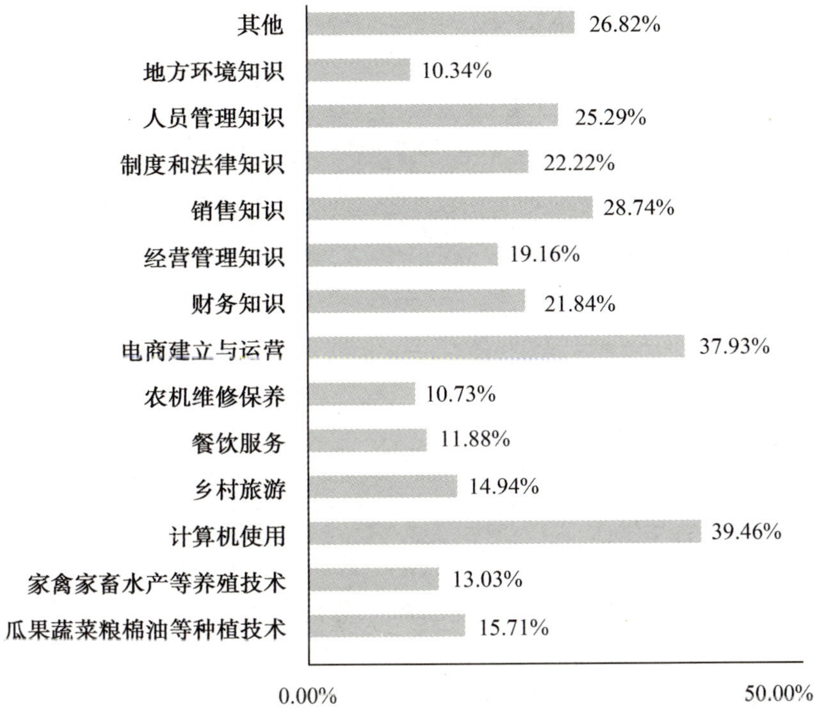

图 10-3　返乡农民工创业实践技术类培训需求分析

（三）创业政策培训需求

针对返乡农民工的创业优惠、扶持政策主要有税收优惠政策、风险补偿政策、政府财政补贴政策、金融信贷政策、创业专项扶持政策、工商登记等减免政策、劳动保障政策等。

调查数据显示（见图 10-4），返乡农民工创业政策培训需求主要集中在税收优惠政策、风险补偿政策、创业专项扶持政策、政府财政补贴政策等方面，分别占比 72.41%、68.20%、54.02%、51.72%。调查发现，大部分返乡农民工对地方创业扶持政策的了解不够清晰，急需系统性、专业性的创业政策培训，以深入了解和学习相关的创业政策。

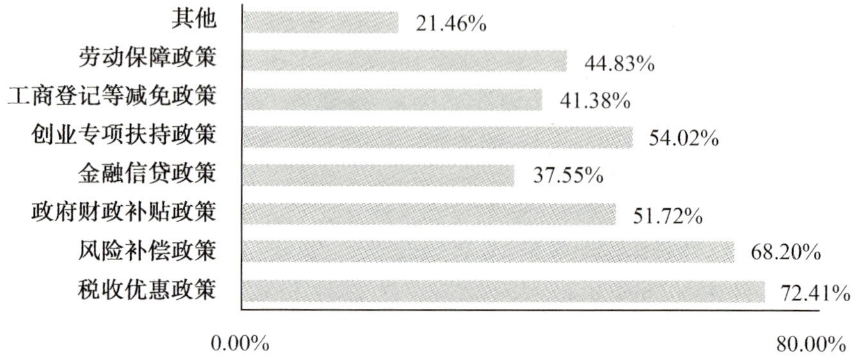

图 10-4　创业政策需求分布图

(四)经营品牌打造方面培训需求的调查分析

返乡农民工在经营品牌打造方面的培训需求上(见图 10-5),选择需要的人数占比为 42.15%。企业打造经营品牌能够提升企业形象和价值,是创业的根本追求。随着企业品牌形象价值的增大,创业企业越来越重视品牌打造,尤其是特色农产品、乡村特色旅游等品牌的打造,因而增加了返乡农民工对打造经营品牌方面的培训需求。

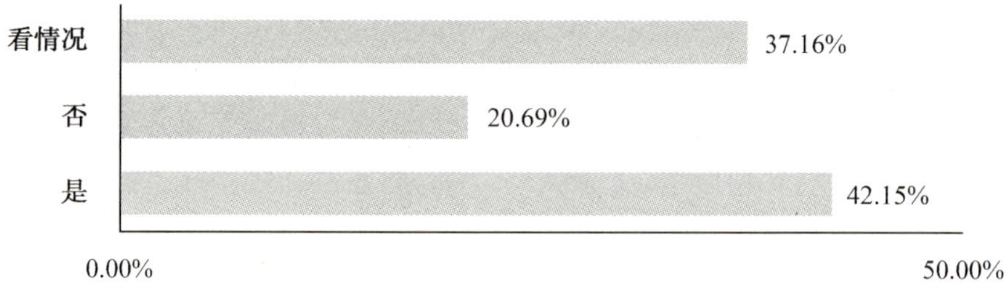

图 10-5　经营品牌打造方面的培训需求

二、创业教育培训方式

本书将返乡农民工创业教育培训的方式划分为课堂理论教学、课堂实践教学、生产经营场所现场教学、在线教学四种类型。课堂理论教学包括创业相关课程的讲授;课堂实践教学包括创业个案分析、专案企划、小组讨论、经验交流、创业模拟、创业成功者讲授自身创业事例等；生产经营场所现场教学包括田间指导、技术咨询、创业导师咨询指导、边干边学、示范园基地参观、定期寻访等；在线教学是指各类学习内容以在线的形式呈现，包括视频资料、视频直播、远程指导、在线技术咨询、在线观摩参观等。

调查数据显示（见图 10-6），返乡农民工愿意接受的培训方式是生产经营场所现场教学和课堂实践教学，占比分别为 84.67％和 68.58％。从调查数据来看，与在线学习相比，调查对象更倾向于选择线下学习方式。其中，案例分析、经验讨论、田间指导、边干边学等应用性、实践性较强的教育培训方式深受返乡农民工的欢迎。但随着互联网、信息技术的发展，在线教学逐渐流行起来，可以更好地满足返乡农民工对创业培训内容的多样化需求，特别是具体创业领域的专业化知识学习，线上线下相结合的创业教育培训方式将会成为新趋势。

通过对农民工的随机访谈发现，返乡农民工认为比较有效的培训方式是课堂理论教学与现场实践教学相结合、集中授课与个别技术指导相结合的方式。另外一个普遍的想法是，创业培训后最好有跟踪服务指导，尤其是定期的生产经营场所现场指导。由此可见，实践性较强、能够参与和体验的培训模式更受返乡农民工欢迎，这可能与返乡农民工自身的知识水平、认知结构有关，专业性、技术性、实践性强的培训方式将复杂理论知识简单化，使返乡农民工更容易接受和理解。

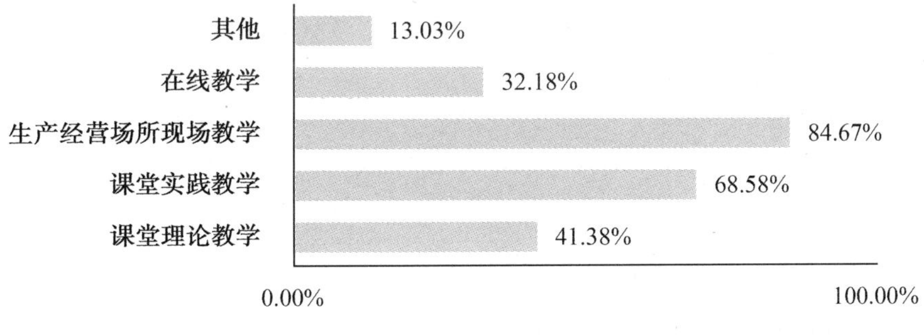

图 10-6　返乡农民工愿意接受的创业教育培训方式

三、创业教育培训资源

从培训主体来看(见图 10-7),调查对象参与过地方政府、村委会组织、职业院校、民办培训机构等培训的比例分别为 74.33%、21.46%、35.63%、8.05%。调查数据显示,政府是创业教育培训的主体,在返乡农民工创业教育培训中发挥着最为重要的作用;另外,职业院校在创业教育方面的作用日益凸显,将会成为未来新型职业农民培训、农民工返乡创业教育培训、农民再教育等的重要途径。

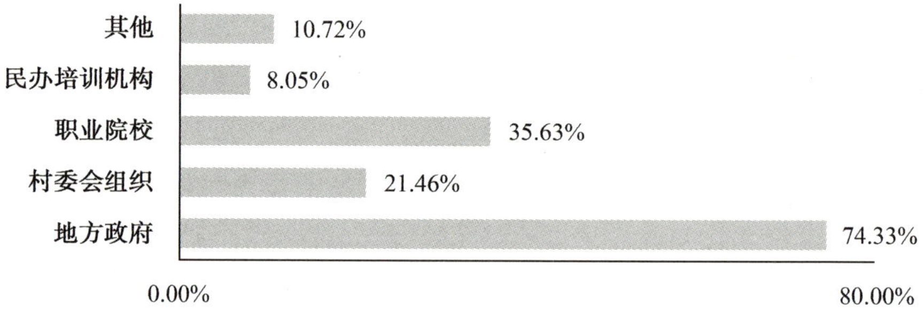

图 10-7　调查对象选择的创业教育培训机构

从培训教师来看(见图 10-8),调查对象愿意接受的培训教师类型依次为专业技术人员、创业典型或创业明星、专家学者、其他人员,所占比例分别为 46.74%、31.42%、17.62%、4.21%。这说明返乡农民工更倾向于选择提供实用技术培训的专业技术人员以及能够分享创业经验的创业典型或创业明星。

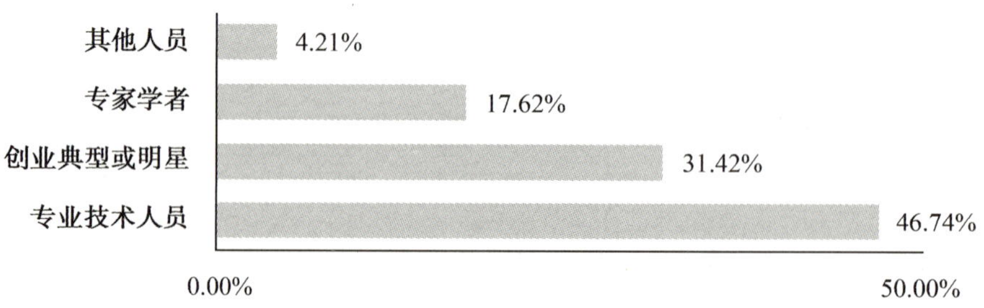

图 10-8　调查对象愿意接受的创业培训教师类型

从培训费用来看(见图 10-9),调查对象选择由政府承担的比例最高,为 62.45%,选择政府、个人共同承担的占比为 36.02%,选择个人承担的占比最少,仅为 1.53%。调查数据显示,返乡农民工更倾向由政府承担创业教育培训的全部或大部分费用,自身不承担或只承担小部分费用。通过对部分调查对象的访谈发现,大多数返乡农民工愿意承担的集中培训总费用在 500 元以下。

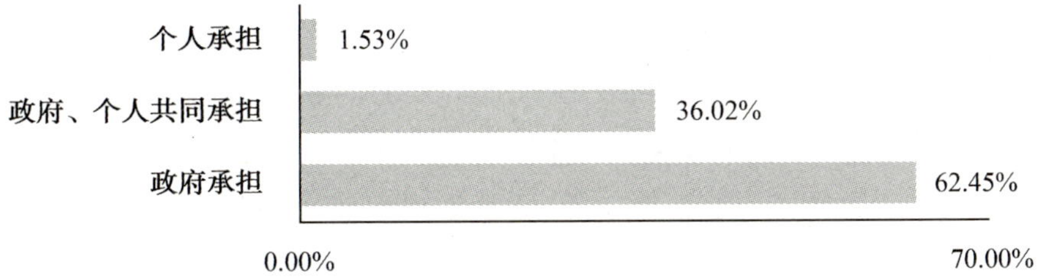

图 10-9 调查对象接受的创业教育培训费用

四、创业教育培训频次

在创业教育培训频次方面(见图 10-10),调查对象选择每半月培训一次的占比 10.30%,选择每月培训一次的占比 21.84%,选择每季度培训一次的占比 40.61%,选择每半年培训一次的占比 27.20%。调查数据显示,返乡农民工最愿意接受的创业培训的频次是每季度一次,占比 40.61%。通过对返乡农民工的随机访谈发现,返乡农民工希望利用闲暇时间参加培训。由于各自闲暇的时间不同,培训时间很难固定统一,这也加大了集中培训的难度。

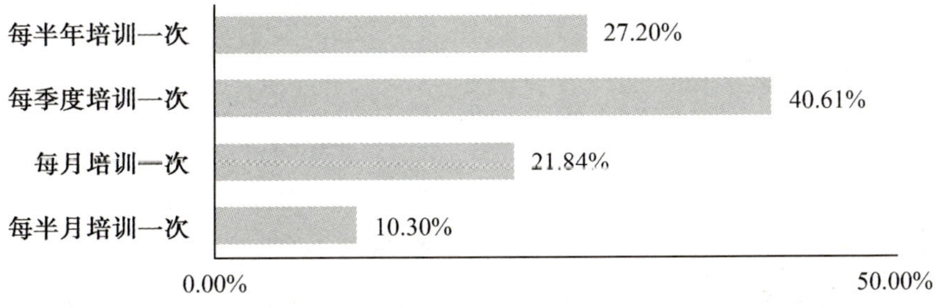

图 10-10 返乡农民工创业频次调查分析

五、创业教育培训单次时长

在创业教育培训单次时长方面(见图 10-11),被调查的返乡农民工选择每次培训 1～3 天的占比 32.18%,选择每次培训 4～7 天的占比 44.06%,选择每次培训 8～15 天的占比 16.48%,选择每次培训 15 天以上的占比 7.28%。

单次创业教育培训时间的长短不仅决定了培训的效果,也决定了返乡农民工参加培训的积极性。调查结果显示,单次创业培训时间在 7 天以内最为合适,其中,选择每次培训 4～7 天的返乡农民工最多,占比 44.06%;而极少的返乡农民工选择培训 15 天以上,占比 7.28%。返乡农民工更倾向于短期的培训,这与返乡农民工的生活习惯、工作需求有关。参加创业教育培训的返乡农民工都是创业企业的主要管理者,虽然对集中培训有强烈的需求,但由于新创企业事务繁杂,难以长时间集中学习;而短期培训既可以学习知识、提高技能,又不会耽误自身工作,因而是创业者的首选。

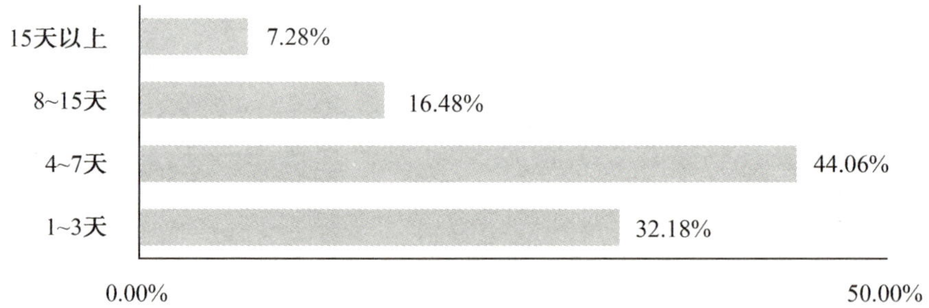

图 10-11　返乡农民工愿意接受的单次创业培训时长

六、创业教育培训地点

在被调查的返乡农民工中(见图 10-12),选择本村、本乡镇、本县/区、本省、外省进行培训所占的比例分别是 15.71%、24.14%、36.40%、17.62%、6.13%。有 76.25%的调查对象选择培训地点在本县/区以内,说明返乡农民工愿意选择离居住地较近的地方参加培训。培训地点越方便到达，各方面的限制就会减少，返乡农民工参与的可能性就会越大。

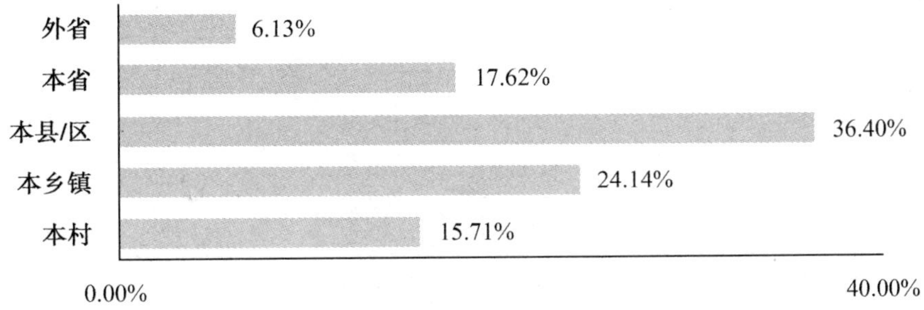

图 10-12　返乡农民工愿意选择的创业培训地点调查分析

第三节　返乡农民工创业教育培训需求差异化分析

返乡农民工创业教育培训的内容主要有创业理论课程、创业实践技术、创业政策、经营品牌打造等四个方面，创业教育培训形式主要有课堂理论教学、课堂实践教学、生产经营场所现场教学、在线教学等。但是，具体到不同年龄、不同文化程度、不同创业领域等因素，针对创业教育培训内容、培训形式选择上存在一定的差异。

一、不同年龄的差异化

调查数据显示（见表 10-8），30 岁以下年龄组和其他年龄组的返乡农民工群体在课堂理论教学、生产经营场所现场教学、在线教学方面存在明显差异。30 岁以下的返乡农民工在课堂理论教学、生产经营场所现场教学、在线教学方面的占比为 62.00％、74.00％、58.00％；其他年龄组偏好的培训形式，除 31～40 岁的返乡农民工在课堂理论教学、在线教学的占比比 41 岁以上年龄组稍高外，其余基本一致。这说明年龄偏低的返乡农民工群体更倾向于课堂理论教学和在线教学。

表 10-8　不同年龄段返乡农民工的创业培训形式需求

	课堂理论教学	课堂实践教学	生产经营场所现场教学	在线教学	其他
30 岁以下	62.00%	66.00%	74.00%	58.00%	16.00%
31～40 岁	46.53%	69.31%	87.13%	41.58%	14.85%
41～50 岁	28.92%	72.29%	92.77%	12.05%	10.84%
50 岁以上	26.09%	69.57%	82.61%	13.04%	8.70%

调查数据显示(见表 10-9),30 岁以下年龄组和其他年龄组的返乡农民工在创业教育培训内容上存在明显差异,这一差异主要体现在经营品牌打造上。30 岁以下年龄组选择经营品牌打造培训的占比为 65.31%,其他年龄组选择经营品牌打造培训的占比为 31.76%～43.48%。这说明低年龄群体更注重企业经营品牌的打造。

表 10-9　不同年龄段返乡农民工的创业培训内容需求

	创业理论课程	创业实践技术	创业政策	经营品牌打造	其他
30 岁以下	73.47%	75.51%	79.59%	65.31%	26.53%
31～40 岁	87.38%	65.05%	66.02%	39.81%	17.48%
41～50 岁	80.00%	67.06%	75.29%	31.76%	20.00%
51 岁以上	78.26%	73.91%	78.26%	43.48%	13.04%

二、不同文化程度的差异化

根据表 10-10,小学及以下和大专及以上文化程度的返乡农民工在创业教育培训形式的需求上存在明显差异。小学及以下和大专及以上的返乡农民工选择课堂理论教学的占比分别为 27.50%和 57.69%,选择课堂实践教学的占比分别为 80.00%和 65.38%,选择生产经营场所的占比分别为 92.50% 和 76.92%,选择在线教学的占比分别为 20.00%和 57.69%。

随着学历的提高，返乡农民工对课堂理论教学和在线教学的需求不断增加，而对课堂实践教学和经营场所实践教学的需求相应减少，但仍高于对课堂理论教学和在线教学的需求。这说明高学历返乡农民工对创业教育培训方式的需求更加全面和多元化。

表 10-10　不同文化程度下返乡农民工的创业培训形式需求

	课堂理论教学	课堂实践教学	生产经营场所现场教学	在线教学	其他
小学及以下	27.50%	80.00%	92.50%	20.00%	12.50%
初中	36.73%	70.41%	87.76%	20.41%	9.18%
高中或中专	49.46%	65.59%	83.87%	44.09%	15.05%
大专及以上	57.69%	65.38%	76.92%	57.69%	23.08%

在创业教育培训内容的需求上，大专及以上学历与其他学历返乡农民工群体之间存在明显差异。根据表 10-11，除对创业理论课程和创业政策培训选择的占比无明显差异外，大专及以上学历与其他学历返乡农民工群体在创业实践技术培训的选择上分别占比 44.00%和 66.34%～77.66%，在经营品牌打造培训的选择上分别占比 72.00%和 36.63%～42.55%。这说明高学历的返乡农民工群体更注重经营品牌打造方面的培训，其他学历返乡农民工群体更注重创业理论课程和创业实践技术方面的培训。

表 10-11　不同文化程度下返乡农民工的创业培训内容需求

	创业理论课程	创业实践技术	创业政策	经营品牌打造	其他
小学及以下	87.50%	67.50%	70.00%	37.50%	10.00%
初中	79.21%	66.34%	73.27%	36.63%	20.79%
高中或中专	84.04%	77.66%	73.40%	42.55%	19.15%
大专及以上	72.00%	44.00%	72.00%	72.00%	32.00%

三、不同创业领域的差异化

在创业教育培训形式的需求上，不同创业领域之间存在明显差异。根据表10-12，涉农领域创业的返乡农民工侧重于以课堂实践教学和生产经营场所现场教学的形式参与培训，占比分别为81.93%和93.98%；工业、制造业生产领域创业的返乡农民工倾向于生产经营场所现场教学的形式，占比为77.78%；服务业创业的返乡农民工倾向于课堂实践教学和生产经营场所现场教学的形式，占比均为86.36%；交通运输业创业的返乡农民工倾向于课堂实践教学和生产经营场所现场教学的形式，占比均为75.00%；农村电商领域创业的返乡农民工倾向于生产经营场所现场教学的形式，占比为77.33%。

不同创业领域的返乡农民工在课堂理论教学、生产经营场所现场教学这两种培训形式的选择上无明显差异；工业、制造业生产领域与涉农领域、服务业、交通运输业返乡创业农民工在课堂实践教学这一培训形式的选择上存在明显差异，占比分别为33.33%和81.93%、86.36%、75.00%；交通运输业和农村电商、服务业领域返乡农民工在在线教学这一培训方式选择上存在明显差异，占比分别为8.33%、49.33%、38.64%。

表10-12　不同创业领域下返乡农民工的创业培训形式需求

	课堂理论教学	课堂实践教学	生产经营场所现场教学	在线教学	其他
涉农领域	42.17%	81.93%	93.98%	22.89%	7.23%
工业、制造业生产领域	33.33%	33.33%	77.78%	22.22%	22.22%
服务业	34.09%	86.36%	86.36%	38.64%	13.64%
交通运输业	25.00%	75.00%	75.00%	8.33%	25.00%
农村电商	54.67%	50.67%	77.33%	49.33%	16.00%
其他行业	32.35%	67.65%	91.18%	23.53%	14.71%

根据表 10-13，不同创业领域下返乡农民工对创业教育培训内容的需求无明显差异，这可能是因为没有细分创业教育培训的具体内容。通过进一步对访谈资料及其他相关资料的分析发现，针对不同行业，返乡农民工对创业培训内容存在不同方面的需求。

例如，对于种植业创业的返乡农民工来说，比较需要粮棉油等粮食作物栽培技术、瓜果蔬菜栽培技术、经济作物栽培技术及病虫害识别与防治技术、耕地修复治理、农产品加工技术、品种选育与改良技术、农机维修保养技术等方面的培训；对于养殖业创业的返乡农民工来说，比较需要生猪养殖技术、家禽养殖技术、淡水养殖技术、检疫防疫技术等方面的培训；对于乡村旅游业创业的返乡农民工来说，比较需要民俗文化、服务礼仪、餐饮服务常识、乡村历史文化等方面的培训；对农村电商领域创业的返乡农民工来说，比较需要电商的建立与运营、产品策划、产品推广宣传、网络营销、物流配送管理等方面的培训。

表 10-13 不同创业领域下返乡农民工的创业培训内容需求

	创业教育课程	创业实践技术	政策培训	经营品牌打造	其他
涉农领域	81.93%	63.86%	71.08%	37.35%	14.46%
工业、制造业生产领域	66.67%	66.67%	88.89%	44.44%	33.33%
服务业	84.09%	70.45%	72.73%	38.64%	25.00%
交通运输业	85.71%	50.00%	57.14%	50.00%	14.29%
农村电商	82.67%	69.33%	76.00%	53.33%	20.00%
其他行业	77.14%	82.86%	71.43%	31.43%	22.86%

第四节　返乡农民工创业能力提升的培训需求分析

一、返乡农民工的创业能力

创业能力是以创业者特质、知识和技能为基础，能够帮助新企业识别和开发机会并获取资源的能力集。① 钱德勒(G.Chandler)指出，“创业能力”是一个多维度的概念，并提出创业能力维度划分的经典模型。② 为此，学者们在已有研究的基础上不断深入和丰富创业能力的维度，从资源能力、市场选择能力、机会识别能力、战略能力、关系能力、组织管理能力、创新能力等方面探讨了创业能力的维度。有专家提出了创业能力的六维度，包括机会能力、关系能力、概念能力、组织能力、战略能力、承诺能力。③ 也有专家将创业能力划分为机会能力、战略能力、概念能力、技术能力、关系能力、组织能力、个人能力。④ 还有专家认为创业能力是自主能力、创新能力、冒险能力、主动能力。⑤ 唐靖等基于创业的关键任务将创业能力划分为机会能力和运营管理能力，其中，机会能力包括对机会的发现、识别和利用的能力，运营管理能力包括管理能力、战略能力、关系能力和承诺能力。⑥ 康健等将创业者的创业能力划分为创业认知能力、机

---

① Bayon M C, Vaillant Y, Lafuente E. Initiating Nascent Entrepreneurial Activities: The Relative Role of Perceived and Actual Entrepreneurial Ability [J]. International Journal of Entrepreneurial Behavior & Research, 2015, 21(1): 27-49.

② Chandler G N, Jansen E. The Founder's Self-assessed Competence and Venture Performance. Journal of Business Venturing, 1992, 7(3): 223-236.

③ Man T W Y, Lau T, Chan K F. The Competitiveness of Small and Medium Enterprises: A Conceptualization with Focus on Entrepreneurial Competencies[J]. Journal of Business Venturing, 2002, 17(2): 123-142.

④ Ahmad N H, Halim H A, Zainal S R M. Is Entrepreneurial Competency the Silver Bullet for SME Success in a Developing Nation? [J]. International Business Management, 2010, 4 (2): 67-75.

⑤ Cui Y, Sun C, Xiao H, et al. How to Become an Excellent Entrepreneur: The Moderating Effect of Risk Propensity on Alertness to Business Ideas and Entrepreneurial Capabilities [J]. Technological Forecasting and Social Change, 2016,112: 171-177.

⑥ 唐靖，姜彦福.创业能力概念的理论构建及实证检验[J].科学学与科学技术管理，2008(8)：52-57.

会获取能力和运营管理能力三个维度。[①] 谢雅萍等运用扎根理论构建了创业能力的五个维度，包括机会能力、运营能力、融资能力、承诺能力和构想能力。[②] 朱秀梅等根据已有研究，提炼出创业者的主要创业能力，包括机会能力、资源能力、概念能力、战略能力和领导力。[③]

根据已有研究对创业者创业能力的界定、维度的划分，结合返乡农民工自身特征，本书将返乡农民工的创业能力划分为资源能力、机会能力、市场能力、关系能力、运营管理能力、创新能力六个维度。

二、返乡农民工创业能力培训需求统计分析

（一）返乡农民工创业能力现状分析

通过调查数据发现（见图 10-13 至图 10-18），返乡农民工各维度的创业能力处于一般甚至较低的水平，资源能力、市场能力、运营管理能力、关系能力维度选择“一般”的比重较高，占比分别为 52.11％、48.66％、59.01％、43.30％；机会能力、创新能力维度选择“较差”的比重最高，占比分别为 46.74％、52.87％。大多返乡农民工存在创业能力不足等问题，企业战略意识淡薄，管理能力缺失，缺乏对企业的长远规划。一方面，返乡创业者的经营理念、营销理念落后，行为短视，导致企业发展缓慢，抵御风险能力差。另一方面，返乡创业者对机会识别与利用能力不足，资源整合能力较差，导致企业规模较小，缺乏市场竞争力，在产品开发、经营管理、市场开拓、技术创新等方面无法满足创业企业长期稳定发展的需求。

① 康健，胡祖光.创新链内多重网络、创业能力与创业绩效关系研究[J].科技管理研究，2017(2)：7-16.

② 谢雅萍，陈睿君，王娟.直观推断调节作用下的经验学习、创业行动学习与创业能力[J].管理学报，2018(1)：57-65.

③ 朱秀梅，刘月，李柯，杨红.创业学习到创业能力：基于主体和过程视角的研究[J].外国经济与管理，2019(2)：30-43.

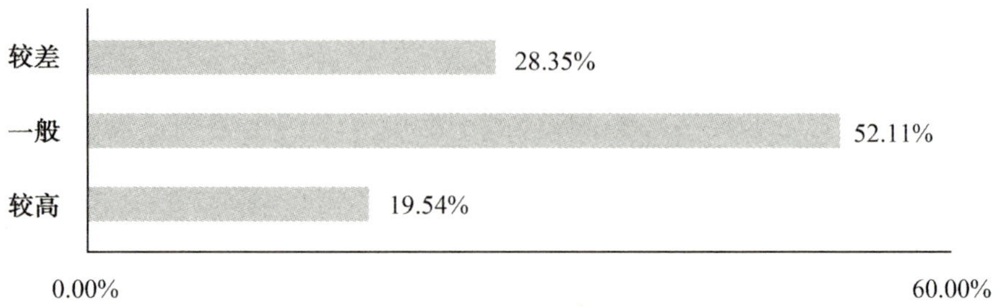

图 10-13　资源能力

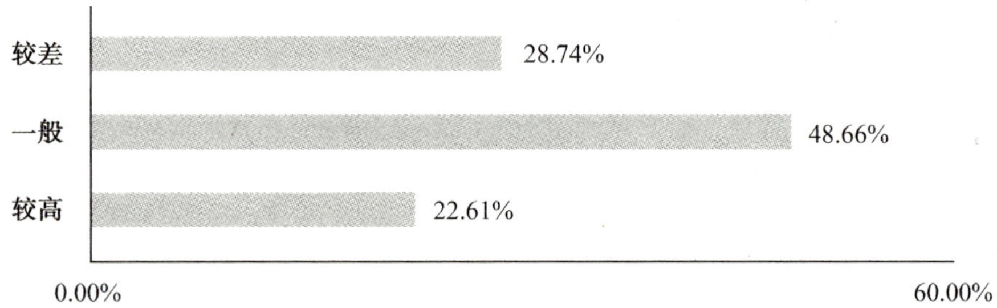

图 10-14　市场能力

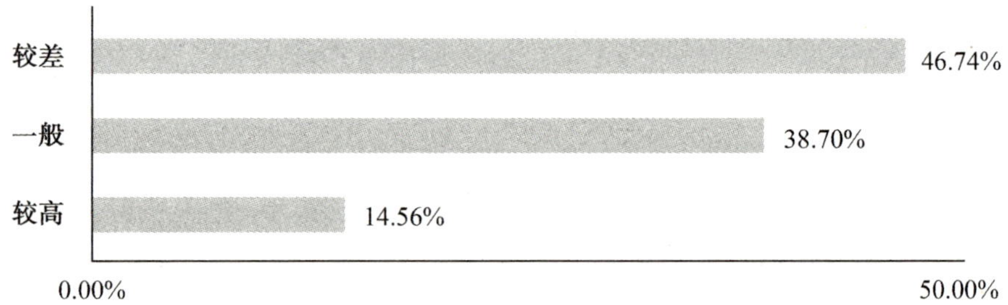

图 10-15　机会能力

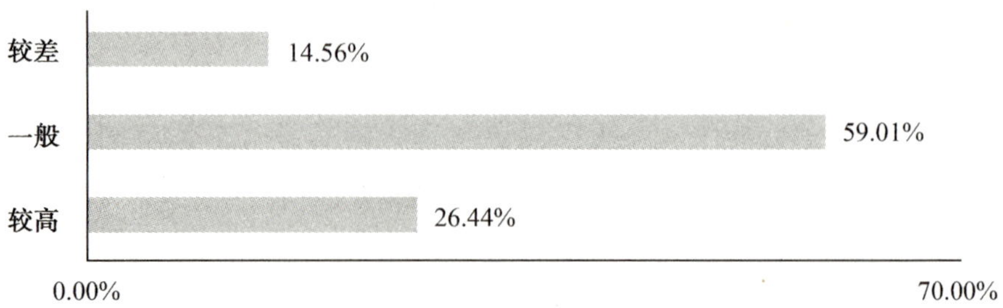

图 10-16　运营管理能力

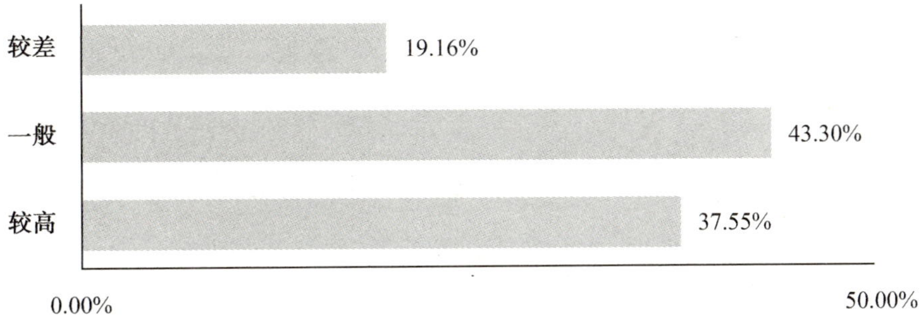

图 10-17　关系能力

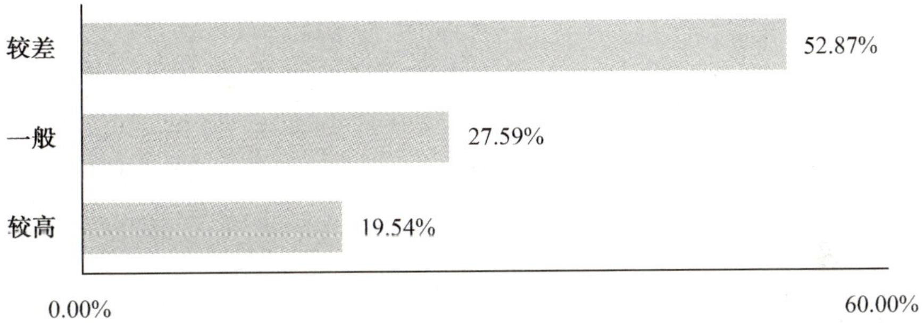

图 10-18　创新能力

(二)返乡农民工创业能力培训需求的描述性统计

在创业能力培训需求方面，调查数据显示(见图 10-19)，返乡农民工需要提升的创业能力依次是资源能力、市场能力、机会能力、运营管理能力、关系能力、创新能力等，占比分别为 72.41%、65.52%、63.98%、52.11%、41.38%、29.97%。大多返乡农民工能够意识到自身创业能力不足的问题，并能够认识到提升自身创业能力的重要性。因此，返乡农民工愿意通过创业教育培训提升自身的创业能力，以适应新创企业规模扩大、稳定发展的需要。

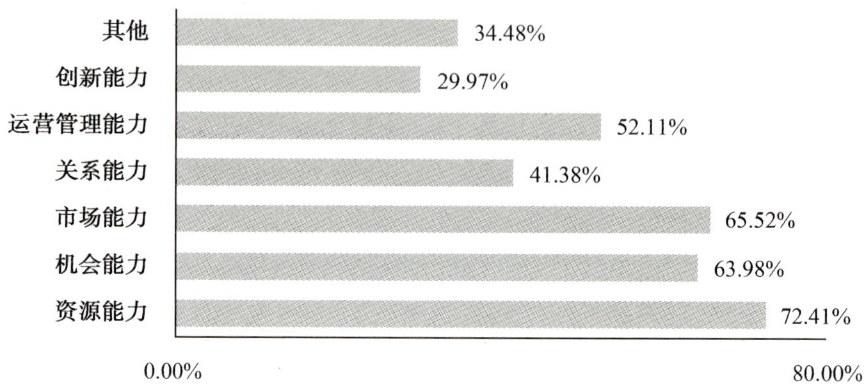

图 10-19　返乡农民工创业能力培训需求分析

（三）不同个体特征返乡农民工对创业能力培训需求的差异分析

根据表 10-14，30 岁及以下的返乡农民工在关系能力和创新能力需求方面的占比分别为 48.00%、36.00%。30 岁及以下返乡农民工接受新事物的能力较强，容易意识到提升关系能力、创新能力等对创业企业发展的重要意义；而 50 岁以上年龄较大的返乡农民工的学习能力较弱，对各方面创业能力认识不足，尤其是缺乏创新能力、关系能力、运营管理能力。总体来看，年轻创业者更注重机会能力、市场能力、关系能力、运营管理能力、创新能力等创业能力的培养，对各方面创业能力的培训需求也更高。

表 10-14　不同年龄段返乡农民工创业能力培训需求差异

	资源能力	机会能力	市场能力	关系能力	运营管理能力	创新能力	其他
30 岁及以下	68.00%	72.00%	72.00%	48.00%	60.00%	36.00%	50.00%
31～40 岁	71.84%	62.14%	67.96%	49.51%	56.31%	33.98%	36.89%
41～50 岁	76.47%	61.18%	60.00%	30.59%	43.53%	20.00%	25.88%
51 岁及以上	69.57%	65.22%	60.87%	30.43%	47.83%	13.04%	21.74%

根据表 10-15，小学及以下学历和大专及以上学历返乡农民工在市场能力、关系能力、创新能力需求方面存在明显差异。大专及以上学历返乡

农民工更注重市场能力、关系能力、创新能力的培养，占比分别为80.77%、65.38%、65.38%。不同文化程度的返乡农民工在资源能力、机会能力、运营管理能力方面培训需求差异不明显，各选项的比例大致相近。我国返乡农民工的文化程度大多是处于初高中水平，知识的缺乏限制了其对市场信息识别的敏锐度，缺乏培养创新能力、关系能力的意识，不能准确地把握良好的创业机会；而文化程度较高的返乡农民工更容易意识到提高市场能力、创新能力、关系能力等的重要性，并能够对获取的各种信息、资源进行整合和分析。

表 10-15　不同文化程度返乡农民工创业能力培训需求差异

	资源能力	机会能力	市场能力	关系能力	运营管理能力	创新能力	其他
小学及以下	70.00%	60.00%	55.00%	27.50%	47.50%	15.00%	25.00%
初中	74.26%	62.38%	62.38%	31.68%	46.53%	18.81%	28.71%
高中或中专	72.34%	67.02%	69.15%	51.06%	58.51%	32.98%	42.55%
大专及以上	69.23%	65.38%	80.77%	65.38%	57.69%	65.38%	42.31%

第十一章　返乡农民工创业教育创新对策建议

返乡创业是改革开放以来农民工继在地务农、进城务工两大传统就业空间后新开辟的第三就业空间，意味着农民工“候鸟式”城乡往返的养家糊口生存观向扎根乡土的干番事业发展观的时代性嬗变，展现了新冠肺炎疫情以来国家全力以赴稳就业保就业政策下农民工生计模式的弹性和生存韧性。扎实有效地开展创业培训“锐”支持，有助于返乡农民工进一步延展第三就业空间，迈向生计模式嬗变升级，不断增强生存弹性和韧性，不仅为其打通创业“第一里路”，而且能够“扶上马再送一程”。

第一节　需求导向：加快创业教育的终身化

终身教育是贯穿于人的一生的教育。从国际角度来看，各国不遗余力地制定和完善终身学习政策与制度，终身学习的声浪日益增高；从国家角度来看，政府有责任提供弹性、多元、多样化的学习机会以满足公众的需求；从个人的角度来看，必须培养终身学习的习惯与能力，从而能够与全球化接轨，更好地适应社会生存需要。

2015 年以来，返乡农民工人数日益增多，如何实现在地就业创业就成为政府亟待解决的重大民生问题。党的十九届四中全会指出，“要健全有利于更充分更高质量就业的促进机制，构建服务全民终身学习的教育体系”；党的十九届五中全会《中共中央关于制定国民经济和社会发展第十四个五年规划和二〇三五年远景目标的建议》提出，“发挥在线教育优势，完善终身学习体系，建设学习型社会”。“十四五”将开启全面建设社会主义现代化国家新征程。深度对接国家“十四五”规划编制工作，更具前瞻性和整体性地实施返乡农民工创业教育“十四五”行动计划，将创业教育打造成返乡农民工的“终身教育”就成为具有重大现实意义的惠民战略。

一、明确创业教育的价值

目前的创业教育围绕高校学生进行体系建构与完善，开设了相关课程、开展了相关实训、设立了实践基地、开辟了孵化基地等。但是，针对农民工的创业教育却是零星开展，以人力资源与社会保障部门为主要推动力量的政府机构更多的是将创业教育或培训作为一项“工作”，而非将其作为“教育”的重要环节。然而实际上，农民工自14岁左右离开家乡进城打工，在其所接受的教育年限中，还尚未接触创业教育相关内容。当他们返乡寻求创业机会时，就发现创业知识相当匮乏，即使短期内创业成功，也面临长期可持续发展的创业知识瓶颈。在实践中，终身教育一直存在对象寻找难的问题，而日益庞大的返乡农民工群体却让创业教育在对象寻找上变得容易。因此，我们必须充分意识到，创业教育既是“工作”也是“教育”，对全民尤其对返乡农民工而言具有重大的战略意义。要把创业教育作为国家终身教育战略的重要一环抓牢抓好，为农民工各个生命历程阶段补足创业知识短板。

（一）落实返乡农民工创业高质量发展的国家战略需要

当前，创业教育活动的表现形式多为流动性较强的创业讲座、短期培训、研习营等，在职专班、产业研发班、进修学院、进修学校、社区大学、社会教育馆、在线学习平台等相对固定的形式较少，相关经费、师资、教材、认证、考核等系统性规划还非常欠缺。只有从终身教育、终身学习的理念出发，将创业教育纳入终身教育的国家战略规划中，才能借此弥补软件和硬件上的短板，提高返乡农民工创业教育成效；才能进一步明确创业教育不是短期、速成创业，而是激发返乡农民工新时代创新精神、塑造以创业带动就业的主动谋划意识、推动解决问题的创业能力迭代升级、实现创业类型从低端生存型向高质量发展型跃迁的战略举措。

（二）打造中国特色、本土化返乡农民工创业教育终身化典范的需要

只有将创业教育作为终身教育，才有利于摆脱当前创业教育的临时性、非系统性等实践问题，从成人教育实践规律不断深化的角度，形成返乡农民工创业教育的中国智慧和方案。从另一个层面来看，由于创业教育的非终身化，教育部门鲜少对返乡农民工参与创业教育的活动情况深入调查，使得人们对有关创业的终身学习的推动成效缺乏了解，导致终身学习政策推动上缺乏依据。因此，终身教育相关单位要充分发挥教育组织体系健全、学科门类齐全、专业师资力量雄厚、地域分布广泛等优势，发挥中心性主导作用，将创业教育管理工作制度化、体系化。与此同时，借助体系化的力量，高度重视成人创业教育的理论研究，运用系统思维，深入探讨其规律性、过程性和关键环节，形成“教育目标定位—教育需求分析—学员选拔—教师匹配—教学资源辅助—跟踪服务”的规范性创业教育流程，不断提炼中国特色的、本土化的针对返乡农民工的创业教育理念和终身教育典范，充分实现创业教育的系统性目标和整体性功能。

（三）提升返乡农民工个体层面重视创业教育的需要

改革开放以来，农民工固着于进城务工的传统生计路径，所受到的教育培训以如何适应岗位、如何提升就业技能为主。近年来，面向“大众创业，万众创新”国家战略而开展的返乡农民工创业教育，在终身学习的推动上犹如一匹没有目的地的马车，虽然疾驰但却伴有大量资源损耗。因此，要扭转全社会的创业偏见，提升创业的整体社会认同，就需要将返乡农民工的创业教育上升为终身教育的高度，形成专门化的主管机构，有效避免终身教育资源的浪费，避免创业教育异化为职业技能教育的“旧酒装新瓶”的窘境。更重要的，借助终身教育主管机构这一国家力量，可以更充分地发挥广播、电视、报纸、杂志、网络、短视频等媒介的宣传和舆论引导功能，生动诠释“创业”与“就业”相辅相成的来龙去脉，更加容易在青少年、青年、中年、老年等人的不同生命周期中形成有机嵌入，加速创业意愿在不同时期的萌发，不断修正中国人千百年来形成的“士农工商”择业层级落差观，不断适应创业浪潮和趋势，最终在全社会营造“充电”观念、“做能人”理念和“草根企业家”信念，彻底将“要我创业”的消极态度扭转为“我要创业”“我能创业”“我敢创业”的社会认同。

二、坚持以返乡农民工为中心

返乡农民工由于年龄差异、创业领域不同、闲暇时间不统一等原因，在创业教育设置上出现了“随意性”“碎片化”等问题。随着经济社会的发展，农民工群体分化已在多方面表现出来，呈现出多样化的特点。① 因此，必须考虑创业教育的终身化问题，准确把握农民工群体内部差异的演化趋势，针对不同返乡农民工群体开展多样化、制度化、体系化的创业教育及创业指导，以适应不同层次的返乡农民工群体。

(一)充分考虑返乡农民工的真实创业教育需求

只有以需求为导向的终身教育，才能不断发挥优势，实现可持续发展。创业教育中的农民工既是“对象”也是“人”，只有发掘人的真实需求才能让其“想来”“不早退”。要摒弃“农民工素质低、接受困难”等刻板前摄性认识，主动调查返乡农民工受教育情况、农村产业发展现状、创业意愿高低、创业基本类型、创业所处阶段、创业面临的问题等，开展创业教育需求分析，有针对性地编制创业体验、入门、初阶、进阶、高阶训练等系统性课程内容教学计划。要创新创业教育方式方法，采取集中授课、短期培训与进村培训、现场教学、实践教学、在线教学、结对子共学等相结合的灵活方式，增强创业教育吸引力和感染力。要加强相关职能部门摸查统计，精准识别并科学遴选具有创业培训意愿、具备基本创业心理素质和能力的返乡农民工，将处于创业准备期、创业初期、创业转型升级期的中青年群体作为重点创业教育对象，重点化解乡村振兴“人才空心化”问题，坚决排除抱有免费“吃住游玩”思想的返乡农民工参加创业教育培训，坚决杜绝生拉硬拽或礼品引诱的“凑数式”培训，避免出现“政府花大钱、农民不认账”的现象。概言之，创业教育终身化就是要满足以“创业”为终生事业的创业者的创业知识、能力提升需求。

(二)有效发挥创业教育的社会网络促进功能

社会网络影响农民工返乡创业的机会能力，通过“资源获取—创业学

① 叶鹏飞.新时期农民工群体的阶层地位及其保障[J].四川大学学报(哲学社会科学版)，2019(5)：162-170.

习”中介链间接影响农民工的运营管理能力。[①] 在农民工返乡创业的过程中，通过社会网络获取所需要的创业资源，是提高农民工返乡创业能力的重要方式。社会网络的规模与质量在一定程度上决定了农民工返乡创业的成败。[②] 农民工早年离开学校教育体系，缺乏各阶段同学关系。同学关系是重要的社会网络关系，但原有的创业培训难以在短时间内建构和维持这种“创业朋友圈”“创业同道人”。将创业教育纳入终身教育的范畴，让每个返乡农民工拥有自己的“学号”或“ID”，并不断建构同学关系，才能让“社会网络”关系变得丰满、紧密。因此，为提升返乡农民工的创业能力，政府教育部门应帮助返乡农民工开拓社会网络，获取创业所需要的资源支持。同时，借助创业教育，让返乡农民工深刻认识国家终身学习的理念，充分认识到社会网络的价值，重视社会网络的开发、利用和管理，树立起社会网络意识，通过发展社会网络，拓宽创业学习空间。要不断强化创业教育工作的社交属性、社会网络功能，通过建立微信群、QQ 群，将空间上广为分散的农民工集合成在线学习社群，形成政府官员、培训专家、企业负责人等的社交网络互嵌，不断提升返乡农民工的社交层次，建立个人积极、奋发的创业形象；同时，注重维护关系网络并充分利用其创业信息共享、创业问题研讨、创业相互扶持的功能，打造地方虚拟创业社群。

（三）深入解决返乡农民工参与创业教育的现实问题

当前，地方政府制定了针对返乡农民工的创业教育或创业培训补贴政策，各地应在实践基础上，根据具体情况动态调整培训补贴标准，不断简化申领渠道和手续。同时，终身教育主管机构和实施单位在培训时间、培训地点、培训方式、办学条件等方面切实化解集中培训与日常生产生活的矛盾，使创业教育走上规范化、制度化、常态化的轨道，将已有的创业教育政策优势转化为政策效能，让返乡农民工切实感受到创业教育作为终身教育的制度优势和制度红利。

---

① 彭莹莹，汪昕宇.社会网络对新生代农民工创业能力的影响——基于资源获取和创业学习的中介效应[J].湖南农业大学学报(社会科学版)，2017(3)：30-36.

② 黄晓勇，刘伟，李忠云，张春勋.基于社会网络的农民工返乡创业研究[J].重庆大学学报(社会科学版)，2012(6)：66-72.

第二节　内容优化：产业再造作为关键突破

创业教育的生命力就在于主动、直接、有效地适应当地产业和行业发展要求。随着中国经济的发展、产业结构的转型升级以及乡村振兴战略、城乡融合发展的推进，农村不断酝酿出新的产业形态和产业创业空间。创业教育应结合这些新的产业形态和产业创业趋势，培养创业者基于本地产业的创业精神和创业行动网络。

一、构建“三级火箭式”创业教育内容体系

多级火箭是由数级火箭组合而成的运载工具，每一级都装有发动机与燃料，目的是提高火箭的连续飞行能力与最终速度。从尾部最初一级开始，每级火箭燃料用完后自动脱落，同时下一级火箭发动机开始工作，使飞行器加速前进。“三级火箭”可以增加动力，突破大气层，摆脱地球引力，把卫星发射到太空。在每一级火箭的建构中，都蕴含抛弃前一级的思想，确定新的动力模式。借鉴这一思想，本书提出构建“三级火箭式”创业教育内容体系。

（一）一阶段：通识型创业启蒙教育

这一部分主要是创业入门、初阶教育，带有通识性的特点，目的是让返乡农民工产生创业意愿、实施创业行为。例如，开展乡村文化认同教育，将乡村振兴、精准扶贫等国家战略与返乡创业有机衔接起来，通过反思“城市中心主义”，重新认识返乡农民工的“逆城市化”或“城归”本质，激发其重建农村或改变农村的意愿，尤其吸引年轻人回到农村；开展创业政策教育，将党中央、国务院和各部委出台的扶持返乡农民工创业相关文件进行系统梳理、整合和解读，让政策红利真正成为返乡农民工可获取、可运用、可获益的外部公共资源；规划创业案例课程、创业实训模拟课程，让返乡农民工充分理解创业精神、创业机会和创业过程，提升其项目选择、市场评估、资金预测、创业计划等各方面的能力。

（二）二阶段：专门型精准产业再造教育

这一部分主要是进阶教育，具有针对性、直观性、分门别类的特点，目

的是让返乡农民工对所从事的行业、所在的产业有充分的理解和把握，能够形成对接产业发展趋势的独具特色的商业模式。农村产业再造是一个集产业转移、产业升级、产业输出、产业融合和产业创新等为一体的综合概念。返乡农民工对第一二三产业是什么、一二三产业如何融合发展、一二三产业融合后再造了哪些新产业类型、这些新的产业类型如何变革已有的商业模式等等，都有着大量疑问或疑惑。事实上，当前学术界对不同产业间的组合，企业内部价值链和外部产业链环节的分化、融合，行业跨界整合以及嫁接信息及互联网技术所形成的新型企业、商业乃至产业的组织形态有着深入的探究。例如，人工智能创造与创新所带来的创业新形态，包括数字颠覆、数字转型、大数据分析、未来产业与社会形态等；开放式创新以及产业创新技术等，包括创新平台、创新生态系统、供应链关系以及人工智能技术、区块链技术、物流网等。然而从实地调研来看，返乡农民工所从事的“创业”大多是地摊经济、小型加工、传统种植业养殖业模式，这些“创业”在当地商务或人社部门的统计数据中均难以充分体现，甚至被认为不属于“创业”，而是“谋生”。因此，要开展精准产业教育，围绕当前产业发展的热点、趋势等重大问题展开专业型的创业教育，避免创业教育的“泛化”或“说教化”。

（三）三阶段：创造型高端经营管理能力提升教育

这一部分主要是高阶训练，具有创造性的特点，目的是让成为创业家的返乡农民工在这个快速发展的时代迅速掌握企业管理能力，延展企业生存时空。从调研中的案例来看，大多数返乡农民工在创业初始阶段无暇顾及企业管理能力的提升教育，但是随着创业企业的不断成长，越来越多的返乡农民工感受到经营管理能力的不足，需要通过创业教育补齐能力短板。影响企业可持续发展的因素有很多，包括人际冲突管理、工作压力管理、心智模式建构、组织结构、管理沟通与协商等个体层次、群体层次、组织层次因素；厂商间的合作竞争以及创新，包括国际国内“双循环”背景下的全球供应链与价值链的竞争与合作等宏观因素。这些具有独特创新视角、前瞻趋势、跨领域整合的创业教育往往针对成功的创业“精英”，与返乡农民工创业群体往往“绝缘”；即便偶尔有之，限于经费、返乡农民工的知识储备、对话沟通的障碍等主客观因素，也难以渗透到返乡农民工创业领域。因此，在高质量返乡创业的理念下，要实现返乡创业的可持续发展，就必须从终身教育的角度强化创业教育。

通识型创业启蒙教育是返乡农民工实施创业行为的助推器；专门型精准产业再造教育是避免返乡农民工创业低端化、走向高质量创业的转换器；创造型高端经营管理能力教育是弥补返乡农民工能力短板，助力其升级为“领头羊式”在地带动创业的锚定器。从实践来看，当前返乡农民工创业教育主要处在通识型创业启蒙教育阶段，甚至存在“供给过度”的问题。以产业为切入口、产业发展趋向为重点的专门型精准产业教育和以能力提升为导向的创造型高端经营管理能力教育极为稀缺，尚待深入返乡农民工底层。因此，本书提出构建“三级火箭式”创业教育内容体系。其中，最为核心的是产业再造教育，一方面要明确产业切入口，即通过精准的产业教育，促使返乡农民工逐步探索出适合本地产业发展的创业模式和路径；另一方面明确产业发展趋向，积极回应物联网、大数据、人工智能、区块链、金融科技、基因工程等新兴技术性“创业风口”，厘清自身特色与参照典范，定位商业模式、目标市场和“机会之海”，实现创业类型和质量的跃迁；充分发挥“草根”创业家的在地带动效应，形成与乡村振兴、城乡融合等国家战略衔接互动的创业典范。

二、打造“内容为王”的产业再造教学模块

不同的创业领域对应着不同的需求结构、产业结构、技术体系和关联方式等，需要深入分析。在做好通识型创业启蒙教育的基础上，创业教育要保持鲜活力和生命力，必须秉持“内容为王”的根本要求，坚持创业教育的针对性、时效性、实操性和实效性。

（一）创业教育要紧紧围绕当地产业发展和个体可行创业项目展开

要把返乡农民工的创业意向和本地区经济特色和重点产业发展方向紧密结合起来。深入讲解第一、第二和第三产业的产业链融合趋势和嵌入条件，着力化解农村“产业空心化”困局，引导返乡农民工结合自身和资源比较优势找准创业切入点、着力点，并朝高技术含量及国际接轨方向发展。系统梳理当地自然条件和优势、特色产业，把当地具有发展潜力的产业的市场行情、经营风险、融资渠道、政府政策、绿色环保等问题作为重点

教育内容。根据不同教育对象特点，重点开展适合第一代农民工的适老产业创业教育，贴合民族地区经济或文化特点的特色产业教育，匹配新生代农民工的人工智能、电子商务等新技术新领域创业教育。通过案例剖析、考察观摩、企业家现身说法等方式，提高受教育者的创业产业有机关联能力。

（二）创业教育要围绕产业细分领域讲深讲透

深入梳理农村产业再造的类型，研究将这些细化的产业作为返乡农民工创业教育内容的可行性和科学性；阐述农村产业再造所带来的产业裂变、细化和转化效应以及所诱发的第一、第二和第三产业的产业链不断融合、交叉演化趋势；要深入提炼产业再造的时空演变规律，提供农业产业裂变、细化、转化和交叉演化的新观念、新信息和新知识，重点凸显创业教育的农业产业针对性、产业嵌入与转换的时机性和产业创业的整体可操作性。

一要重点围绕农村农业新形态开展教学。要深入剖析农业产业内部的整合型融合，例如生态、循环农业等；农业产业链延伸型融合，例如农产品深加工、深利用、高附加值等；农业与其他产业交叉融合，如农业与文化、体育、医养等的交叉；先进技术要素对农业的渗透型融合，如信息农业、生物农业、设施农业、互联网农业、智慧农业等。重点围绕生态农业、休闲农业、观光农业、设施农业、文化创意农业、乡村旅游、农产品电商等进行创业课程教学模块设计，考察当地农业产业的演化特征，让返乡农民工对本地农业形成全面科学的新认识，形成“你农我农”的创业热潮。深入开展家庭农场、农家直销店、观光休闲农园、代耕代种代管、农民专业合作社、药用保健和机能型植物生产基地等“老农民、新农业”创业教育，密切跟进粮食、蔬菜、瓜果、花卉等农作物改良技术教育，加强绿色、环保、有机等农业规范化教育，加强用药安全管理、认证和质量管理、土壤肥培管理等方面的教育。

二要不断强化农村服务业新形态教学。由于人口空心化等问题，农村服务业日益凋零。然而，历经改革开放 40 多年，新型城镇化、城乡融合发展、乡村振兴、国内大循环等国家战略的不断推进，大量农村成为宜居和幸福生活之地。再加上农民收入水平提高、城市居民对田园休闲生活的向往等消费升级信号的增强，农民工返乡创业等“逆城市化”现象得以凸显。因此，应大力开展机械维修、汽车保养、家政服务、养老服务、餐饮服务、物流服务等领域新业态的创业教育，补齐农村服务业产业链短板，编织满足农村消费新需求的高质量服务网络。

三要重视农村制造业新形态教学。长期以来，农村制造业的主要来源是东部地区、发达城市地区传统低端制造业的转移。在返乡农民工创业类型中，由于制造业投资规模大、技术水平要求高、投资回报周期长、员工规模和素质要求高等原因，从事制造业的属于少数，较常见的模式是农民工在城市创业取得成功，返乡建分厂从事加工制造。针对上述情况，一方面要充分发挥创业教育“锐”支持作用，避免单纯复制、转移城市中的落后制造业，着力培育“专精特新”中小企业，打造“瞪羚企业”和制造业“单项冠军”，不断提高中小企业发展质量和水平；另一方面，将制造业创业教育与农村的生产生活紧密联系起来、与返乡农民工的资源基础紧密结合起来，避免创业教育成为空谈高质量制造业创业的“屠龙术”，要推进地方小吃、特色美食、自然无害有机农产品加工、伴手礼研制及品牌化、传统手工艺市场化开发等方面的“精致化”创业教育。

第三节　机制创新：“无缝隙”式对接需求

事实上，政府或社会机构往往并不知道如何开展创业教育，创业教育的土壤还远远没有形成。组织者往往以过去的经历为参照，认为安排得“越多越好”，将各种“专题讲座”以拼凑的方式进行罗列，出现了师资、机构、人员、场所等短期化、运动式问题，不自觉地掉入“教育者—被教育者”“安排—被安排”“师—生”的二元对立中。返乡农民工是一个高度社会化的群体，与正规教育中拾级而上、相对同质的大学生不一样。当认知起点和已有知识水平很不一样的他们坐在一起时，就必须思考采取怎样的创业教育供给机制，才能最大限度地推进创业教育工作向下扎根。

一、完善创业教育协同供给机制

（一）完善政府部门间创业教育协同机制

当前，返乡农民工创业教育资源分散于人社部、教育部、农业农村部等政府部门及社会部门之间，呈现出资源碎片化的状态。返乡农民工创业教育是其终身教育的一个重要环节，教育主管部门理应发挥主体作用，打造多部门创业教育内容有规划、全覆盖、分层次、相衔接、呈互补、重实效的有机整合状态，凝聚创业教育供给合力。应尝试建立返乡农民工创业教育管理专责单位，有效对接人力资源市场、企业中的农民工或返乡农民工需求；充分利用互联网、手机客户端等平台载体，及时发布创业教育课程目录、创业教育机构目录、创业教育产业分类和创业教育方式方法等信息，方便返乡农民工接收信息并反馈。应突出以农村产业再造为内容的教育，以产业教育为纽带，有机联结各个政府职能部门，塑造部门间创业教育协同机制。各级政府部门要落实经费保障机制，将返乡农民工创业教育培训经费纳入财政预算，不断加大创业教育资金投入，合理确定创业教育培训补贴标准，强化创业教育培训与小额担保贷款、税费减免等扶持政策的衔接。各经费预算部门应突出重点、联动协同，避免财政资源浪费、沉积或稀释，发挥财政资源的“杠杆”作用，不断提高返乡农民工的创业成活率、成功率。

（二）加快形成创业教育的市场化运作机制

通过政府购买服务、创业教育培训项目资助申报等形式，鼓励社会优质资源参与创业教育，形成创业教育的社会自组织管理、政府监督与评估的政社合作机制，加强创业教育品牌认证与淘汰退出的动态管理。

（三）构建社会组织协同推进返乡农民工创业教育机制

截至2018年年底，全国共有社会组织81.7万个，其中社会团体36.6万多个、基金会7034个、民办非企业单位（社会服务机构）44.4万多个，在教育、卫生、社会服务、文化体育、工商业服务、农村发展服务、科学研究等各方面广泛覆盖，能够多样化、分层次、全覆盖地提供创业教育服务，突出针对性、灵活性和专业性。

具体来看，一方面，要充分发挥社会组织的社会网络链接功能。社会组织能够链接城乡、链接人人、链接人与组织，是延展返乡农民工创业空间的社会网络节点，是整合社会资源、带动个人和企业等参与创业教育的桥梁和纽带，能够精准识别创业教育对象，评估其创业意愿高低并匹配相应资源，是避免沟通位差效应、与返乡农民工平等交流的“知心人”。农民离乡进城是社会资本脱嵌与镶嵌的过程，返乡创业则面临低质量城市融入和熟人乡村陌生化带来的组织和私人关系型社会资本双重稀缺困境。餐饮协会、种养殖协会、电商协会、专业合作社、各地商会、各类促进会、志愿服务组织等参与创业教育，既能拓展农民工视野，又能提供“教育—孵化—扶持”一条龙服务。社会组织可以在企业、电商、“网红”等资源间“穿针引线”，在知识、资金、项目、技术、营销等创业教育关键问题上现场教学、实践教学、实训教学、一对一教学，做农村资源“嫁接”城市市场的经济内循环“红娘”，做到教育培训一个创业成功一个。有条件的社会团体、志愿服务组织可向农村延伸或与当地社会组织合作，带动成立联谊会、创业带头人联盟等，推动创业经验和信息分享，形成抱团和帮扶发展机制。

另一方面，要加快培育一批适应返乡农民工创业教育要求的社会组织。重点推动涉及种植养殖、农村合作经济、养老服务产业等的社会团体或民办非企业单位专注“第一代”返乡农民工创业教育，以适老产业创业塑造积极老龄化的养老新动能。“第一代”农民工是当前创业教育最为忽略的群体，但他们长期“半耕半工（或服务业）”且有着乡土情结，具备“从农创业”、发展农村服务业的部分条件。因此，社会组织可评估其创业能力，重点开展粮食蔬菜瓜果等农业种植规范、药用保健机能性植物或食物种植、地方特色美食简易加工及销售、居家照料服务等方面的创业教育，缓解“谁来种地”“如何养老”等农村难题。推动成人教育、乡村教育、职业教育、青年创业就业等相关社会团体、基金会开展返乡“新生代”农民工创业教育、青年夫妻创业教育，助力青年创业新生力量、领军人才实现反哺和带动家乡发展的高质量创业。结合乡村振兴战略，切实开展5G技术共享田园与数字社区、现代生态农业等方面的创业教育，聚焦农村新产业形态创业。加快推进机械工业、轻工业、加工工业等相关社会团体开展“制造业”创业教育，助力现有高起点创业向高质量创业的跃迁，突破“产业空心化”并形成“农工商”相融合的产业链。积极引导妇女协会、企业家协会、创客协会、心理咨询师协会、律师协会等针对创业失败恐惧、创业失败创伤、创业东山再起信念、创业股权分配、创业纠纷化解、创业家庭矛盾等重大心理或现实问题开展特色教育。

二、探索“农民创业教育学院”

整合师范类高校、应用型大学、职业技术院校等软硬件资源，充分发挥扶贫助困、教育、公益慈善等诸多类型基金会的资助作用，尝试建立由教育部门主管，发展改革委、商务部门、人社部门、农业农村部门等协同的，让农民进校园的“农民创业教育学院”等实体教育机构。返乡农民工创业教育有别于高校大学生创业教育和职业院校职业培训、技能培训等，有必要自成体系，建设整合政府资源、社会资源的全新农民创业教育供给实体。

(一)落实创业教育终身化的需要

在宏观层面上，增强针对农民的具有中国特色、本土化的创业教育理论研究，深入梳理各级政府部门的创业教育政策和资源，对创业教育内容体系进行系统规划，为返乡农民工提供“集中式菜单”服务。在中观层面上，能够最大限度地落实创业教育布点布局、制度制定、绩效考评、过程督导、纵向和横向联系协调等工作责任，解决一些社会机构在提供创业教育时存在的资源临时拼凑、运动式、管理随意等问题。在微观层面上，能够推进标准化课程建设、教材开发、师资建设和培育、硬件设施配套、创业实训基地建设、食宿服务改进等创业教育迫切之需；能够加快打造线下线上混合式教学平台，提供线上报名、线上学习、线上指导等全方位、全时段、低成本和终身性的学习通道；能够进一步促进返乡农民工创业教育管理的规范化、制度化以及创业教育终身学习的学历化。

(二)发挥试点机制作用，建构创业导师制的需要

建设“农民创业教育学院”不能一蹴而就，要顶层设计、充分论证、细致谋划。要充分发挥试点机制的作用，在现有国家级创业型试点城市、返乡创业试点地区，发挥国家、省、市、县四级联动和基层主动探索双重优势，“自上而下”和“自下而上”相结合地开展“农民创业教育学院”建设试点。在试点过程中，突出师徒制、创业导师制，充分发挥“农民创业教育学院”的创业导师整合能力，从企业家、职业经理人、电商辅导员、天使投资人、返乡

创业带头人等群体中选择一批热心返乡农民工创业教育的相对固定的创业导师队伍，建立创业教育共性化知识辅导与个性化“创业引导—项目式创业孵化—经营性跟踪扶持”相衔接和过渡的全流程深度嵌入式指导。

（三）反思和改进创业教育服务的需要

理想中的返乡农民工创业教育应该是什么样子？针对这个问题，时间和空间上碎片化的供给状态难以给予充分反思。在调研中，创业教育的举办地往往在宾馆或酒店，尽管这种环境和房间布局可能会让农民感觉新鲜，但这种学习环境和他们的日常生活环境相脱节，导致诸多农民觉得不如把钱省下来直接发给他们，从而降低创业教育的效果，甚至让农民怀疑创业教育提供方的诚意。“农民创业教育学院”的实体性存在有助于扭转上述局面：有助于反思是先有教材、教学大纲、教师，然后再有创业教育，还是先有创业教育，再从中慢慢总结发展出教材、教学大纲和教师等问题；有助于优化农民工创业教育环境，包括提供农村常见的粗茶淡饭，学习、生活、基本运动（打乒乓球等）、洗澡等基本条件，学习期间的活动空间；有助于弥合“教师”和“农民工”之间的交流断裂，例如解决文字和语言上的冲突，寻找掌握当地方言的教师；有助于让农民工创业者在熟悉的环境下，加强纪律训练，找到合作组织和团队的归属感，突出自己在培训班中的价值，把创业教育培训班真正作为交流分享的平台。

三、创建“X＋创业教育”行动者链接机制

在“农民创业教育学院”模式下，需进一步创建“X＋创业教育”链接机制。这里的“X”是指与返乡农民工创业教育实施相关的行动者，目的是构建创业教育行动者网络。

（一）加强和深化城乡链接机制

在当前国内大循环为主体、国内国际双循环相互促进的新发展格局背景下，构建以工补农、以城带乡的城乡互动格局，就要求在创业教育供给过程中增强城乡链接。要充分利用城市高校多、企业实力强、电商下沉基层快、基金会专业化、人才资源丰富等各种优势，在创业教育所需的资金、项目、技术、科研、师资等关键问题上以城带乡、城乡联动，以“创业教育下乡”拓展城乡利益结合部。重点鼓励经济发达地区企业开展返乡农

民工“一对一”创业教育，在产业转移、生产基地建设、产业链完善等方面实现企业内部创业，做到教育培训一个成功一个。建立专家学者、大学生志愿者和返乡农民工学员“三结合”机制，实现教师、工作人员和参训人员同吃、同住、同学习、同劳动，打破身份等级，形成平等关系。将创业教育与创业项目扶持有机结合起来，组织相关企业为经济不发达地区提供创业项目和创业支持，例如由饿了么、口碑网等网上订餐企业为农村地区提供新餐饮、新零售等生活服务类创业项目，由顺丰、京东快递、菜鸟物流等物流行业领军企业支持劳动力回乡担任区域代理等。提升高等学校“第一书记”“驻村干部”的“走动式”管理成效，建立返乡下乡人员信息库，为实施精准创业教育、创业项目提供基础性支持。

（二）强化创业实训基地对接创业教育辅助机制

丰富和支持“农民创业教育学院”实训基地建设，动员本地知名乡镇企业、农产品加工企业、休闲农业企业、返乡创业者公司、专业市场等为返乡创业人员提供创业见习、实习和实训服务；与各类园区、星创天地、农民合作社、中高等院校、淘宝村、网红村等签订产教融合实训基地协议，打造高端实用创业实训平台。加强农民工输出地与东部输入地对口协作，组织返乡创业农民工等人员定期到东部企业、互联网创业公司、连锁超市总部等单位实训，为其学习管理经验提供跟踪式指导。

（三）构建技能培训、岗位培训、就业培训等与创业教育相结合的机制

促进农民工稳定就业、提高农民工收入水平、推动农民工市民化是形成返乡农民工理性创业的基础，能够更好地让返乡创业者适应经济结构调整和转变经济发展方式的要求。因此，要积极探索“技能培训＋创业教育”的机制，推动优质培训资源和创业教育资源的共享和互相促进，提高创业教育的综合度、兼容性和实用性。要把国家的“阳光工程”“星火远程培训”“雨露计划”“春风行动”“春潮行动”等职业技能培训计划与“返乡创业培训行动计划”“新型职业农民培育工程”“农村青年创业致富‘领头雁’培训计划”“创业致富带头人培训工程”等有机结合起来，让有创业教育需求和创业意愿的返乡农民工同时接受职业和创业教育，在增强个人就业技能、培养中高级职业技能型人才的同时，提升其创业意愿，明确其创业意向，为形成厚基础的高质量返乡创业塑造条件。

附　录

附录 1

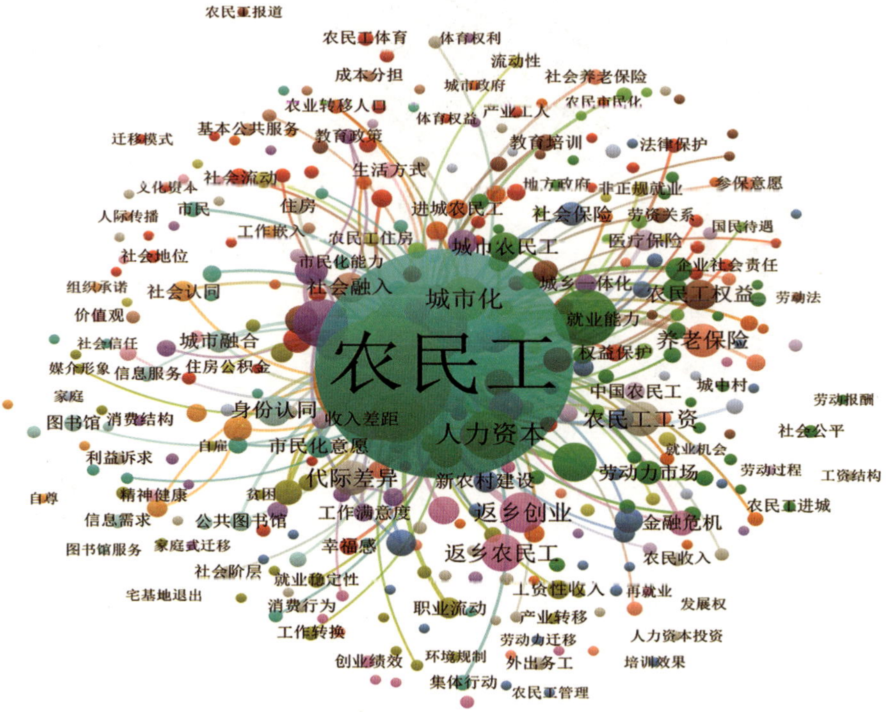

图 1　关键词共现和聚类图谱

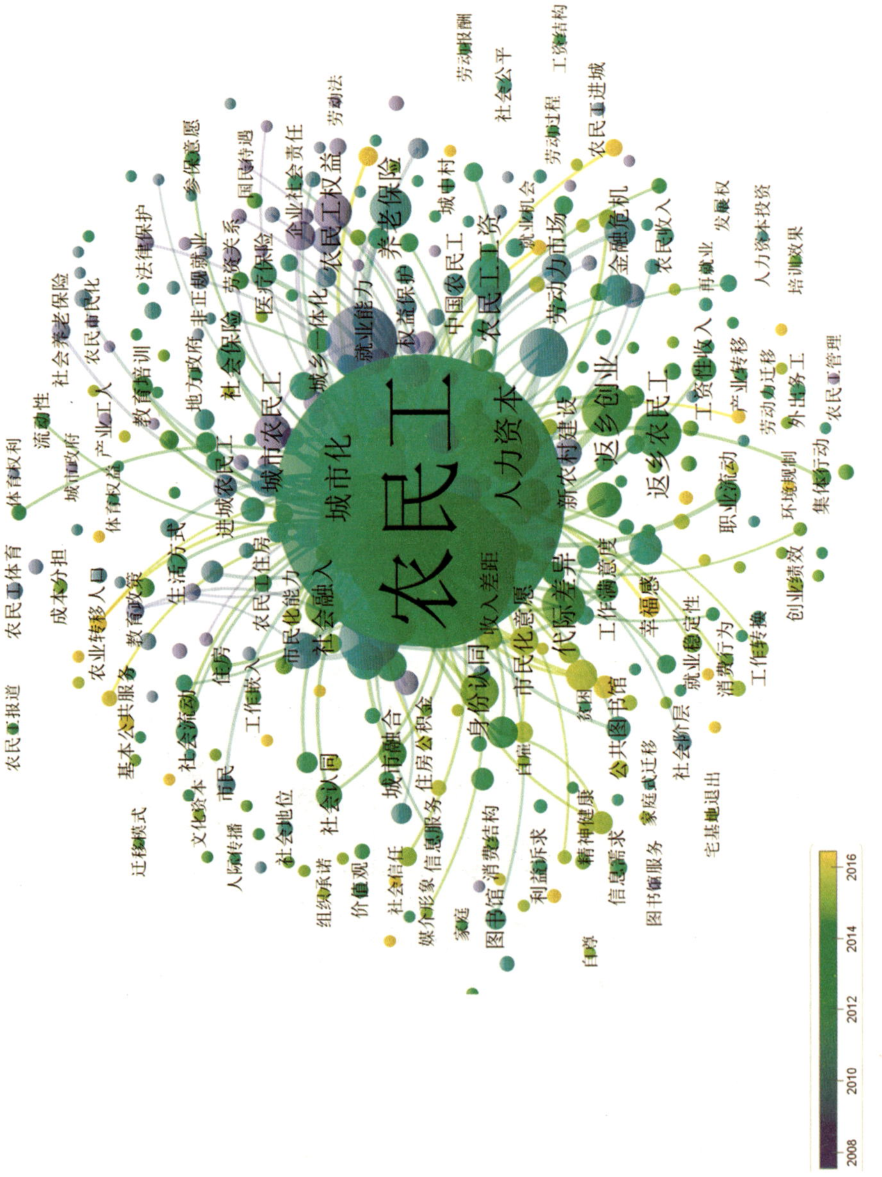
农民工
城市化
人力资本
返乡创业
返乡农民工
新农村建设
社会融入
代际差异
养老保险
农民工权益
劳动力市场
金融危机
农民工工资
就业能力
城乡一体化
城市农民工
身份认同
市民化意愿
社会保险
2008
2010
2012
2014
2016

图2 关键词时间变化

农民工报道
农民工体育
体育权利
迁移模式
基本公共服务
农业转移人口
成本分担
城市政府
流动性
社会养老保险
体育权益
产业工人
农民市民化
教育政策
教育培训
法律保护
文化资本
社会流动
生活方式
市民
住房
地方政府
非正规就业
参保意愿
人际传播
工作嵌入
进城农民工
社会保险
劳资关系
国民待遇
社会地位
农民工住房
城市农民工
医疗保险
市民化能力
企业社会责任
组织承诺
社会认同
社会融入
城市化
城乡一体化
农民工权益
劳动法
价值观
城市融合
就业能力
社会信任
农民工
养老保险
媒介形象
信息服务
住房公积金
权益保护
家庭
中国农民工
城中村
劳动报酬
图书馆
消费结构
身份认同
收入差距
人力资本
农民工工资
社会公平
市民化意愿
就业机会
利益诉求
代际差异
新农村建设
劳动力市场
劳动过程
工资结构
精神健康
贫困
自尊
信息需求
公共图书馆
工作满意度
返乡创业
金融危机
农民工进城
图书馆服务
家庭式迁移
幸福感
返乡农民工
农民收入
社会阶层
就业稳定性
宅基地退出
工资性收入
再就业
消费行为
职业流动
产业转移
发展权
工作转换
劳动力迁移
人力资本投资
创业绩效
环境规制
外出务工
培训效果
集体行动
农民工管理

图3 关键词密度图谱

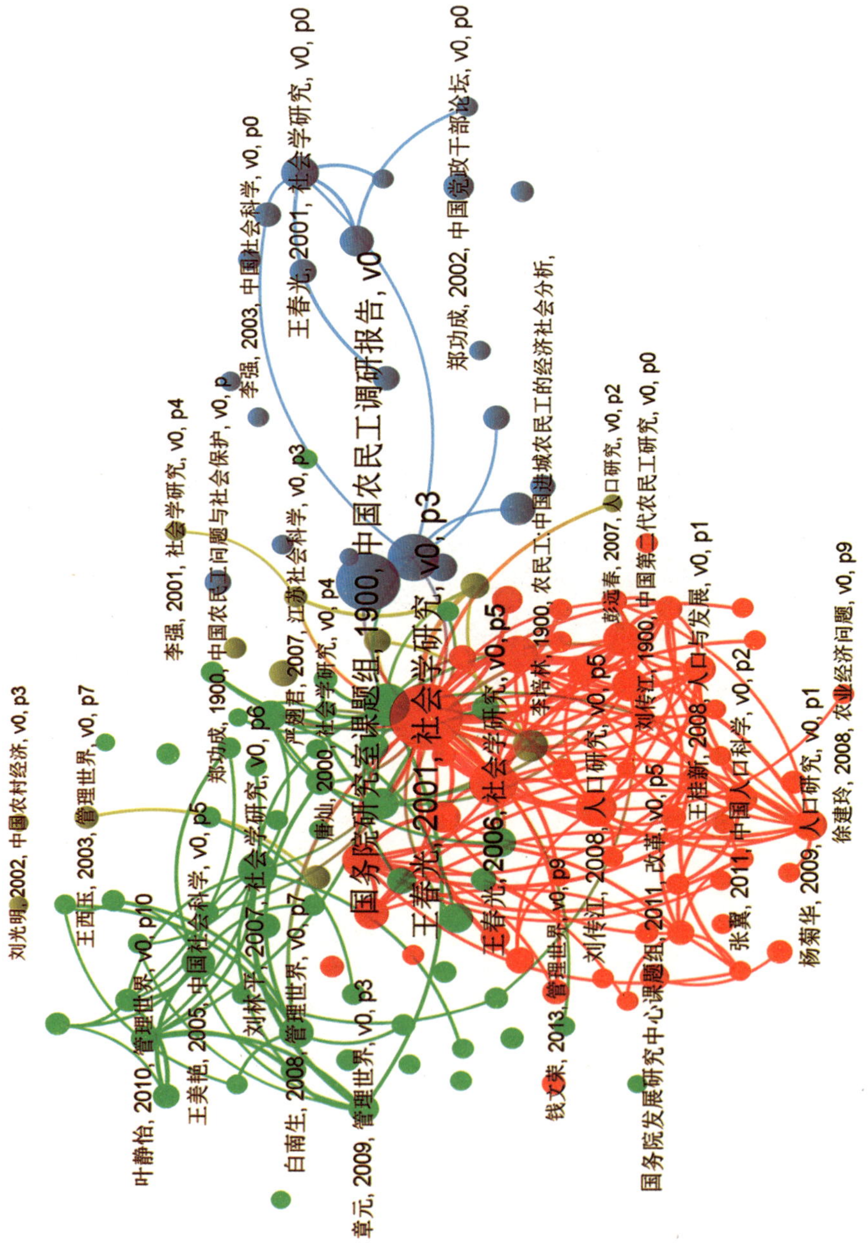
国务院研究室课题组，1900，中国农民工调研报告，v0，p3
王春光，2001，社会学研究，v0，p5
王春光，2006，社会学研究，v0，p9
王春光，2001，社会学研究，v0，p0
郑功成，2002，中国党政干部论坛，v0，p0
李强，2003，中国社会科学，v0，p0
刘传江，2008，人口研究，v0，p5
刘传江，1900，中国第二代农民工研究，v0，p0
杨菊华，2009，人口研究，v0，p1
徐建玲，2008，农业经济问题，v0，p9
张翼，2011，中国人口科学，v0，p2
王桂新，2008，人口与发展，v0，p1
国务院发展研究中心课题组，2011，改革，v0，p5
钱文荣，2013，管理世界，v0，p9
章元，2009，管理世界，v0，p3
白南生，2008，管理世界，v0，p7
王美艳，2005，中国社会科学，v0，p5
叶静怡，2010，管理世界，v0，p10
刘林平，2007，社会学研究，v0，p6
王西玉，2003，管理世界，v0，p7
刘光明，2002，中国农村经济，v0，p3
李强，2001，社会学研究，v0，p4

图4　文献共被引图谱

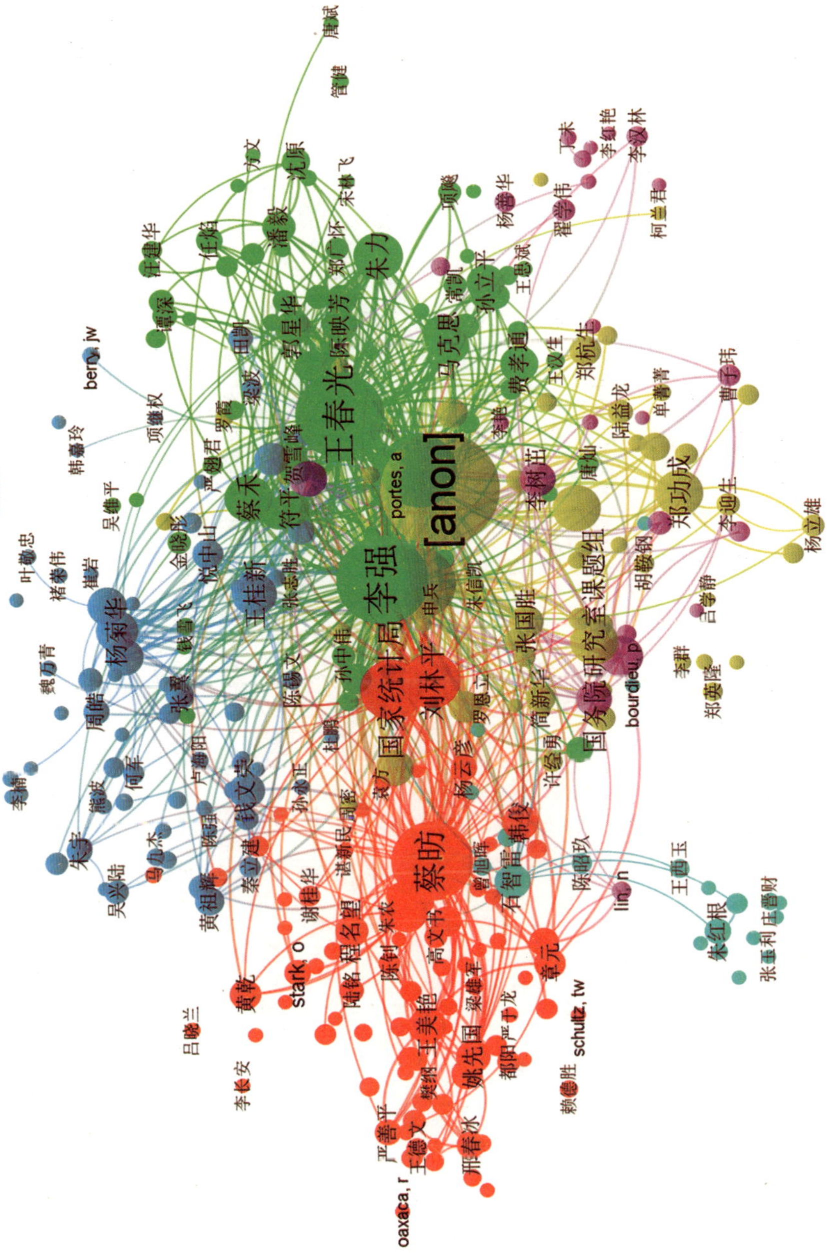
[anon]
王春光
李强
国家统计局
刘林平
蔡昉
蔡禾
王桂新
杨菊华
郑功成
国务院研究室课题组
portes, a
bourdieu, p
stark, o
schultz, tw
oaxaca, r
berry, jw
lin, n

图5 作者共被引图谱

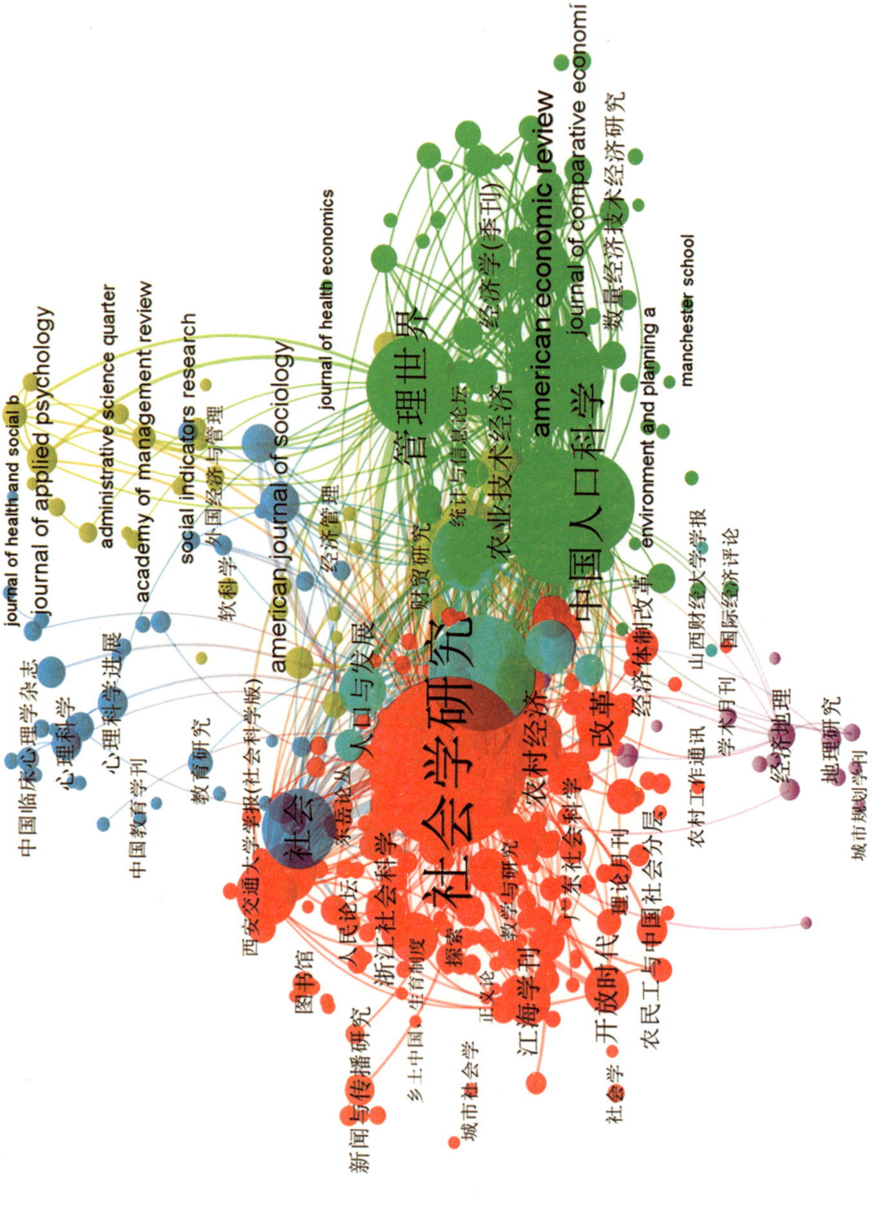
社会学研究
管理世界
中国人口科学
american economic review
journal of comparative economi
数量经济技术经济研究
经济学(季刊)
农业技术经济
统计与信息论坛
财贸研究
journal of health economics
american journal of sociology
经济管理
软科学
外国经济与管理
social indicators research
academy of management review
administrative science quarter
journal of applied psychology
journal of health and social b
中国临床心理学杂志
心理科学
心理科学进展
中国教育学刊
教育研究
西安交通大学学报(社会科学版)
社会
东岳论丛
人口与发展
农村经济
改革
经济体制改革
environment and planning a
manchester school
山西财经大学学报
国际经济评论
学术月刊
农村工作通讯
经济地理
地理研究
城市规划学刊
浙江社会科学
人民论坛
图书馆
新闻与传播研究
乡土中国
生育制度
探索
正义论
教学与研究
江海学刊
广东社会科学
开放时代
理论月刊
中国社会分层
农民工与中国社会
社会学
城市社会学

图6 期刊共被引图谱

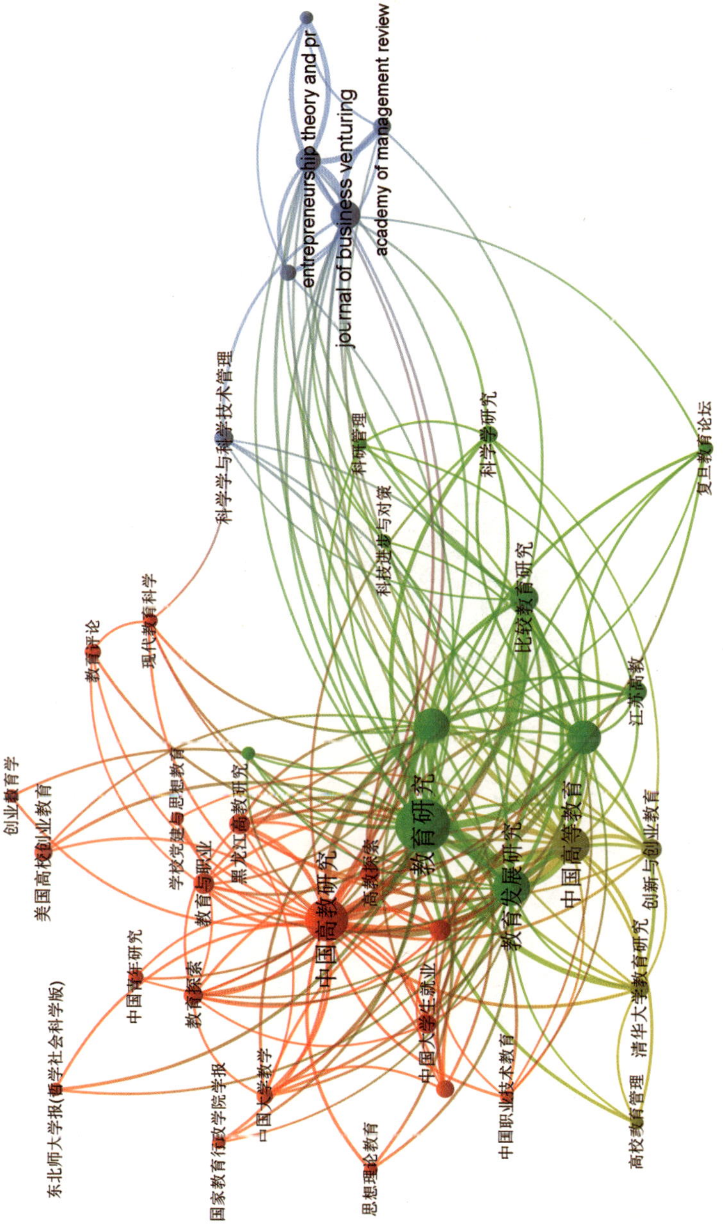

图7 期刊共被引知识图谱

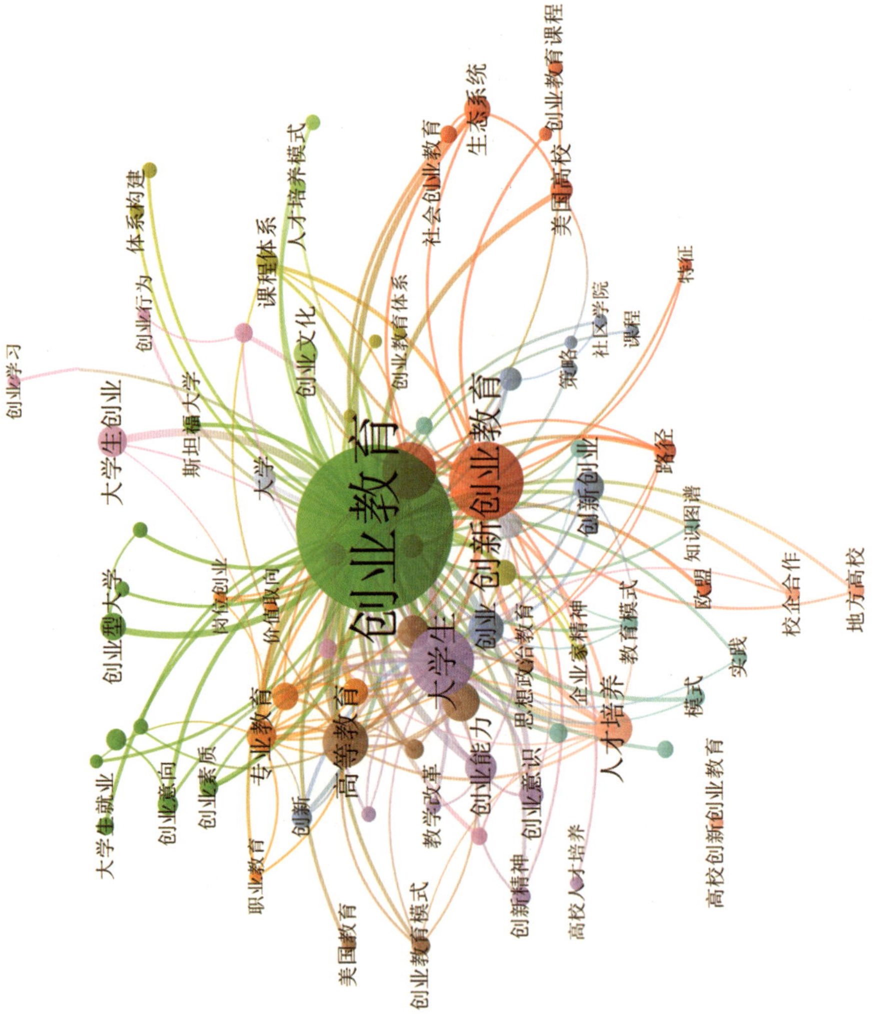

图8　关键词共现知识图谱

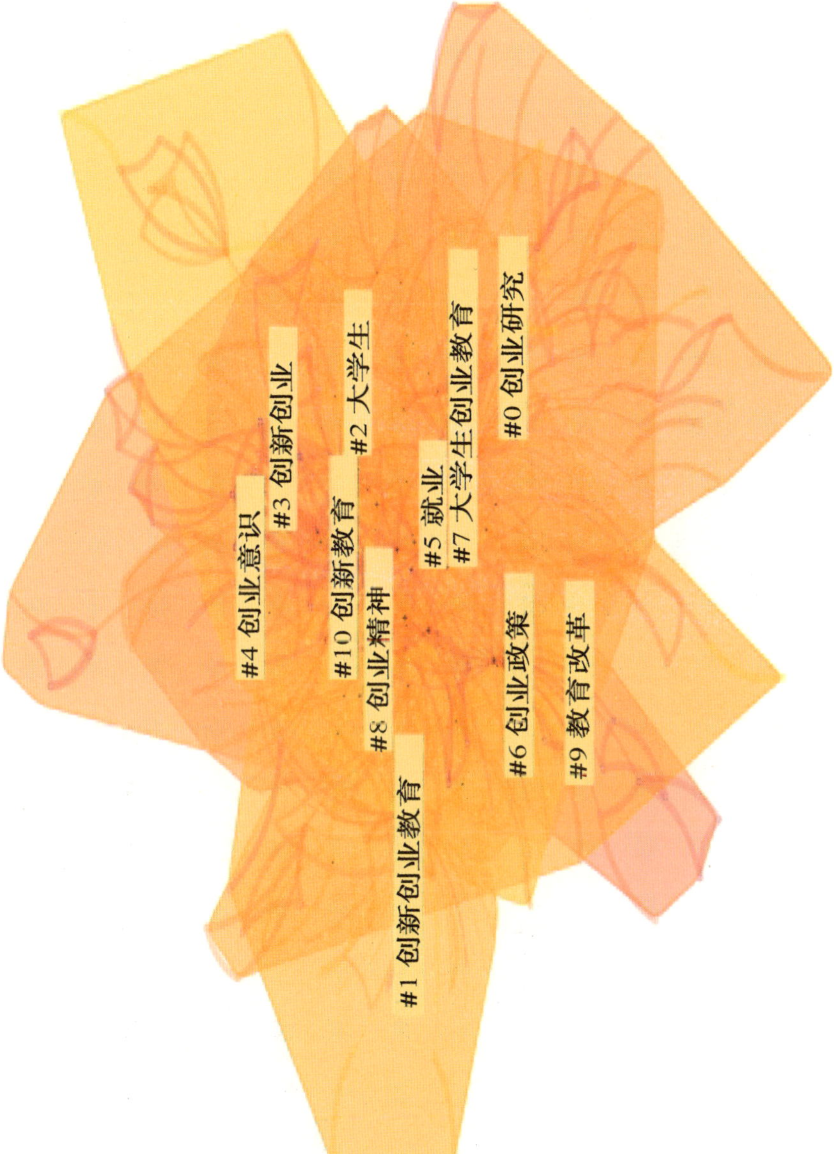

图9 关键词聚类知识图谱

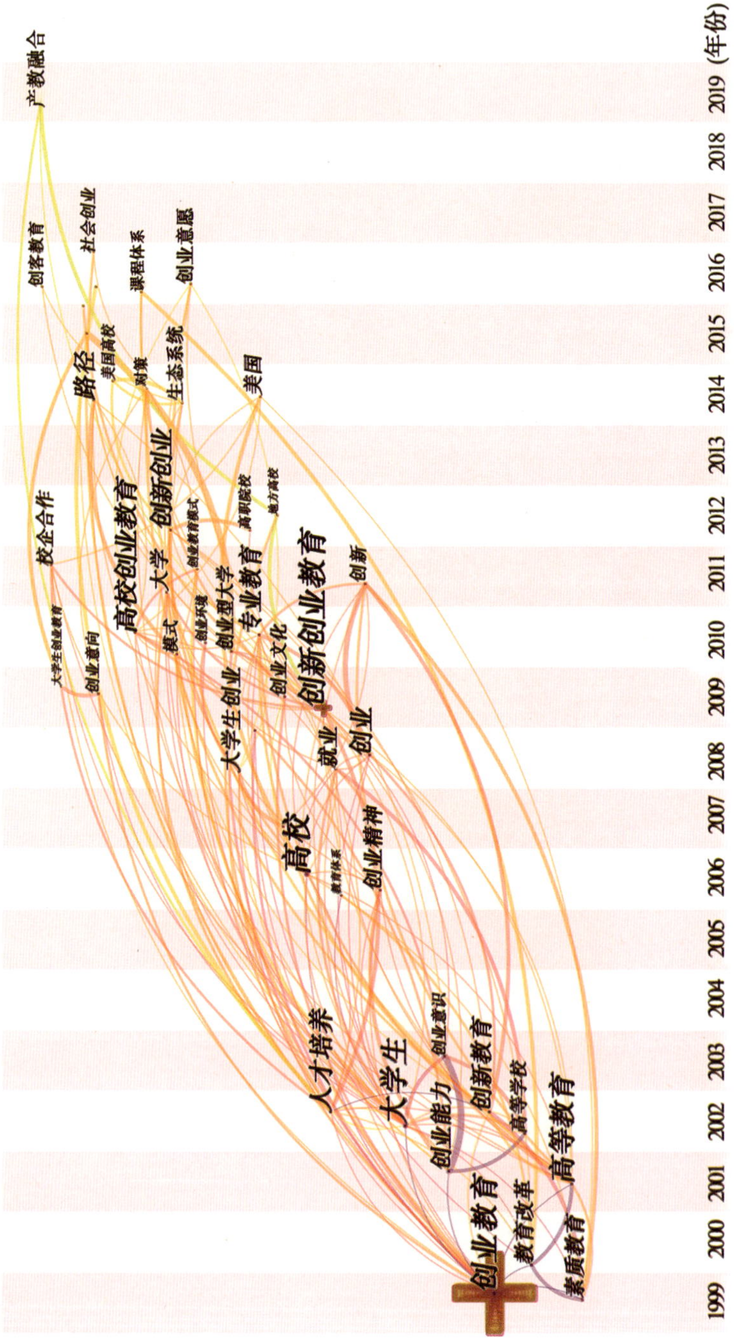
产教融合
创客教育
社会创业
课程体系
创业意愿
路径
美国高校
对策
生态系统
美国
校企合作
高校创业教育
创新创业
地方高校
高职院校
大学
创业教育模式
专业教育
创新创业教育
创新
大学生创业教育
创业意向
模式
创业环境
创业型大学
创业文化
大学生创业
就业
创业
高校
教育体系
创业精神
人才培养
大学生
创业意识
创业能力
创新教育
高等学校
高等教育
创业教育
教育改革
素质教育
1999
2000
2001
2002
2003
2004
2005
2006
2007
2008
2009
2010
2011
2012
2013
2014
2015
2016
2017
2018
2019 (年份)

图10 关键词时区视图

附录2　郓城县调查问卷

1.您知道郓城是国家农民工返乡创业的试点县吗？（　　）

A.知道　　B.不知道

2.您了解农民工返乡创业有哪些优惠政策吗？（　　）

A.知道　　B.不知道

3.政府有提供创业方案（例如微型创业方案）以供新创企业参考吗？（　　）

A.提供了　　B.没提供　　C.不知道

4.政府有提供资金管道（例如优惠贷款）援助创业者吗？（　　）

A.提供了　　B.没提供　　C.不知道

5.您外出打工经常从事的产业是什么？（　　）

A.第一产业（农业）　　B.第二产业（制造业）

C.第三产业（餐饮、零售、运输、家政服务等）

6.此次返乡的主要原因是什么？（　　）

A.受金融风暴影响，被打工所在工作单位解雇或解散

B.劳动合同到期后企业不再续签或提前解除劳动合同

C.（对于做生意者）生意不好做，提前回来了

D.行业普遍不景气，凭借现有技术无法找到工作

7.您家庭成员亲戚朋友有创业经验吗？（　　）

A.有　　B.没有

8.你有过创业的想法吗？（　　）

A. 想过但不敢尝试　　B. 想过并打算实施

C. 正在创业　　D. 没有想过且不打算进行

（选择 A、B、C 继续回答 9～22 题，选择 D 则回答 23～25 题）

9.务工之前您是否有创业经历？（　　）

A.有　　B.没有

10.你想要创业的主要理由是什么？（　　）

A.掌握商机，积累财富　　B.满足企图心和成就感

C.赚点外快补贴家用　　D.想就业，找不到合适的工作

E.纯粹为了兴趣　　F.实现梦想

G.其他

11.您会采取的创业策略是什么？（　　）

A.冒险犯难，试试再说　　B.边学边做，随时改正

C.别人成功，我再跟进　　D.向政府求助，寻找合适的策略

E.其他

12.您创业有哪些优势？（　　）

A.务工期间掌握熟悉技能　　B.亲戚创业能提供帮助

C.找到了新的创业项目　　D.政府扶持

E.其他

13.您最需要哪些有关创业方面的协助？（　　）

A.创业商机与行业选择　　B.创业资金筹措

C.专业技能训练　　D.事业伙伴寻找

E.实业经营管理训练　　F.相关法规知识

G.加盟知识　　H.其他

14.您最可能的创业方式是什么？（　　）

A.自营工作室　　B.选择加盟

C.独立开店　　D.成立公司

E.摊贩　　F.其他

15.您在创业的过程中是否接受过政府提供的相关创业辅助资源？（　　）

A.接受过　　B.政府没有提供

C.可以自己创业，不需要帮助

16.您的创业资金来源是（　　）

A.自有资金　　B.亲友借贷

C.亲友投资　　D.银行贷款

E.找合伙人

17.你的创业资金是多少？（　　）

A. 2 万元以下　　B.2 万～5 万元

C.2 万～10 万元　　D.10 万元以上

18.您认为创业最大的阻力可能是什么？（　　）

A.专业知识不足　　B.资源不足

C.资金不足　　D.家人反对

E.家中有托儿或托老的问题 F.起步困难

19.以下环境面的活动,哪一个可以提升你的创业能力?( )

A.创业竞争 B.创业经验研讨会

C.创业培训 D.创业顾问小组

20.您在创业前的工作年限是多久?( )

A.从来没有 B.1 年以下

C.1～3 年 D.3～5 年

E.5 年以上

21.若您已经创业,目前遇到的最大困扰是什么?( )

A.资金周转问题 B.业务不佳

C.恶性竞争 D.员工难管

E.客户拖欠账款 F.家人不支持

22.您认为在您创业道路上对您帮助最大的是( )

A.自身 B.政府政策支持

C.朋友家人的支持 D.合作伙伴的帮助

E.他人的成功经验(转至 26 题)

23.您不想创业的原因是什么?( )

A.专业知识不足 B.辅助资源不足

C.资金不足 D.家人反对

E.家中有托儿或托老的问题 F.起步困难

G.其他

24.如果政府提供帮助,您会选择创业吗?( )

A.会 B.不会

25.不选择创业,未来的打算是什么?( )

A.务农 B.继续外出打工

C.就业 D.其他

26.您认为创业应具备的基础素质是什么?( )

A.创业意识 B.自信心

C.进取心 D.冒险精神

E.风险承受能力 F.毅力

G.其他

27.您觉得现今创业气氛如何？农民工返乡创业的路径可靠吗？（　　）
A.气氛很好，适合创业
B.气氛很好，但农民工返乡创业不可靠
C.气氛一般，但适合创业
D.气氛不好，农民工返乡创业不可靠
28.您认为在农村进行创业，最大的挑战和风险为（　　）
A.自然风险（由于天气、气温、降水、病虫害、传染病引起的种养殖风险）
B.经济风险（由于市场供求、价格变动、资金链供应引起的经营风险）
C.政策风险（由于税收加重、信贷紧缩、土地审批严格、环保要求引起的风险）
D.社会风险（由于合伙人撤资、倒戈、管理部门吃拿卡要引起的风险）
29.您认为创业者在创业过程中，最需要政府提供哪些辅助项目？（　　）
A.提供资金渠道（例如优惠贷款）以援助创业者
B.提供创业方案（例如微型创业方案）以供新创企业参考
C.帮助新创企业了解营业许可证登记等程序
D.鼓励新创企业制定有利于企业发展的相关制度
E.为初创人员提供创业培训
30.面对创业的风险，您会怎么选择？（　　）
A.我不在意风险大小，我相信事在人为
B.如果逾期结果是令人满意的，我愿意承担高风险的创业活动
C.我会把多余的金钱存下来，而不愿意尝试高风险的创业活动
D.如果未来环境不明确，我会避免有冒险的创业活动
31.您的年龄：
32.您的性别：
33.您外出打工的时间：
34.您家中的兄弟姐妹共有（　　）人
35.您的受教育程度：
36.您目前的工作状况：
37.您的婚姻状况：
38.您的子女人数：
39.您的每月收入：

40.您换过几次工作：

附录 3 “创业知识的角色”调查问卷

一、个人基本情况

1.您的性别是（　　）。

A.男　　B.女

2.您的年龄是（　　）。

A.24 岁以下　　B.25～34 岁

C.35～44 岁　　D.45 岁以上

3.您的受教育程度是（　　）。

A.小学　　B.初中

C.高中（或中专）　　D.大专及以上

4.您在打工时的个人月收入为（　　）。

A.2000 元及以下　　B.2001～5000 元

C.5001～8000 元　　D.8001 元及以上

二、测量量表

（一）媒体创业报道

	非常不同意	不同意	不确定	同意	非常同意
在媒体上我经常看到返乡创业的故事					
在媒体上我经常看到返乡创业成功典型的报道					
在媒体上我经常看到对返乡创业优惠政策的宣传					
我会经常关注媒体有关返乡创业政策的报道					

（二）创业意愿

	非常不同意	不同意	不确定	同意	非常同意
我的生涯目标就是成为一名创业者					
我会尽全部努力来开创自己的公司					
我非常认真地考虑过返乡创业这个问题					
我决心在未来返乡创建一个企业					

（三）创业行为

	非常不同意	不同意	不确定	同意	非常同意
我已经在一个返乡创业项目上投入了大量的时间					
我已经对某个返乡创业项目进行了投资					
我已经找到了实施这个返乡创业项目的合伙人					
我已经确定了公司名称、产品经营范围，并进行了公司和商标注册					

（四）创业知识

	非常不同意	不同意	不确定	同意	非常同意
我已经掌握了与创业相关的政策与法律知识					
我已经掌握了创业所需的营销、财务等运营管理知识					
我从实践（打工经历、创业经历等）中获得了一些创业知识、技能和经验					
我从实践（打工经历、创业经历等）中捕捉到了新的商业机会					

（五）风险倾向

	非常不同意	不同意	不确定	同意	非常同意
我喜欢做不确定和冒险的事情					
如果回报足够高，我愿意冒很大的风险					
我不介意在不确定的情况下创业，只要对我来说有合理的收益可能性					

附录4　“教学效果影响因素”调查问卷

一、学员基本信息

1.您的性别　□男　□女

2.您的年龄　□30岁以下　□31～35岁

□36～40岁　□41～45岁

3.创业年限　□1年　□1～3年

□4～6 年　　□6 年以上

4.学历水平　□小学及以下学历　□初中学历

□高中学历　□大专及以上学历

二、教师因素

1.授课选题贴近学员生活且比较熟悉

□非常不同意　□不同意　□有点同意　□同意　□非常同意

2.教案设计生动有趣、逻辑清晰、内容充实

□非常不同意　□不同意　□有点同意　□同意　□非常同意

3.教学方式现代化、引起学员兴趣

□非常不同意　□不同意　□有点同意　□同意　□非常同意

4.教师上课仪容仪态优雅得体

□非常不同意　□不同意　□有点同意　□同意　□非常同意

5.教师参加培训动机强、态度端正

□非常不同意　□不同意　□有点同意　□同意　□非常同意

6.教师授课经验丰富

□非常不同意　□不同意　□有点同意　□同意　□非常同意

7.教师临场表现力强

□非常不同意　□不同意　□有点同意　□同意　□非常同意

三、学员因素

1.学员对授课知识了解程度深

□非常不同意　□不同意　□有点同意　□同意　□非常同意

2.学员课上的积极配合程度深

□非常不同意　□不同意　□有点同意　□同意　□非常同意

3.学员对授课知识的思考能力强

□非常不同意　□不同意　□有点同意　□同意　□非常同意

4.学员对授课教师的喜爱程度深

□非常不同意　□不同意　□有点同意　□同意　□非常同意

四、客观因素

1.组织方、周边熟人对教学重视程度深

□非常不同意　□不同意　□有点同意　□同意　□非常同意

2.教学现场设备齐全、环境舒适

□非常不同意 □不同意 □有点同意 □同意 □非常同意

3.教学组织和实施方案科学合理

□非常不同意 □不同意 □有点同意 □同意 □非常同意

4.创造学员间互相帮助、交流的友好氛围

□非常不同意 □不同意 □有点同意 □同意 □非常同意

五、教学效果

1.创业课程加强了我的创业动机

□非常不同意 □不同意 □有点同意 □同意 □非常同意

2.透过学习积累了创业知识

□非常不同意 □不同意 □有点同意 □同意 □非常同意

3.创业课程有助于我的创业规划

□非常不同意 □不同意 □有点同意 □同意 □非常同意

4.创业课程有助于我的生涯规划

□非常不同意 □不同意 □有点同意 □同意 □非常同意

附录5 “返乡农民工线下—线上学习转换”调查问卷

一、个人基本信息

1.您的性别是（ ）。

A.男　　B.女

2.您的年龄是（ ）。

A.＜30岁　　B.30～50岁　　C.＞50岁

3.您的创业年限是（ ）。

A.＜1年　　B.1～3年

C.4～6年　　D.＞6年

4.您创业的行业属于（ ）。

A.商贸物流　　B.种植养殖

C.居民服务　　D.加工制造

5.您使用在线学习多久了？（ ）

A.从未使用　　B.<1 年

C.1～3 年　　D.>3 年

二、测量量表

(一)感知有用性

	非常不同意	不同意	不确定	同意	非常同意
在线学习很方便,可以更好地满足我的学习需求					
在线学习可以提高我的学习效率					
在线学习可以提高我的学习成绩					
在线学习方式对我的学习很有用,可以为我提供完整的学习信息					
在线学习可以帮我节约更多时间					

(二)感知易用性

	非常不同意	不同意	不确定	同意	非常同意
我可以很快学会使用在线平台/网站等进行在线学习					
我认为在线学习平台/网站等提供的信息很容易理解(剔除)					
在线学习时,学习过程中的互动不需要耗费我太多的精力和时间					
我认为在线学习平台/网站等很容易使用,可以用它进行学习或做其他事情					
我认为在线学习平台/网站等的界面和布局清晰易懂、操作简单					

（三）计算机自我效能感

	非常不同意	不同意	不确定	同意	非常同意
即使没有其他人的帮助我也能操作计算机的各项功能					
即使使用的经验不多，我也能了解计算机呈现的各种信息					
若看过他人使用，我就懂得如何使用计算机					
我相信我能熟练地使用计算机进行在线学习					

（四）感知风险

	非常不同意	不同意	不确定	同意	非常同意
我认为在线学习平台/网站等没有对我的隐私给予足够关注，我的个人信息可能会被泄露					
我认为在线学习平台/网站等可能会未经我同意将我个人信息提供给其他人					
在线学习平台/网站会在未经我同意的情况下发送电子邮件或短信广告等					
我认为在线学习平台/网站等没有足够的机制来确保我的信息安全					
我担心我的个人信息被盗会对我产生影响（剔除）					

（五）线下学习关系惯性

	非常不同意	不同意	不确定	同意	非常同意
我已经习惯了通过线下课堂进行学习					
我认为从线下课堂学习转到在线学习很麻烦					
没有其他理由，我会继续线下课堂学习					
目前，线下课堂的授课模式我已经很习惯					

（六）线下学习满意度

	非常不同意	不同意	不确定	同意	非常同意
我认为继续采用线下课堂学习的决定是正确的					
我觉得目前线下课堂学习没什么不好					
根据过去采用线下课堂学习的所有经验，我感到非常满意					
总体来说，我对线下课堂授课模式/学习方式感到很满意					

（七）线下向在线学习转换意愿

	非常不同意	不同意	不确定	同意	非常同意
我会推荐其他人从线下转到在线学习					
我打算将多门课程从线下课堂转移到在线平台/网站等进行学习					
如果我想要学习的课程有在线课程，我打算用在线学习取代线下学习					
如果我能够使用在线学习，我打算从线下学习转换到在线学习					

（八）线下向在线学习转换行为

	非常不同意	不同意	不确定	同意	非常同意
对于一些课程，我逐渐从线下学习转到在线学习					
相比课堂学习，我不经常使用在线学习(反向题)					
因为在线学习的存在，我已逐渐减少使用线下课堂进行学习					

附录 6　“返乡农民工创业教育需求”调查问卷

一、个人基本信息【单选】

1.您的性别是（　　）。

A.男　　　　B.女

2.您的年龄是（　　）。

A.30 岁及以下　　B.31～40 岁
C.41～50 岁　　D.50 岁及以上

3.您的文化程度是(　　)。
A.小学及以下　　B.初中
C.高中或中专　　D.大专及以上

4.您返乡创业的领域是(　　)。
A.涉农领域　　B.加工制造业
C.服务业　　D.交通运输业
E.农村电商　　F.其他行业

5.您的创业年限是(　　)。
A.1 年及以下　　B.1～3 年(不包括 1 年)
C.3～5 年(不包括 3 年)　　D.5 年以上

6.您的创业次数是(　　)。
A.1 次　　B.2 次　　C.3 次

7.您参加过创业教育培训的次数是(　　)。
A.1 次　　B.2 次
C.3 次　　D.4 次及以上

二、创业教育培训需求【单选或多选】

1.您需要哪方面的创业教育培训(　　)。【多选】
A.创业理论课程培训　　B.创业实践技术培训
C.创业政策培训　　D.经营品牌打造
E.其他

2.您需要哪方面的创业理论课程培训(　　)。【多选】
A.创业基础课　　B.创业实训课
C.商业基础课　　D.管理类课
E.财经法律课　　F.整合性课程
G.其他

3.您在创业实践中需要哪方面的实用技术类培训(　　)。【多选】
A.瓜果蔬菜粮棉油等种植技术　　B.家禽家畜水产等养殖技术
C.计算机使用　　D.餐饮服务

E.民宿文化　　F.农机维修保养
G.电商建立与运营　　H.财务知识
I.经营管理知识　　J.销售知识
K.制度和法律知识　　L.人员管理知识
M.地方环境知识　　N.其他

4.您需要哪方面的创业政策培训(　　)。【多选】
A.税收优惠政策　　B.风险补偿政策
C.政府财政补贴政策　　D.金融信贷政策
E.创业专项扶持政策　　F.工商登记等减免政策
G.劳动保障政策　　H.其他

5.您是否有经营品牌打造方面的培训需求(　　)。【单选】
A.是　　B.否　　C.看情况

6.您更倾向于哪种培训方式(　　)。【多选】
A.课堂理论教学　　B.课堂实践教学
C.生产经营场所现场教学　　D.在线教学
E.其他

7.您参与过哪些机构提供的创业培训(　　)。【多选】
A.地方政府　　B.村委会组织
C.职业院校　　D.民办培训机构
E.其他

8.您更愿意接受哪类教师提供培训(　　)。【单选】
A.专业技术人员　　B.创业典型或创业明星
C.专家学者　　D.其他人员

9.您认为创业培训的费用应由谁承担(　　)。【单选】
A.政府承担　　B.政府、个人共同承担
C.个人承担

10.您认为多久组织一次创业培训合适(　　)。【单选】
A.每半月培训一次　　B.每月培训一次
C.每季度培训一次　　D.每半年培训一次

11.您认为每次培训的时间多久合适(　　)。【单选】

A.1～3 天　　B.4～7 天
C.8～15 天　　D.15 天以上

12.您认为创业教育培训的地点应安排在（　　）。【单选】

A.本村　　B.本乡镇
C.本县/区　　D.本省
E.外省

三、创业能力培训需求【单选或多选】

1.您目前的资源能力（　　）【单选】

A.较差　　B.一般
C.较高

2.您目前的机会能力（　　）【单选】

A.较差　　B.一般
C.较高

3.您目前的市场能力（　　）【单选】

A.较差　　B.一般
C.较高

4.您目前的关系能力（　　）【单选】

A.较差　　B.一般
C.较高

5.您目前的运营管理能力（　　）【单选】

A.较差　　B.一般
C.较高

6.您目前的创新能力（　　）【单选】

A.较差　　B.一般
C.较高

7.您希望通过创业培训提升哪方面的创业能力（　　）【多选】

A.资源能力　　B.机会能力
C.市场能力　　D.关系能力
E.运营管理能力　　F.创新能力
G.其他